西藏文化传承发展协同创新中心系列丛书

西藏发展研究·2017

刘凯 ◎ 主编
陈敦山 ◎ 副主编

中山大学出版社
·广州·

版权所有　翻印必究

图书在版编目（CIP）数据

西藏发展研究.2017/刘凯主编；陈敦山副主编.—广州：中山大学出版社，2019.12
（西藏文化传承发展协同创新中心系列丛书）
ISBN 978-7-306-06687-9

Ⅰ.①西… Ⅱ.①刘…②陈… Ⅲ.①区域经济发展—研究—西藏②社会发展—研究—西藏 Ⅳ.①F127.75

中国版本图书馆 CIP 数据核字（2019）第 173653 号

出 版 人：	王天琪
策划编辑：	嵇春霞
责任编辑：	高　洵
封面设计：	曾　斌
版式设计：	曾　斌
责任校对：	罗梓鸿
责任技编：	何雅涛
出版发行：	中山大学出版社
电　　话：	编辑部 020-84111996，84113349，84111997，84110779
	发行部 020-84111998，84111981，84111160
地　　址：	广州市新港西路 135 号
邮　　编：	510275　　传　真：020-84036565
网　　址：	http://www.zsup.com.cn　　E-mail：zdcbs@mail.sysu.edu.cn
印 刷 者：	广东虎彩云印刷有限公司
规　　格：	787mm×1092mm　1/16　19.75 印张　334 千字
版次印次：	2019 年 12 月第 1 版　2019 年 12 月第 1 次印刷
定　　价：	62.00 元

如发现本书因印装质量影响阅读，请与出版社发行部联系调换

前　　言

西藏文化传承发展协同创新中心是在西藏自治区政府和自治区教育工委、教育厅等单位的支持下，由西藏民族大学牵头，与南京大学、西藏自治区社会科学院、中国人民大学、中国藏学研究中心、中山大学（单位以首字母拼音排序）协同组建的协同创新中心，是西藏自治区级"2011协同创新计划"重点培育和建设项目，是面向西藏区域发展的协同创新中心。中心坚持以"政府主导、区域急需、创新引领、影响突出"为宗旨，以"立足西藏、创新机制、协同合作、服务社会"为基本思路，紧紧围绕西藏区域创新发展的重大需求，以西藏重大创新任务为牵引，抓住西藏经济、社会发展急需解决的重大现实问题，服务西藏经济社会长足发展和长治久安，为西藏经济社会发展提供智力支持和政策咨询。

在注重课题应用性和以西藏经济社会急需为导向原则指导下，在凝练课题指南的基础上，2016年6月，中心面向西藏民族大学全体教师和协同单位、共建单位及对口援助单位发布《西藏文化传承发展协同创新中心2016年度课题招标公告》，受理招标课题申请书24项。经形式审核、专家初评、会议评审、公示、签订《课题研究合同》等程序，中心2016年招标课题确定立项12项（其中，校内外协同申报课题5项，校内协同申报课题7项；确定重点课题3项，一般课题9项）。同时，根据西藏自治区"十三五"规划及西藏民族大学"服务国家治藏方略，适应西藏经济社会长足发展和长治久安，发挥自身特色和优势"发展定位，2016年，中心围绕西藏经济社会发展急需解决的重大现实问题自设8项委托课题（其中，重大项目5项，重点项目1项，一般项目2项）。2016年所有立项课题均体现出西藏文化传承发展协同创新中心"立足西藏、创新机制、协同合作、服务社会"的工作思路，体现出跨学科、跨领域、跨院系、跨单位联合攻关与协同合作的原则，具有较强的现实价值与应用价值，为政府决策提供智力支持和咨询服务，发挥了高校的智库作用。

在研究过程中，中心严格按照相关规定实行进度管理，为课题组研究提供全方位服务，于2016年9月举办了课题组进藏调研交流汇报会，共享调研成果，激励课题组高质量地完成研究工作，提高科研水平，保证科研质量，不断提升服务西藏经济社会发展的能力。

一年来，各课题组形成了一批调研报告、咨询报告，上报自治区党委、政府和相关厅局，部分研究成果得到了国家领导人和自治区领导的批示，成果转化应用水平得到了进一步提高，服务西藏经济社会发展能力得到进一步提升，咨政服务和智库功能得到进一步体现，收到良好的社会反响。

根据《课题研究合同》约定，课题完成周期为1年或2年。2017年下半年，中心经网络重复率检测、校外专家匿名评审、现场专家独立评审、小组综合评审、评审委员会会议综合评审后，认为提交结项申请和中期检查的部分课题均达到既定标准。

为更好地促进中心科研成果转化，充分发挥中心智力支持和咨询服务作用，中心从结项成果和阶段性成果中择优选取了7篇研究报告汇编成书，书名定为《西藏发展研究·2017》，以便交流学习。

作为"西藏文化传承发展协同创新中心系列丛书"之一，《西藏发展研究·2017》是中心课题组成员集体智慧的结晶，是相关单位、相关专家学者联合攻关、协同合作的研究成果，是西藏政治、经济、历史、文化、外交等领域研究专家和学者就西藏长足发展与长治久安的建言献策之声。我们结集成册，恭请社会各界斧正。

编　者

2017年12月31日

目录

"十三五"期间西藏地区精准扶贫研究 / 杨西平　李继刚　丰娜娜
　　黄　楠（1）
基于旅游产品调查的西藏旅游产业供给侧改革研究 / 朱普选　陈娅玲
　　余正军（40）
"一带一路"倡议背景下西藏特色文化产业发展研究 / 邓胜利
　　高　屹　付少雄（95）
资金配置与西藏文化产业发展的路径及对策研究 / 王小娟
　　万映红（126）
西藏新型城镇化过程中城市治理研究 / 杨　玲　刘红旭　邢永民
　　（179）
西藏居民健康促进路径与医疗保障策略研究 / 王建伟　翟绍果（228）
高校参与精准扶贫模式创新研究——以西藏民族大学为例 / 杨西平
　　涂学敏　李继刚　张志恒（273）

"十三五"期间西藏地区精准扶贫研究[①]

杨西平　李继刚　丰娜娜　黄　楠[②]

一、西藏减贫历程

中华人民共和国成立前,西藏极度贫困。中华人民共和国成立后,尽快使西藏富裕起来,是党和人民的愿景和目标。建设新西藏的历程也是西藏人民艰苦奋斗,摆脱贫困,奔向小康的历程。

(一) 改革开放前西藏减贫历程

西藏和平解放前长期处于封建农奴制社会,产业仅有农业和牧业分工,且农牧业生产工具原始,生产力水平低下,农牧民生活困苦。农牧主阶级占有全部土地、草场和大部分生产资料,而剩余的农奴阶级几乎一无所有,长年挣扎在饥饿与死亡线上。仅就卫生教育而言,中华人民共和国成立前,西藏只有3所官办医院,瘟疫流行,营养不良,年轻夭折的情况时有发生,人口平均寿命仅为36岁左右;政府官办学校2所,私塾95个,适龄儿童入学率不足2%,90%以上人口都是文盲。西藏广大人民长期处于靠天吃饭、自给自足的状态,与外界交流甚少,面对外界冲击抵御乏力。

[①]　本研究报告是杨西平教授承担的西藏文化传承发展协同创新中心(西藏民族大学)2016年自设重大委托课题"'十三五'时期西藏山南地区精准扶贫问题研究"(项目号:XT201605)的阶段性研究成果。

[②]　作者简介:杨西平,男,西藏民族大学财经学院教授,主要研究方向为西藏社会主义市场经济与财务管理研究;李继刚,男,西藏民族大学财经学院副教授,主要研究方向为西藏农业与农村经济发展研究;丰娜娜,女,西藏民族大学2014级财经学院研究生;黄楠,女,西藏民族大学2014级财经学院研究生。

1. **消灭赤贫阶段（1959—1965年）**

1959年，西藏开始民主改革，这次民主改革是探索减贫机制的过程，填补了政府导向型扶贫空白的历史。在土地改革中，将约280万亩①农奴主耕地没收赎买，分给20多万户农奴和奴隶家庭，极大地调动了农牧民的生产积极性，农村粮食产量迅速增加，牲畜数量增长近一倍。在实现社会稳定的同时，促进了经济发展，消灭了旧时西藏存在的赤贫现象。

民主改革促进农牧民积极参与生产互助，通过深翻土地、积肥、选种、整修水利、改良农具等措施提高农业产出，在牧区减少牛羊屠宰量、保护适龄母畜弱畜过冬，解决了贫困牧民的生产生活困难问题。1965年，西藏农业总产值在1961年18370万元的基础上增加了44%，达到26420万元；牲畜存栏总数也在1961年1161.55万头（只）的基础上增加了45%，达到1701.7万头（只）。反赤贫工作在西藏取得了重大胜利。

2. **互助减贫阶段（1965—1978年）**

1965年，西藏农牧区成为变革试点，用社会主义集体所有制取代农牧民个体所有制。1970年全面启动，1975年基本完成了农村的社会主义改造任务。中央对西藏的扶贫工作从来没有停止，广大农牧民群众生产生活得到持续改善。

在组织贫困群众开展互助组和办人民公社的同时，政府出台了发展生产、调整生产关系、整体摆脱贫困的各项有利政策及措施。困难群众可以通过向政府申请贷款、贷粮等方式解决缺少口粮、耕畜、农具、种子等困难。贫困救济具体由国家、公社、生产队共同负担。农牧民在生产队工作，赚取相对平均的工分，获得维持生存的收入；对于丧失劳动能力的人口，生产队采取平均每人最低口粮为基础的分配制度，工分不够的社员可以向队里赊账申请口粮获得救济；生产队与公社的生产都不足时，可向国家申请救济。

（二）改革开放后西藏的减贫历程

1. **扶贫模式转变阶段（1978—1983年）**

1978年以后，随着我国经济体制改革持续推进，变救济式扶贫为开发式扶贫，以激活贫困地区内生增长力。开发式扶贫就是通过激励贫困地

---

① 1亩约为666.67平方米。下同，不再标注。

区干部群众的积极性，利用贫困地区自身的资源优势，结合国家的扶贫计划，促进其自身的资本积累能力，帮助经济开发从而脱贫。

1980年，第一次西藏工作座谈会在北京召开，会议提出建设新西藏。一批前所未有的现代工业和交通设施开始建设，获得年均定额补助4.96亿元，基本建设投资和各类专项拨款3.522亿元。自治区党委和政府制定了《关于农牧区若干经济政策的规定》，提出休养生息，减轻农牧民负担。以大力发展农牧业为主，发展多种经营，做到一业为主，全面发展。社队分配遵循先个人、后国家、再集体的原则，允许、鼓励一部分社员先富起来。农牧区不再征收农牧业税，取消一切形式的派购任务。通过在广大农牧区推行"包产到户"和"包干到户"的生产责任制，恢复农牧区生产力，缓解农牧区贫困压力。

2. 援藏开发扶贫阶段（1984—2014年）

为了适应新时期西藏经济社会发展要求，1984年召开的第二次西藏工作座谈会决定，开始全国支援建设西藏。党中央、国务院决定由北京、上海、天津等9个城市和国家部门帮助建设43个西藏亟待解决的工程项目。总体投入资金达4.8亿元人民币，修建建筑面积达236000平方米，涉及10个相关行业。县、区办的中小学学生实行包吃、包住、包穿的"三包"政策。各级政府开始采取措施，积极鼓励广大群众开展多种经营，引导帮助各种专业户、重点户，雇工、帮工、学徒等开始被社会、政府所接受。

1994年，第三次西藏工作座谈会召开。会议确定了西藏发展方针，即"分片负责，对口增援，按期轮换"。会议确定了62项工程建设，总投资40多亿元，其中生产性项目42个，占总项目的67.7%。随着我国《国家八七扶贫攻坚计划》的出台，西藏制订了《西藏自治区扶贫攻坚计划》，按照标准明确贫困县等级，将国家级5个、自治区级13个、48万贫困农牧民作为重点扶贫对象。按照农牧民纯收入的标准，从1994年到2000年，西藏的绝对贫困人口减少了41万人，国家级和自治区级贫困县农牧民平均每人的纯收入也向全区平均水平靠拢，达到1316元/年。

第四次西藏工作座谈会于2001年在北京召开。这次会议延续第三次西藏工作座谈会的宗旨，继续加大对西藏的支援建设。会议确定国家投资312亿元支援西藏建设项目117个，如农牧业、教育等基础设施建设，力求消除西藏发展的阻力。确定了各省市援藏项目70个，预计投入资金

10.6亿元人民币。西藏在2002年年初制定了《关于进一步加强"十五"时期扶贫开发工作的决定》，在整村推进开发扶贫、农业产业化开发扶贫、贫困地区劳动力转移培训、移民扶贫方面开展了大量的工作。按照农牧民人均纯收入1300元的标准，全区重点扶持人口由148万人下降到2007年的27万人，为实现西藏从贫困向温饱的历史转变做出了积极的贡献。

2010年，第五次西藏工作座谈会在北京召开，会议提出要大力推进西藏跨越式发展，落实援藏项目2198个、资金约109亿元。农牧民生活水平得到进一步的提高，农牧民的水、电、路、气、房等得到改善，新农村社会养老保险实现全覆盖。2010年，在全西藏开始推行农村最低生活保障制度与扶贫开发对接工作，将贫困人口分为扶贫对象、低保对象、扶贫低保对象和五保户4种类型。按照低保保生存、扶贫促发展、应保尽保、应扶尽扶原则实施低保和扶贫战略。

3. 精准扶贫阶段（2015年至今）

第六次西藏工作座谈会于2015年8月在北京召开。会议指出，西藏是重要的国家安全屏障、生态安全屏障和战略资源储备基地，现阶段扶贫要精准发力且要注重生态环境保护。2017年，西藏计划安排300亿元，实施33项民生政策，财政厅整合当地多方资金约150亿元用于脱贫攻坚和边境地区发展，使农牧民的生活质量有了改善。从2017年开始，提高西藏城镇和农村居民的最低生活保障标准，城镇居民从每月640元/人提高至700元/人，农村居民从每年2550元/人提高至3311元/人，享受五保待遇的农户也提高了供养补助标准，从每年4740元/人提高至4940元/人。不管建设资金是直接投入还是间接投入，都一直在增加，西藏的经济保持持续增长势头，发展质量也有所提升。

二、西藏贫困现状及特征

（一）西藏贫困现状

国务院在1993年出台了扶贫工作专门规划，将西藏的5个县纳入了国家级贫困县的范围，重点进行帮扶。为了进一步帮助农牧民脱贫，1996年，西藏政府制订了《西藏自治区扶贫攻坚计划》（以下简称《计划》），扶贫工作由生产性转向开发性成为西藏扶贫工作的重大进步。《计划》中还对西藏的贫困标准进行了定义,即农区农牧民人均纯收入600元,牧区700元,半农半牧区650元。1996—2006年,西藏的贫困线一直都是在此标准的基础上进行静态折算来动态调整的;2007年以后,西藏的贫困线按照国家标准来执行。从表1中我们可以看到,2000年和2001年贫困人口的数据差异较大,其原因是某些年份的统计口径和贫困标准不一致。2010年,按照国家2300元的贫困标准线,贫困人口83.3万人。"十二五"期间,国家对西藏的民生问题高度重视,再加上近年西藏自治区为了帮助藏族聚居区贫困人民脱贫,制定了一系列的扶贫相关政策,扶贫力度持续增加。截至2014年年底,西藏的贫困人口较2010年减少了50.6万人,只有32.7万人,贫困发生率为10.31%,较2010年的27.75%下降了17.44个百分点。由此可见,"十二五"期间西藏扶贫工作成绩显著,但贫困人口基数大仍是不争的事实,要实现2020年西藏全面走进小康社会这一目标,依然任重道远。

表1　1991—2014年西藏贫困人口数量

年份	贫困标准	总人口（万人）	乡村总人口（万人）	贫困人口（万人）	贫困发生率（%）
1991	农区农牧民人均纯收入600元,牧区700元,半农半牧区650元	225.03	188.48	63.70	28.31
1992		228.53	191.75	56.30	24.64
1993		232.22	193.83	47.80	20.58
1994		236.14	196.94	48.00	20.33
1995		240.00	199.79	33.90	14.13
1996		243.70	200.06	25.70	10.55
1997		247.60	202.46	21.00	8.48
1998		251.54	204.85	14.70	5.84
1999		255.51	207.22	8.50	3.33
2000		259.83	209.61	7.00	2.69

续表1

年份	贫困标准	总人口（万人）	乡村总人口（万人）	贫困人口（万人）	贫困发生率（%）
2001		263.55	211.78	148.00	56.16
2002		268.24	214.88	128.00	47.72
2003	1300元	272.16	217.16	107.20	39.39
2004		276.35	219.65	86.00	31.12
2005		280.31	221.86	37.30	13.31
2006		285.08	224.83	32.00	11.22
2007	1700元	288.83	226.73	27.40	9.49
2008		292.33	228.32	23.50	8.04
2009		295.84	229.85	23.00	7.77
2010		300.22	232.16	83.30	27.75
2011		303.30	234.42	50.20	16.55
2012	2300元	307.62	237.64	58.30	18.95
2013		312.04	238.05	45.70	14.65
2014		317.12	235.78	32.70	10.31

数据来源：乡村总人口数据来源于《西藏统计年鉴》，贫困人口数据来源于易啊丽《西藏贫困问题研究——基于经济视角》（西藏大学2015年硕士学位论文）。

（二）西藏贫困特征

1. 贫困范围的规模性

贫困人口数量较大、贫困地区集中连片。2011年国务院印发的《中国农村扶贫开发纲要（2011—2020年）》，在全国范围内划定14个集中连片的特困区。西藏作为其中的一个片区，全境的74个县都被认定为贫困县，享受国家级扶贫开发工作重点县的全部政策。根据统计的数据来看，到2015年年底，西藏约有59万农牧区贫困人口按照"区域大分散、局部大集中"的特征不均衡分布在5467个村或居委会中。2014年，西藏全部贫困人口是67万人。其中，日喀则市贫困人口约19.3万人，占比28.66%，在7个地市中贫困人口最多；其次是昌都，贫困人口约19.2万人，占比28.51%；那曲居第三，贫困人口约11.4万人，占比16.92%。西藏贫困人口较少的4个地市是拉萨、阿里、林芝、山南。日喀则市、昌都县（今卡若区）与那曲地区的贫困人口数约占西藏总贫困人口的74.08%，约为49.94万人，是西藏重点贫困人口主要分布的地区，与西藏的五大特殊贫困区的贫困人口分布较为吻合。

2. 贫困程度的纵深性

局部贫困突出、贫困程度深。2010年，西藏农牧民人均纯收入为4139元，是全国平均数的70%。根据实际情况分为5个特别穷困区域，即地区疾病发生率高的区域、高原寒冷的放牧区域、边境和人口少的民族集聚区域、西藏东部深山峡谷区域、西藏中部农牧民混居区域。西藏的医疗卫生条件不足，地方疾病流行成为致贫返贫的主要原因之一；改则、革吉、措勤等县（位于阿里东部），尼玛、申扎、班戈、安多等县（位于那曲西部），仲巴、萨嘎、昂仁、谢通门等县（位于日喀则西北部），当雄县等14个县（位于拉萨北部）都属于高原寒冷的放牧区域，畜牧业为主要产业，同时也是自然灾害的频发地；边境和人口少的民族集聚区域主要是指与尼泊尔、不丹、印度等国家接壤的、位于西藏南部的山南地区（4个县）、林芝（4个县）、阿里地区（4个县）、日喀则地区（9个县）等。这些地区家庭生活质量低、信息渠道不畅，并且由于边境地区易边缘化，不能很好地开展生产，脱贫致富。西藏东部的深山峡谷主要是一些南北走向的高山和深谷，包括昌都、察隅县（隶属于林芝）、索县（那曲东部），比如那曲东部等14个县区。这些地区人口相对较多，但是可耕种的土地很少，多山地，产业结构简单。西藏中部农牧民混居区域主要是指在雅鲁藏布江、拉萨河、年楚河、尼洋河的中部流域地区的4个地市、28个县，主要有拉萨、山南、日喀则、林芝等。这些地区产业结构单一，自然气候恶劣、物料不足，因而穷困人口较多。

3. 返贫问题的突出性

贫困是一个动态的概念，如果脱离贫困的人群再次穷困，那么贫困问题就一直得不到改善。贫穷区域的产业化水平较低，天然的农牧产品作为商品流通不多，生产方式落后，农牧民增收渠道很少。财富积累少，脱贫致富能力欠缺，发生自然灾难时的应对能力差，"靠天收"现象普遍存在，一旦发生灾害或者家庭成员生病等，就很容易返贫。在西藏，平均每100户脱贫家庭中就有20户返贫。在自然灾害多发地区，返贫率达到了

30%，有些灾害严重的地区返贫率甚至超过了50%。

4. 贫困原因的复杂性

贫困类型多、致贫原因复杂。部分家庭贫困原因复杂多样。比如在生态环境恶劣地区，除了外部自然环境差、物资匮乏等因素外，还有家庭主观上缺乏脱贫致富的意识，客观上缺少脱贫致富的能力等原因。还有些家庭由于生养小孩多、年老人口多、家族疾病、年富力强的劳动力少、家庭负担重等原因导致贫困。这对西藏开展精准扶贫工作，在2020年实现全面小康形成阻力。

三、西藏精准扶贫条件分析

（一）西藏精准扶贫优势条件

开发式扶贫要求扶贫对象地区挖掘自身优势条件，以助于扶贫工作能够多角度、全方位、多元化开展。西藏拥有特色资源禀赋和配套政策扶持，这成为精准扶贫模式选择中的优势条件。

1. 特色资源丰富

（1）自然资源独特

西藏位于我国的西南边部，占地广阔，大量闲置土地资源可用来发展特色产业；青藏高原平均海拔高于4000米，被称为"世界屋脊"，每年都有大量前来考察、观光、探险的人。"万山之宗，千水之源"是西藏独有的特色。世界最大的山系和山峰都在西藏，分别是喜马拉雅山和珠穆朗玛峰，青藏高原具有最年轻、面积最大、海拔最高的特点；海拔最高的河流雅鲁藏布江在上游形成世界海拔最高的风沙地膜新月形沙丘；青藏高原冰川为世界最大冰川。西藏的拉萨市海拔3650米，是世界上吸收太阳辐射能最多的城镇，也是世界上海拔最高的城镇。众多世界之最，为西藏旅游产业的开发和发展提供了资源优势。

气候类型复杂，垂直变化大，使西藏形成了十分出名的"一山有四季，十里不同天"的美景。在生物资源上，我国第一大林区位于西藏，该林区有超过500种植物，被称为"植物博物馆"，在世界高山植物区中排名第一；西藏拥有多种世界稀有的动物品种，我国375种重点保护动物中，有125种生活在西藏。多样特色自然资源为经济文化活动的开展提供了条件。

（2）藏文化独具魅力

千百年来，西藏各族勤劳勇敢的人们在青藏高原上繁衍生息，别具一格的高原文化流传至今，拥有浓厚的原生态风格。文物资源丰厚，西藏全区有2000余处文物点。宗教文化历史悠久，拉萨的布达拉宫闻名世界，是整个西藏的朝圣地，被列入《世界文化遗产名录》；海拔5100米的绒布寺为世界上最高的寺庙；罗布林卡是少数民族园林建筑的代表；"神山圣湖"自古以来便是虔诚的佛教徒们心目中"世界的中心"。民间文化浓郁，精美的壁画和唐卡是西藏独有的文化资源，藏戏、藏歌舞深受观众喜爱，特色服饰文化、饮食文化、传统节庆和建筑民俗都具有鲜明的地域特点。此外，还有很多民族特色工艺品和特色活动等，特色产业拥有广阔的发挥空间。

2. 配套政策扶持

自2001年来，自治区政府在西藏辖内的7个地市均成立了扶贫开发领导小组，并且建立针对性的管理部门进行相关事宜的处理。西藏政府将贫困地区的脱贫政策纳入"十五"（2001—2005年）和"十一五"（2006—2010年）规划当中，并将扶贫专款列入西藏整体预算。到2010年为止，西藏已经投入36.75亿元扶贫开发资金，实施4000多个扶贫项目。《西藏自治区"十三五"期间扶贫规划》中明确指出，西藏在制定具体的扶贫政策时，务必进行科学的考量和准确的执行，将所有的相关目标和责任——细化和明确，建立健全责任审核体制，从而进行严格的奖惩管理。在整体扶贫资金中有85亿元资金的总投入，其中，24亿元的专项资金累计使得12.97万群众脱离经济贫困，有约2.5万人进行了易地扶贫的搬迁。建立扶贫建设公司，促进贫困地区公共基础设施配套的完成，着重推进带有浓郁高原特色的经济产业项目，以帮助贫困农户全面脱贫致富。同时，对广大贫困农牧民在专业培训上增强力度，使社会保障体系覆盖到每一个符合条件的贫困对象身上，将基层党员干部联系困难群众的实践活动不断深化和升级，全面推进联户脱贫、联户致富，调动社会力量在扶贫开发帮扶方面的实践积极性，把六成以上的援藏资金放在扶贫开发的项目上。

随着对交通设施的投入建设，西藏的交通条件得到了极大改善。西藏与内地的距离在拉萨贡嘎机场、日喀则和平机场、阿里昆莎机场、昌都邦达机场和林芝米林机场建成后大幅度拉近，西藏辖内各地市之间的经济和社会层面的联系更加紧密。青藏铁路的全线贯通大幅度提高了运输总量，增强了体验舒适程度；318国道、317国道、109国道、349国道、214国道以及众多省道、县道道路通行条件得到改善，将西藏旅游经济的发展推向一个全新的高度。2014年年底，西藏公路客运班线县级覆盖率达98.6%、乡（镇）覆盖率61%、行政村覆盖率41%。航空运输生产持续增长，新开辟航线9条，通往区外城镇33个，为扶贫攻坚项目的规划建设提供了便捷的交通条件。

（二）西藏精准扶贫劣势原因分析

制约西藏减贫的原因总结起来为自然条件的制约、经济因素以及社会因素。自然条件的制约表现为生态环境脆弱和交通不便；经济因素主要表现为市场发育迟缓，农牧业生产落后，城乡收入存在较大差距；社会因素主要是民众受教育程度较低，缺少自主致富意识。这些不足正是制定精准扶贫政策时应着重考虑改善的因素。

1. 自然条件的制约

（1）生态环境脆弱

西藏的自然环境恶劣，生态系统脆弱。高海拔的环境下气候寒冷、干旱缺水。这种特征在贫困人口集中的西北部地区尤其明显，西北部地区气候寒冷且土地荒芜，沙漠化严重，能够被利用和开发的耕地草地有限。据统计，在西北部地区适宜耕种和放牧的土地大约只有680万亩，仅占全区土地面积的0.42%，且全区的平均垦殖系数仅为0.2%，平均复种指数为100.2%。虽然西藏占地面积广阔，但是能够开发利用的土地很少。生态环境恶劣的土地占全区土地面积的3/10左右，阻碍全区脱贫致富。西藏频繁的自然灾害和地质灾害也给农牧区带来了严重的危害。2015年，西藏自然灾害造成的直接经济损失高达107.2亿元，自然灾害的受灾人口达55.4万人次，受灾死亡人数达38人。恶劣的自然环境极大限制了农牧业生产活动，这是西藏农民致贫的重要因素之一，因而在扶贫减贫工作中，保护自然环境、恢复生态和谐就显得尤为重要。

（2）交通不便

西藏交通运输由于起步晚、总量小、技术等级低、服务保障差，始终是全国交通运输网络的"短板"，是西藏经济社会发展的"瓶颈"，目前仍然处于"爬坡上坎、奋力追赶"的阶段。

国家对西藏的公路建设一直在进行，西藏等级公路逐年增加，由2006年的1.59万千米增加至2015年的5.84万千米，共增4.25万千米。（见表2）由于西藏地理环境的特殊性，铁路修建困难，西藏运营的铁路里程明显少于西藏公路里程，因而西藏的货运和客运主要靠公路运输，西藏公路成为主力。公路运输与铁路运输相比，不仅速度慢，而且运输量少，增加了区内外往来的运输成本，使得农产品及高原特色产品销售困难，阻碍了商品经济的发展。

表2 西藏交通客运、货运情况统计（2006—2015年）

年份	公路里程（万千米）			铁路里程（万千米）	客运量（万人）			货运量（万吨）		
	等级	等外	小计		公路	铁路	小计	公路	铁路	小计
2006	1.59	2.89	4.48	0.06	445	38	483	346	2	348
2007	1.95	2.91	4.86	0.06	460	89	549	360	12	372
2008	2.27	2.86	5.13	0.05	6786	70	6856	711	26	737
2009	2.61	2.78	5.39	0.05	7759	85	7844	920	23	943
2010	3.62	2.46	6.08	0.05	8066	99	8165	952	30	982
2011	3.89	2.42	6.31	0.05	3659	110	3769	979	49	1028
2012	4.18	2.34	6.52	0.05	3739	110	3849	1042	85	1127
2013	4.87	2.19	7.06	0.05	1326	129	1455	1778	72	1850
2014	5.44	2.10	7.54	0.08	1408	163	1571	1871	43	1914
2015	5.84	1.99	7.83	0.08	871	221	1092	2077	48	2125

资料来源：中华人民共和国国家统计局。

2. 经济因素

（1）市场发育迟缓

西藏农牧区市场发育迟缓。西藏贫困人口主要集中在横断山区和北麓山脉地区内。从贫困的覆盖面来看，呈现出由东到西逐渐减弱的趋向。从地区来看，贫困率从高到低分3个层次：处在第一层次的是昌都、日喀则，处在第二层次的是山南、那曲，处在第三层次的是拉萨和林芝。虽然到2013年年底，西藏农村乡镇公路通达率达99.7%，乡镇客运达到56%，但由于西藏地理条件复杂、气候条件恶劣、道路等级低、养护道路成本大，道路坍塌等情况往往很难及时维修。由于交通不便、消息闭塞，农牧区与外界物资交流困难，人们参与交易的机会较少。

(2) 农牧业生产落后

农业一直是集中连片特困区的主导产业。西藏农牧业生产落后，受制于气候条件，农牧民抵御风险的能力极其有限。地处青藏高原的西藏农牧区，地理气候条件非常恶劣，气候多变，自然灾害频繁。农牧业生产的周期性致使农牧户的生产决策很难依靠市场变化而及时调整。在西藏，农牧业经济的分散性、周期性与市场经济的灵活性、高风险性之间的矛盾更为突出，广大农牧民既要抵御来自自然界的风险，又要应对来自市场的挑战，应接乏力。

(3) 城乡收入存在较大差距

西藏城乡收入存在较大的差距。西藏由原来的非典型二元经济结构转向典型的二元经济结构。2013 年，城镇居民人均可支配收入是农牧民的 3.03 倍，消费水平是农牧民的 3.6 倍，城乡收入差距高于其他省份。城乡收入差距鸿沟难以逾越，部分贫困人口失去积极的生活动力。

3. 社会因素

西藏人民群众整体文化程度较低，人口受教育程度较低，思想观念还不能适应市场经济发展要求，劳动力就业能力较差。贫困人口大部分还处于边远地区，交通和通信不发达，且其接受新事物的过程极其缓慢，不利于新的脱贫政策的实施。农牧区社会发育程度较低，生产落后，"糊口"经济状态明显。大部分贫困人口不愿与外界接触，不愿意远离家乡外出务工，对市场经济缺少了解；还有一部分贫困人口等待政府的补偿或者救济资金，自身约束力差，没有理财能力，很难留存财富。

四、西藏生态精准扶贫模式

(一) 西藏生态贫困现状及成因

按照国家 2010 年制定的最新标准估量，西藏全区的贫困发生率高达 48.98%。在 1978—1994 年间，西藏全区农村贫困人口减少了 39 万人次，贫困发生率下降了 27.2%，到 2000 年年底，又减少 41 万人次的贫困人口，贫困发生率下降了 21.5%，达到 3.3%。截至 2014 年年底，西藏贫困人口已经减少至 69 万人次。脆弱的生态环境是西藏致贫的原因之一。

1. 西藏生态贫困现状

(1) 西藏生态环境现状

西藏地处青藏高原，全区总面积为 120 多万平方千米，约占青藏高原总面积的一半。作为地球的第一级台阶，青藏高原是亚洲地区的生态屏障，调节着北半球的气候。西藏生态系统特殊多样，物种繁多，资源丰富，生态环境脆弱。

西藏地形复杂，北有昆仑山、唐古拉山、冈底斯山、念青唐古拉山，其东部则是由著名的横断山脉横向切断，冰川河流夹杂其中，自然带水平分布差异大，垂直分布差异也大。地形上西北高、东南低。地貌除了六大主要类型之外，还有如冰缘、风沙、火山等地貌类型。西藏地貌可以分为高山区和湖盆区。高山区指的是喜马拉雅高山区和藏东的高山峡谷区，湖盆区指的是藏南的山原湖盆谷地区以及藏北的高原湖盆区。

悬殊的海拔和广阔的土地使西藏的气候类型多样化，主要分为高原地区的亚寒带和温带、藏东南的亚热带山地和热带山地。由东南自西北又可以划分成湿润、半湿润、干旱、半干旱四大气候类型。西藏气候特点是：气温低且温差大；光照时间长，辐射强度大；高海拔，气压较低且氧气不足；冬季和春季气候干燥且刮风强烈；降雨大多在夜晚且干湿分明。

青藏高原存在多种类型的生态资源：林业资源丰富，林业用地面积为 1783.64 万公顷，森林覆盖率达到 12%；水资源的来源主要有地表、地下和冰川水资源以及大气降水 4 个部分，其中，地表水资源主要是河流和湖泊水，总量约为 4482 亿立方米，地下水和冰川水资源总量分别为 1107 亿立方米和 332 亿立方米；矿藏多，已发现 100 多种矿产资源，探明的矿产地有 2000 多处，多种矿产量居全国前列，主要矿种有黑色金属、有色金属、稀有金属、微稀元素、冶金辅助原材料、化工原材料、建材及其他非金属矿、宝石矿、能源矿产等。

(2) 西藏生态贫困特征

近几年，随着人类活动区域扩大，对自然的索取也逐渐增加，破坏了其生态循环系统，导致了生态贫困。西藏生态贫困特征为：草场退化严重，土地沙漠化加剧，自然灾害频发，土壤侵蚀加重。

①草场退化严重。西藏全区草原总面积为 13.23 亿亩，占西藏自治区总面积的 7.2%，其中，可以利用的草原面积为 11.57 亿亩，占全区草原面积的 87.5%。但是近几年，全区草场由于脆弱的生态环境和人类生产

生活而退化严重。全区草地退化总面积为3.53亿亩，占草原总面积的26.7%。其中，轻度退化草地面积2.22亿亩，中度退化草地面积1.02亿亩，重度退化草地面积0.29亿亩。目前，西藏实施的"天然草场保护"工程已在遏制草场退化方面取得了极大的进展。进一步的保护措施就是推动农牧民在轻度退化地区少放牧，在重度退化地区则禁止放牧，以促使生态系统的恢复。

②土地沙漠化加剧。干旱寒冷的气候加上不当的生产活动，使得西藏沙漠化程度加剧。目前，全区土地沙漠化可以分为3个程度，即轻度沙漠化、中度沙漠化和重度沙漠化。由表3可知，沙漠化现象主要发生在阿里、那曲和日喀则等气候寒冷、干旱缺水且土质疏松的地区。

表3　2011年西藏自治区土地沙漠化面积与分布

指标		面积（平方千米）	占土地总面积的比例（%）	占沙漠化土地面积的比例（%）	主要分布地区
重度沙漠化	流动沙丘地	3224.94	0.27	1.48	阿里、昌都、那曲、林芝
	重盐碱地	5641.64	0.47	2.58	
	合计	8866.58	0.74	4.06	
中度沙漠化	半固定沙丘地	10075.61	0.84	4.62	阿里、昌都、那曲、拉萨、林芝、日喀则、山南
	裸露沙砾地	100839.68	8.40	46.19	
	合计	110915.29	9.24	50.81	
轻度沙漠化	固定沙丘地	4177.84	0.35	1.91	阿里、昌都、那曲、拉萨、林芝、日喀则、山南
	半裸露沙砾地	94326.89	7.86	43.21	
	合计	98504.73	8.21	45.12	

资料来源：段英杰、何政伟、王永前、刘军峰、黄纲《基于遥感数据的西藏自治区土地沙漠化监测分析研究》(《干旱区资源与环境》2014年第28卷第1期，第59页)。

③自然灾害频发。西藏地形复杂、气候高寒、生态环境脆弱，是自然灾害频发之地。对西藏农牧业造成毁灭性打击的是雪灾，除此之外还有旱灾、虫鼠灾。鼠灾对草地造成较严重的伤害。草原鼠兔挖掘土地，破坏植物根茎，致使草地退化。2014年，西藏草原受到鼠害面积达到28400平方千米。2006—2010年间，西藏发生大型地震4次，特大暴雪两次，210.75万人受到影响。西藏自然灾害不仅爆发频繁，而且多种多样。近

几年西藏农作物受到自然灾害影响的面积见表4。

表4　西藏农作物受灾面积统计（2010—2015年）

单位：10平方千米

年份	受灾面积合计	旱灾	洪涝灾	风雹灾	低温冷冻灾
2010	51.3	40.3	4.4	6.1	0.5
2011	17.8	—	5.3	9.7	2.8
2012	14.4	—	6.5	6.8	1.1
2013	22.1	—	12.6	7.8	1.7
2014	12.9	4.1	3.9	4.7	0.2
2015	11.8	1.3	7.6	1.4	1.5

资料来源：中华人民共和国国家统计局。

④土壤侵蚀加重。根据《西藏自治区水土保持规划（1995—2050）》成果，西藏水土流失面积占全区总面积的84.19%，约为103.42万平方千米。其中，冻融侵蚀是西藏土壤侵蚀加重的最主要原因，侵蚀面积占据全部侵蚀面积的75.02%。此外，还有水力侵蚀和风力侵蚀。具体的侵蚀类型、强度以及侵蚀面积见表5。

表5　西藏土壤侵蚀情况统计

侵蚀类型	侵蚀面积（平方千米）	侵蚀面积占总面积比例（%）	侵蚀强度（%）	
			轻度	中度及以上
水力侵蚀	62056	5.05	94	6
风力侵蚀	50592	4.12	87	13
冻融侵蚀	921580	75.02	42	58
合计	1034228	84.19	47	53

资料来源：张显扬、王建群、王同奎《西藏的水土流失特点及水土保持工作》（《水利水电科技进展》2005年第4期）。

水土流失主要集中在山地与丘陵地区，较严重的有拉萨、昌都、山南、日喀则，主要表现在植被覆盖率低，发生滑坡和泥石流的地点水土流失严重。林芝、那曲这两个地区植被茂盛，覆盖率高，因而土壤侵蚀程度较低。

由此可见,正是由于西藏地区存在严重的生态贫困问题,因而实现该地区的脱贫难度较大。若不能实现生态减贫,就无法实现西藏地区的可持续发展。

2. 西藏生态贫困成因

(1) 生态环境系统的恶性循环是贫困的起因

西藏生态环境脆弱,全区土地面积约 120 万平方千米,高山峡谷和众多湖泊河流交错,土地资源分布不均。海拔高,气候干冷,不利于农作物的生长。西藏的粮食产量不高,近 5 年西藏人均粮食产量为 309~311 千克,投入和产出相差无几。恶劣的自然环境、脆弱的生态系统、生态环境系统的恶性循环都是贫困的起因。西藏的贫困人口大都分布在远离城镇和交通不便的边缘地区,人民生活、教育、医疗、通信条件极差,信息匮乏,教育水平低下,人口素质低,阻碍了当地经济的发展。贫困人口收入低、市场发育不健全、就业环境差、资本积累差,这些因素致使经济低迷。而经济发展缓慢又会导致贫困人口没有应对风险的能力,一旦受到外界冲击,则贫困加剧。贫困加剧又会使当地基础设施条件差,教育、医疗、通信条件不完善。如此恶性循环。(如图 1 所示)

图 1　生态环境的恶性循环

(2) 贫困加重生态环境系统的恶性循环

人口基数增加,对土地需求会增大,但是由于受教育程度低、文化水平不高、观念落后,贫困地区的生产方式还是以粗放型为主,如伐木还耕、无节制地放牧等行为。这些行为不但无法增加粮食产量,还会严重破坏当地的生态系统。这就会造成越开垦越贫穷,越贫穷越开垦的恶性循环。更大的恶果则是贫困导致贫困人口受教育水平低,为了生存选择粗放型经济,而粗放型经济会破坏生态系统,生态系统遭到破坏又会致使贫困产生,贫困通过一系列传导,则会加剧生态系统的恶性循环。(如图 2 所示)

图2 贫困与生态系统恶性循环

(二) 西藏生态减贫互动模式的构建

1. 西藏生态减贫的模式构建

(1) 西藏生态减贫的思路转变

①将生态扶贫纳入大扶贫格局之中。"十一五"期间,西藏的扶贫理念以"开发式大扶贫"为主,坚决落到实处的扶贫态度对当地经济发展起到了积极的推动作用。目前,西藏已经解决了专项扶贫、产业扶贫、结构扶贫的问题,而对生态环境的重视程度还需要提高。生态环境恶化所造成的贫困已经给西藏发展带来了不利的影响。想要实现西藏经济的可持续发展,就必须改变生态问题造成的经济落后状况。我们应该正视这一问题,把生态扶贫放在重要位置,结合现有政策,实现"四位一体"良性互动关系,保证经济发展可持续。

②走生态保护与减贫相结合道路。从微观的角度来看,生态环境保护和经济发展之间是一种良性的互动关系。只有实现两者的良好互动,才能为生态保护和经济发展创造良好的条件,所以我们必须重视生态保护与经济发展之间的关系。想要实现生态保护与经济发展的互动共赢,还需要一定的条件:一是要提高对生态保护的重视程度,二是发展生态经济。其实这两者之间存在着密切的逻辑关系:如果生态环境遭到严重破坏,势必会对经济发展产生不良的影响;在保护生态环境的基础上来发展经济,对于生态保护以及经济的未来发展都具有积极的影响。把生态保护和扶贫开发紧密结合起来,能为经济的可持续发展创造良好的条件。

(2) 西藏生态减贫模式的构建

根据西藏地貌特征,因地制宜,在高山区选择生态环境建设模式,主要实施措施是退耕还林还草和生态移民;在湖盆区选择生态经济建设模式,发展生态农业、生态工业、生态城镇;形成生态保护和减贫的互动模式。(如图3所示)

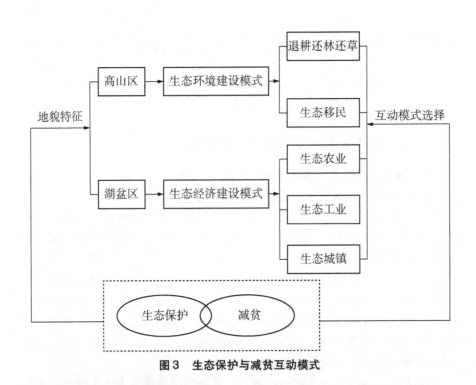

图3 生态保护与减贫互动模式

2. 西藏生态减贫的模式应用

(1) 生态减贫模式

生态减贫模式，就是生态保护与减贫互动，达到共赢的一种方式。在高山区选择生态环境建设模式，主要是为了修复高山区的生态环境，使生态循环系统重新运作，具体措施是退耕还林还草和生态移民。退耕还林还草主要是退耕地为林地和草地，是为了重建其生态环境。而生态移民一方面是为了保护那些因生态循环系统遭到破坏而受到影响不得不搬离的居民，另一方面也是为了保证环境重建之后不会再次遭到破坏。

湖盆区平均海拔较低，交通相对便利，基础设施基本健全，也是人们生产生活较为集中的地区。在湖盆区选择生态经济建设模式，主要是为了拉动西藏经济发展，促进西藏脱贫攻坚工作。具体措施是发展生态农业、生态工业以及生态城镇。农业是西藏大部分农村居民赖以生活的经济来源，因而应发展生态农业，提高农村居民收入，实现脱贫。生态工业注重对环境的保护，强调可持续发展，不仅能够拉动全区经济增长，还能够兼顾其生态环境。生态城镇的建设则是生态经济建设的最终目标。生态城镇的主要模式首先是提高城镇内居民的素质，加强生态环保意识；其次是建立各个生态产业，如建立生态工业园区、生态旅游、生态物流业等，使各个生态产业良性循环，使生产废料也能"物尽其用"，减少工业废料对环境的污染破坏；最后是人与产业、人与自然、产业与自然都处在其最优化的位置。贫困人口脱贫不再返贫且充满幸福感，产业能够达到当前的利润最大化且不会对环境造成破坏，自然环境良好，生态系统服务供给不断增加。

(2) 生态环境建设模式——高山区

①退耕还林模式。退耕还林完成情况。西藏在2002年开始启动退耕还林工程。目前这一工程主要在青藏高原东南部雅鲁藏布江流域进行。截止到2010年，西藏已经实现退耕还林面积达82892.4平方千米，其中包含退耕地造林16689平方千米，荒山荒地造林66203平方千米。

模式运行机制。第一，开发林业产业链。在经济发展与生态环境协同发展下，对现有的农村产业结构进行调整，深化农产品加工，提高农产品附加值。采取招商引资的方式为农村地区产业建设提供必要的资金支持，吸引当地居民回乡创业。采取科学开发模式挖掘林业经济潜在价值，拓宽当地居民增收渠道。第二，强化政策支持，加大财政资金的投入力度。采取有效措施保护好广大农民的根本利益，引导农民在发展经济的同时保护好当地的生态环境，推动当地经济循环发展，为当地居民生活提供良好的自然环境和社会环境。

②生态移民模式。生态移民是指由于生态环境的变化对当地居民生活产生不利影响而不得不进行的一种人口迁移活动。

生态移民的必要性分析。自然环境的急剧变化导致牧场植被的生产周期缩短；传统的发展模式对生态环境造成破坏，使得牧场沙化现象时有发生。森林资源过度开发，植被遭到严重破坏，土地沙漠化问题日益严重。随着当前西藏生态环境不断恶化，人地矛盾越来越突出，生态移民已经成为当下急需考虑的问题。

模式运行机制。第一，进行生态移民必须和农业发展的环境相适应，还要考虑当地工业发展、城镇发展的具体情况。在经济发展过程中要结合当地农业的具体情况，制订妥善计划，促进全区域经济整体进步，推动城镇化发展。第二，要考虑迁入地和迁出地的实际情况，平衡迁入地与迁出地经济的可持续发展。在进行生态移民时必须要考虑整体的环境情况，要保证迁入地的环境不会因为人口的迁移而受到不良影响，实现生态移民的帕累托最优，走出一条实现经济与生态保护效益最大化的发展道路。

（3）生态经济建设模式——湖盆区

①生态农业。"生态农业"这个词最早出现在20世纪70年代，其定义为在发展中能够实现自我循环、实现经济生态的可持续发展。然而，农业在发展中对生态环境的要求最高，影响也最大。农业是贫困地区的支柱产业。西藏在发展中想要实现经济社会的可持续发展，就必须要重视生态环境对经济发展的影响，树立科学环保理念，发展现代化生态农业经济。

发展生态农业的原则。首先，要坚持实事求是的发展原则。西藏经济发展区域差距比较明显，在实际中必须因地制宜制定发展战略，应对当地经济进行充分调查，不能盲目借鉴外地经验，最终实现该地区经济、社会、生态环境的可持续发展。其次，要注重效益原则。在社会发展中要把经济发展与生态保护紧密结合起来，不能单纯为了提升经济而忽视环境。结合国情来制定相应的发展战略，不能照搬照抄。不仅要注重经济效益，也要提高环境效益，实现生态效益与经济效益的同步提升。

发展生态农业的路径。第一，发展资源节约型现代生态农业。结合当地自然环境特点，对当地自然资源合理利用，推动生态农业产业园的建设。改变原有的农业发展方式，实现农业生产现代化。坚持科学发展、保护环境的发展理念，促进当地农业生产可持续。第二，推行家庭农业的生产方式。由于西藏地区人口分布比较分散，集约化的农业发展模式在当地很难得到大规模推广。因此，该地区在经济发展中要结合当地特色，形成以家庭为单位的农业自给生产模式，探索符合当地实际的农业生态化发展道路。

②生态工业。生态工业是在发展过程中通过对生态系统的复制建立与生态系统类似的工业发展模式，其目标是使生产环节各个阶段的资源能够得到充分利用。与传统工业相比，生态工业重视对环境的保护力度，强调可持续发展理念，能够实现对资源的循环利用。在生态工业生产中，各个环节联系紧密，信息交流通达，生产制造的废料可以循环再利用，实现对资源的合理配置，降低成本，减少污染排放。

生态工业模式有3种类型：

第一种，恢复型治理模式。这种治理模式主要是对原有发展模式造成的环境破坏进行治理，实现对当地资源的合理利用，在恢复当地生态环境的同时实现经济发展。这种模式不仅有利于当地环境的好转，也有利于当地工业经济发展。

第二种，生态企业模式。生态企业模式在整个生态工业发展中起到十分重要的作用，这种模式能够结合当地生态环境，制定符合当地的特色的工业发展道路。

第三种，生态工业园区。首先，积极借鉴西方国家在生态工业发展方面的成功经验，同时结合西藏地区独特的自然环境来制定具有特色的生态发展模式。其次，建设生态工业园区意味着要仿照自然生态环境的模式来建立一条工业化的发展道路，在生态工业园区中从生产者到消费者形成了一条完整的产业链，通过对园区内的资源进行合理安排，实现对资源的合理利用，走有特色的新型工业化发展道路。

③生态城镇建设。第一，改造模式。对于发展较完全的城镇，在建设生态城镇过程中，要充分发挥其自身优势，注重对生态环境的保护，降低投资成本，推动生态城镇建设的进步。第二，再造模式。对于自然环境优势比较明显的地区，进行科学的规划，建设符合该地区实际的生态城镇模式。第三，生态移民模式。对于那些生态环境比较脆弱，无法承担大规模建设的地区，在生态城镇建设过程中，要对当地人口进行适当的迁移，降低城镇人口承载压力，弱化生态环境与人口之间的矛盾。

（4）生态经济模式建设应用——藏南谷地的综合开发

藏南谷地是青藏高原南部雅鲁藏布江中游谷地，土壤类型多样、自然资源丰富，区域内的雅鲁藏布江水量丰沛，是西藏主要的农业区。该地区还是西藏的经济核心区，经济发展较快，交通设施完备且有着良好的物流基础。藏南谷地适农土地面积占西藏全部适农土地面积的51.4%，且还有3.1万公顷的相似土地等待开垦，耕地面积约有19.5万公顷，耕地质量较高，主要农作物有青稞、荞麦、鸡爪谷和油菜等；约有2/3的土地适宜畜牧业生产，其中还有1/3的天然草场可以作为冷季牧场，是天然的畜牧业发展基地；适宜林土的面积虽少，只有约22万公顷，但是该地区土壤肥沃，开发适宜性很好，适合农田防护、薪炭林和经济果林生长。（见表6）

表6 藏南谷地流域土壤类型

土壤类型	分布区域	土壤特点	开发应用
潮土	河谷一级阶地和高河漫滩	土层深厚,质地适中,砾石含量低,有机质、全氮含量中等,但高低变化幅度较大,速效养分含量较低,高低变化很大	适宜农业规模化开发
山地灌丛草原土	山地和河漫滩	土层厚度0.4~1.0米。多数耕种土壤潜在肥力较高,光照、热量充足,有利于农作物生长。部分退化较严重的土壤可进行改良和生态恢复	适宜农牧业发展
新积土	大面积分布于河谷底部河漫滩	土壤有机质含量较低,无明显腐殖质层。土层厚度大于0.3米,可人工散播牧草或植树造林防沙和水土流失	不适宜农牧,适宜生态建设
草甸土	零星分布于雅鲁藏布江河漫滩	成土过程不同程度受地下水影响。土层厚度约1米。草甸分布区地形平坦,地下水位高,水资源条件好,但通透性差,土质适中,有机含量高,草甸植物生长繁茂	不适宜农业耕种,适宜林业和牧业发展
风沙土	集中分布于雅鲁藏布江宽谷段	细砂、粉砂为主,堆积为丘垄,易扬尘	适宜发展农林业和生态建设

资料来源:唐柳、俞乔、李志铭《藏南谷地流域的生态经济开发模式研究》(《西藏研究》2014年第4期,第52页)。

考虑到资源条件约束,结合藏南谷地特定的经济与环境条件和生态经济建设模式,藏南谷地的开发模式可以从科学开发水资源、转变土地利用方式和优化国土空间布局3个方面进行。(如图4所示)

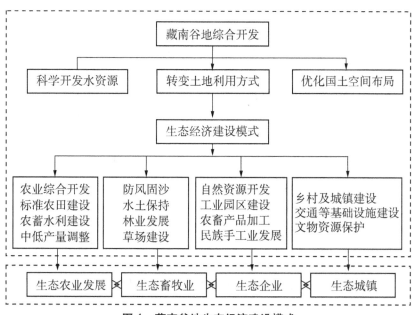

图 4 藏南谷地生态经济建设模式

合理开发水资源是维持生态经济的先决条件。藏南谷地内河流和湖泊众多，但因地形限制，水土资源分布区域与生产力的布局存在偏差，工程性缺水问题严重，因而应以解决工程性缺水为目的进行科学合理开发。以大的湖泊流域为依托，小流域和季节性湖泊为单元，建设水利、水电等基础设施，强化河道治理，完善饮水、灌溉排涝体系，加紧改造节水工程，巩固并增进水生态系统建设，在现有的技术和经济条件下尽可能地提高土地利用率，确定归属权，避免造成"公地悲剧"。

转变对土地的利用方式，促进区域生态经济发展。首先，为区域生态经济发展提供土地要素保障，严格履行土地政策，合理安排土地，积极引进投资。其次，根据区域发展规划，采取差别化土地供应，避免粗放型产业泛滥，促成高新技术区，打造低碳经济；提高区域内人民的幸福感，建设生态城镇，缩小城乡差距。最后，开发土地的多种用途，生态化农业生产，依据情况灵活地调整土地利用结构。

优化国土空间布局。对可利用土地制定出整体规划和专项规划，强化顶层设计，合理规划国土空间布局，强调农村和城镇地区以及生态地区土地分区发展。首先，强化对农村地区的建设。发挥藏南谷地的地域优势，合理建设生态农业、生态畜牧业，丰富农村地区产业结构，推广特色农产品以形成规模经济，加快城镇化进程。其次，加紧对生态乡村及生态城镇的建设，建设紧密相连的生态城镇体系。形成以生态文明村围绕生态小城镇，生态小城镇依托于中心生态城镇，并以生态工业辅佐的生态城镇系统，促使人口流向城镇和生态工业园区。再次，要加强对生态功能区的建设。科学规划土地和合理开发水资源，构造并修筑生态功能区，加强水源涵养和防风固沙功能，减少水土流失，因势利导发展生态农牧业，建设生态型产业经济，禁止从事破坏生态系统的各项开发事宜。

（三）西藏生态减贫的实现机制

西藏在开展生态扶贫发展过程中要把贫困户放在首位，增加职业教育，提高职业技能，加大财政在农村地区的投入力度，解决农村基础设施薄弱的问题。通过政策引导转变农村地区原有的工农业发展模式，保障西藏地区生态扶贫落到实处，推动西藏地区经济可持续发展。

1. 生态减贫内部实现机制

（1）加强人力资本投入机制

注重人力资本投资，提高当地居民的经济发展水平和收入。第一，推动义务教育的全面发展，大力发展职业教育，提高当地居民的职业技能。第二，增加在医疗卫生方面的资金投入，建立完善的医疗卫生体系，对当地人群定期进行体检，倡导健康的生活方式。西藏目前已经建立了完善的职业技术培训制度，对贫困人口在其参加技能培训时给予一定的补贴，在城镇领域已经建立了完善的社会保障体系。

（2）完善公众参与机制

生态扶贫要求社会公众必须参与其中，这是权利，也是义务。第一，加强宣传，提高当地居民的环保理念。必须加强对生态环境的保护力度，把环保理念的宣传与扶贫紧密结合，以提高全民参与度。在推动当地经济发展的同时要保护好当地的生态环境。第二，妥善处理 NGO（Non-Government Organization，非政府组织）与政府之间的关系。充分发挥 NGO 的作用，NGO 无法完成的内容，则由政府承担。对原有的管理体制进行改革，有效提高政府在推动经济发展中的作用。将部分职能转给 NGO 并不意味着降低政府在社会发展中的作用，而是为了提高政府的工作效率。

2. 生态减贫外部实现机制

（1）创新片区合作机制

第一，加强政府部门之间的协同合作。针对在生态扶贫过程中产生的问题，政府部门之间要加强沟通，建立相应的问题解决制度。每个县区都要成立专门的生态扶贫领导小组，由当地政府部门主要负责人牵头，相关政府部门的一把手为小组成员，生态扶贫小组在发展过程中要做好内部协调工作，积极发挥自身作用，为生态扶贫的开展提供有利条件。

第二，创新跨区域合作机制。建立跨区域合作的生态扶贫发展模式，加强区域间信息交流与合作，加大对资源的调配力度，实现资源合理利用。第一，为生态扶贫的发展提供良好的制度保障，制定符合地区特色的相关法规。第二，为不同区域生态扶贫推行建立良好的合作条件，对《跨区域生态扶贫治理法》进行修订，明确规范生态扶贫的目标、发展模式以及政府职能，使生态扶贫有法可依。和援藏省份紧密联系，提高参与积极性，勠力同心为西藏精准扶贫做出贡献。

（2）完善生态补偿机制

第一，促进立法建设，为生态补偿制度提供必要的法律保障。立法明确规定双方的权利与义务和落实机制；研究制定符合地方特色的生态补偿机制；加强相关监督机构制度的完善，为建立健全生态补偿机制提供有力的支持。

第二，提高财政对生态补偿的补偿标准。政府部门建立专门的生态补偿资金库，推行奖励机制，以提高组织或个人的参与积极性。严格管理、合理分配，保证资金得到合理利用。

第三，尝试市场激励机制。保障投资者的权益，鼓励更多的市场主体参与到西藏社会发展中来。发挥市场调节机制，以发行债券等方式来筹集发展资金。发挥西藏地区生态资源的优势，通过转让资源的使用权吸引更多经济体参与。建立新型的市场管理模式，提高参与者的积极性。

（3）建立健全产业生态化机制

重视农业与服务业，扩大贫困人口的收入来源，防止返贫。第一，推动生态农业的发展。加强农业发展与服务业之间的联系，对农产品进行深加工，提高农产品的附加值，拓宽农产品的销售渠道，解决农产品的销售问题，建立"农业+农户+市场"的农业发展道路。第二，加快相应配套服务行业的发展，为生态服务业发展创造有利条件。

(4) 组织生态移民，加快城镇化进程

改变原有的社区管理办法，推动城镇化发展。第一，对当地居民划分区域进行管理，在全区建立统一的人口管理制度。第二，建立合情合理的管理制度，保障当地居民原有合法权益。在完成对居住地的迁移后，原有的土地、荒山要由原有的政府部门进行管理。第三，建立多种移民发展模式，对原有的基层组织机构进行调整。第四，居民迁移完成后要建立完善的基层管理制度，成立相应的管理委员会。第五，建立相应的服务体系，建立完善的社会保障制度，为居民生活提供必要保障。

五、西藏旅游精准扶贫模式

（一）西藏开展旅游精准扶贫的意义及可行性

1. 西藏开展旅游精准扶贫的意义

旅游扶贫是通过对贫困地区丰富的旅游文化资源进行全方位开发，以推动该地区的经济向全新的局面深入发展，从而彻底改善贫困群众落后的经济生活的一种方式。其目的在于使落后地区在经济、文化、精神等方面得以全面发展。"造血功能"是它独特的扶贫增强方式。对西藏来说，旅游扶贫更可以优化贫困地区的产业结构，促进就业，提升当地形象，弘扬民族特色文化。

(1) 带动相关产业发展，优化当地产业结构

旅游业的繁荣发展不仅能使收益大幅提高，还能引起连锁反应，带动交通运输、商业、农业发展，通信技术、经济金融等相关行业产能发挥，使其在推进社会经济走向更高水平上发挥较大的乘数效应。作为第三产业中的"龙头产业"，旅游业拥有高度综合性。将旅游业作为贫困地区的主导性产业建设，能在吃、住、行、游、购、娱等方面推进娱乐、商业、餐饮等服务走向新的格局和发展水平，全力促进第三产业的深入、科学、持久发展；推动民族手工业、农副产品的制造业等完善升级，从而为第二产业的腾飞打下坚实的基础；全面深化种植业、畜牧业、渔业的进阶发展，给第一产业的经济腾飞创造发展机遇，助力当地落后的产业格局优化和升级，以便于贫困地区的社会经济整体良性的发展。

(2) 促进就业，解决剩余劳动力

由于旅游业属于劳动密集型产业，促其成长能够解决部分民众的就业

问题。生活在集中连片贫困区的居民普遍受教育水平不高且经济情况不佳，旅游产业链条建成可以为当地待业人口提供就业岗位，帮助无业人口参与旅游的相关经营项目，如食品餐饮、酒店住宿、相关的旅游购物、文艺演出等，以减轻当地就业压力。旅游业对第一、第二、第三产业综合深入的发展，为不同教育水平、不同健康条件、不同贫困程度的人群提供不同岗位，为当地贫困居民自主脱贫提供路径。

（3）改善和提升当地整体形象

旅游是外地了解当地情况的最佳形象窗口，因此，对外宣传和树立鲜明的旅游形象对于当地旅游业的健康发展十分关键。旅游产业能将当地自然风景民俗、民族风情和人文景观等因素融入对外宣传之中，以提高其社会知名度，给外界的社会公众留下深刻而美好的印象，使完美的旅游形象深入人心，有利于推进贫困地区的综合治理和科学管理，提升相关环境形象。与此同时，还要将对自然环境、生态平衡的保护纳入旅游业长期发展的战略之中，杜绝旅游业的发展造成其难以治理的恶劣现象发生。

（4）弘扬民族民俗特色文化

西藏人民长期自给自足，因而保持了原生态的社会环境、民族民俗特色等文化，极具观赏价值。因此，在西藏贫困地区开展旅游业，有助于弘扬少数民族民俗特色文化，可以对原生态的自然遗产、物质文化遗产、非物质文化遗产加以保护和利用，促进自然、文化、生态和社会经济可持续发展。

2. 西藏开展旅游扶贫的可行性

在实行旅游脱贫政策之前，需要先对当地的情况（包括资源条件、客源市场条件等）进行调查。通过以上条件来确认该地区是否有开展旅游扶贫的可能，以及旅游扶贫能否改变该地区的经济发展形势，并找出制约因素。

旅游业作为西藏的支柱性产业，在扶贫方面已经有所进展。2011年，西藏从事旅游业的农牧民有5.28万人，农牧民星级旅馆345家，实现收入3.23亿元。随着西藏旅游业的发展及政府对西藏扶贫的大力支持，截至2015年年底，西藏农牧民约有9.7万人从事旅游业，比2011年增加4.42万人，年均增长率约为16.4%，星级农牧民家庭旅馆812家，5年内涨幅57.5%，实现收入10.2亿元，年均增长率为33.3%。可见，在西藏开展旅游扶贫具备基本条件，可收到显著效果。

(1) 资源条件

西藏自治区旅游资源丰度大、品级高、分布广,自然旅游资源众多,高山雪峰等地质景观、江河湖泊等水域景观、峡谷茂林等生物景观以及人文旅游资源丰富,有着藏传佛教宗教文化、悠久历史遗存和浓郁的民俗风情,总体包含34个亚类、110个基本类型。在西藏众多旅游资源中,有6类资源具有独特优势,包括雪山、现代冰川、湖泊、温泉、古城庄园、寺庙等,其中,寺庙、温泉、湖泊和雪山的景点数量均超过80处。这些外界不可复制的景点使西藏旅游业具备垄断性和独特性。

(2) 客源市场条件

表7显示旅游业在西藏的经济发展中不可动摇的地位。据相关调查数据显示,赴西藏旅游的人次从2010年的685.1万人次逐渐攀升至2015年的2017.5万人次,增长率逐年攀升。从表7中可以看出,西藏2010—2015年这6年的旅游业发展中,旅游人数及旅游经济总收益一路呈直线上升趋势。截至2014年年底,西藏旅游业收入在地区生产总值中占比达到了22.15%,说明旅游业对西藏经济发展有着极为关键的促进作用和影响力,旅游经济蓬勃发展的形势对贫困地区的经济改善极为有利。"一带一路"倡议大大促进了西藏与尼泊尔等南亚国家在文化和旅游方面的深度交流合作,使西藏成长为我国与南亚国家经济交流合作的窗口。

表7 2010—2015年西藏旅游业发展情况

单位:万人次

项目	2010年	2011年	2012年	2013年	2014年	2015年	年均增长率(%)
旅游总人数	685.1	869.8	1058.4	1291.1	1553.1	2017.5	24.1
国内旅游人数	662.3	842.7	1038.9	1268.7	1528.7	1988.3	24.6
入境旅游人数	22.8	27.1	19.5	22.4	24.4	29.2	5.1

资料来源:《西藏统计年鉴》(2011—2016年)。

以上举措都为西藏发展旅游扶贫提供了宝贵的契机。

(二) 西藏旅游精准扶贫模式的构建

1. 西藏现有旅游扶贫模式总结

西藏政府根据国家建设美丽乡村的要求,大力发展乡村旅游业,制定了系列政策规范,引导乡村旅游的发展,初步形成了观光休闲农牧业、农家乐、牧家乐等,增加了就业机会,农牧民的生活水平也得到提高。几种典型的旅游扶贫模式,如政府主导模式、景区带动模式、"企业+农户"模式等初步形成。

(1) 政府主导模式

政府主导模式是指政府作为旅游开发的主导者,占有资源、管理资源和经营资源的模式。政府提供扶贫资金,制定政策及规划,控制、决策资源的使用等,无论在旅游开发还是行业管理方面都体现主导地位。由于西藏贫困程度深,基础条件差,在扶贫过程中大多采用政府主导的扶贫模式。在旅游项目开发初期,政府占据主导地位可以提供强大的资金支持、政策支持和环境支持。

(2) 景区带动模式

西藏旅游资源丰富,资源类型繁多,形成了很多比较有名的景区,也带动了景区周边乡村旅游的发展,形成了景区带动的旅游扶贫模式。在景区带动模式中,政府和企业是景区的管理者,负责景区的开发和旅游发展,景区内农户独立自主经营餐馆、旅游、农家乐等,参与旅游接待。但由于农户资金有限,技术、信息落后,自主经营的餐饮业、住宿业等基础设施差,卫生不达标,缺乏合理的规划指导,容易出现同质化竞争,因此,景区带动模式并不能让贫困户真正地参与,贫困户往往缺乏资金和区位优势,并不能享受到景区的辐射带动作用,从而使贫富差距拉大。

(3) "企业+农户"模式

在政策规划及财政支持下引入旅游发展公司,主要经营景区票务系统、景区内宾馆、酒店等,包括旅游商品的开发与销售,农副土特产生产销售以及相关招商引资项目的管理。贫困户通过开办农家乐、餐饮、住宿、民族手工艺品店等方式独立参与,也可进入公司从事导游、服务人员、环保员、演员等工作以获得工资。形成政府监督、公司运营、农户经营的模式。"公司+贫困户"模式实行公司制管理,通过收入差距调动农户参与的积极性。但这种模式也存在相应问题:农户缺乏技术、资金较少,因此,主要以农家乐或小摊点参与经营。为避免景区乱象,公司会制定一系列收费标准及规章制度,这就严重限制了贫困户的参与;公司以市场为导向、以效率为原则,在带动经济的同时,也容易出现收入分配不公等问题,易引发矛盾,导致政府、公司、农户之间的利益冲突。

2. 因地制宜，构建多种模式

扶贫工作的开发是贫困户自身、贫困户与社会、贫困户与自然的全面、协调、可持续发展。单一的扶贫模式是行不通的，需要建立一套科学合理、行之有效，能确实达到"真脱贫"目的的扶贫模式。基于西藏特殊的地理位置、文化背景及复杂的致贫原因，西藏旅游精准扶贫模式的开发和选择也必须具有多样性。任何扶贫模式的选择都离不开政府、贫困群众、部门、社会这"四位一体"的格局。西藏旅游扶贫可选择政府引导模式、资源驱动模式、"公司＋合作社＋基地＋贫困户"模式、"五个一"定点扶贫模式。这几种旅游扶贫模式是根据西藏不同地区的资源环境、基础设施、发展阶段、致贫原因等的不同来选择和构建的。

（1）政府引导模式

①特征及适用范围。在进行旅游项目开发的时候，政府的态度和支持对于整体发展具有极为重要的作用。经济水平不好的贫困地区，因其在行业内缺少基础，启动资金不足，必须有政府的帮助和支持才能开展初期的开发工作。在这个过程中，政府可能会扮演多种角色，针对不同的需要进行服务、管理或者引导工作。政府引导模式即政企合作模式。在此模式中，政府主要进行管理和服务工作，并且在政策方面给项目以支持，同时进行相关的管理。市场方面则由合作企业负责。（如图5所示）

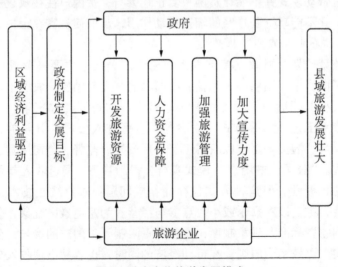

图5 政企合作旅游发展模式

②典型案例。西藏的旅游开发就是政府引导开发的实例之一。西部大开发战略给西藏带来了大量资源和政策上的支持,旅游行业的整体发展一直以来都是依靠政府的扶持和投入进行,导致该地区的相关行业没有稳定的融资渠道,整体实力弱。

由政府主导进行的项目可以参考西藏林芝市巴宜区鲁朗镇的扎西岗村。2003年以前,扎西岗村旅游基础设施几乎一片空白,无硬底化路面,无指示牌,虽然拥有丰富的旅游资源,但无人知晓,处于未开发状态。为了解决这一情况,充分利用好资源,该地区在2003—2009年几年间从国家和地方的旅游局、自治区内的扶贫项目和广东地区的援藏项目中一共得到了大约666万元的开发资金。利用这笔资金,该村建成了23家家庭旅馆,完善了路面、桥梁、卫生间和停车场等基础设施,并修建了演艺设施和标识牌等。这些举措有效地带动了当地乡村旅游业的发展。相关数据显示,该地区在2003—2008年间共接待了30万名游客,仅旅游一项就带来了255.5万元的收入,每户平均增加收入近4万元。曾有多位国家领导人莅临考察扎西岗民俗村并对农牧民参与旅游致富的积极性给予了高度赞扬和肯定。

③经验启发。在旅游开发项目的初始阶段采用政府引导的方式具有极大的便利,但事有两面,在后期的发展中延续这种模式会带来很多问题,常见的有行业发展完全离不开政府,政府干涉会影响运营等。想要让企业更好地发展,首先要确保该项目在初始阶段就严格按照企业的模式运行,不管是民间还是国家投入的资金,都按照股份进行折算,开办股份制企业,同时保证政府不会干涉具体的经营过程。企业在经营一段时间之后可继续保留股份或者出售转让。下面是为了提升政府引导模式时的工作效率,针对性提出的3种改进方式。

第一,在项目进行过程中,政府主要进行服务和管理方面的工作,通过投入资金,确立帮扶政策以及引进投资等工作帮助企业发展。企业受政府的严格监管,确立新的监管制度,达成两者间的友好合作。

第二,在经营方面做到股份制,企业自主运行,发展大规模集约化的企业。不断增强公司的经济实力,增强核心竞争力。

第三,注重资金积累。可以通过政府和一些扶贫组织得到资金上的支持,还可以通过政府引进一些投资者得到发展资金。

(2) 资源驱动模式

①特征及适用范围。通过现有资源进行开发的方式就是所谓的资源驱动式。这种模式在我们国家旅游行业的发展中十分常见，特别是在改革初期，我国多数景点都是依靠自身强大的旅游资源驱动发展起来的。

在那些交通和地理条件不好而对旅游资源要求高的地方采用这种模式是最有效的。诱人而独特的旅游资源是前提，可弥补地理和交通方面的劣势，而且一旦条件具备，就能很快确定开发主题，进入市场吸纳游客。另外，采用这种模式的景区通常来说经济水平都不高，在开发初期通常都需要引入资金。一般来说，这种地区在开发之前各种行业发展情况都不会很好，但是旅游行业强大的关联带动能力会以其为领导带动其他行业，从而带动地区经济的整体腾飞。（如图6所示）

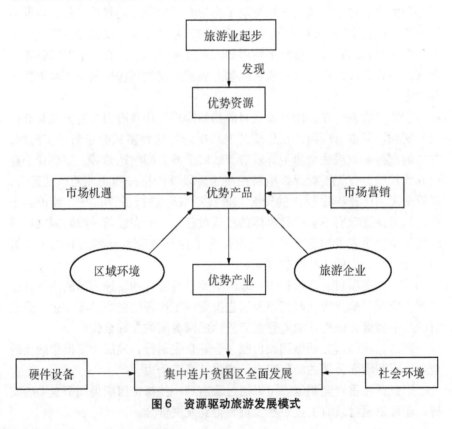

图6 资源驱动旅游发展模式

②典型案例。宁夏的西海固开发过程就是建立在这样的开发模式之上的。该地区在开发之前经济水平非常落后，而且在交通和地理位置等方面都不具优势，长期以来都是我国发展最缓慢的地区之一。因为旅游资源独特，旅游业已经成为该地区的主导产业，像沙湖和沙坡头这样沙水共存的景点独具特色，还能进行很多沙漠特有的运动项目和科普教育项目。西海固在这方面不但具有世界级的影响性和示范性，而且还是科技治理沙漠化的先进代表。在资金、资源和科技3个方面的带动下，目前西海固已经成了一个著名的旅游景点，同时也是恢复生态和旅游开发相结合的成功示范。项目建设期间，国家和当地政府投入了大量资金进行开发建设，目前已经建成了以长征纪念馆、火石寨、须弥山石窟和国家森林公园4个项目为主的十几个景点，并形成了独具特色的旅游主题，游客人数和旅游收入逐年增加。

③经验启发。在采用资源驱动式的开发时要注意以下3个方面。

第一，对旅游资源进行深层次的开发，确立独特的配套产品。在开发资源驱动式的旅游项目时，要照顾其交通和区位的劣势，做到足够深入，充分增加项目的体验和参与性，要在娱乐、购物以及游赏、出行和住宿、饮食等多方面进行全方位开发，确保给游客留下深刻的印象和愉悦的体验。另外，针对资金限制较大的情况，可对几个主打项目进行开发，通过主推项目辐射带动其他方面的发展。

第二，保证环境的协调与良好。在大面积开发旅游项目时，必须保证景点的原生态性，将自然和人文两个方面有效、和谐地融合。

第三，充分利用市场的杠杆作用。在发展过程中，通过市场吸收资金，努力打造一个实力雄厚、竞争力强的旅游品牌。

（3）"公司＋合作社＋基地＋贫困户"模式

①特征及适用范围。"公司＋合作社＋基地＋贫困户"模式通过旅游资源的吸引力进行招商引资，使有实力的企业、贫困户与由政府出面组建的专业合作社达成合作关系。贫困家庭以户为单位自愿加入合作社，然后再以合作社的形式加入企业。公司是集种植、科研、加工、营销、旅游于一体的综合型企业，公司土地的来源主要有两种。一种是自有承包，通过土地流转的方式租用农民土地。土地到期后，土地产权归还农民，地面附着物则归公司。另一种是农民通过合作社将土地作为资本入股企业。一部分农户可以通过将土地流转给公司租用，收取租用费，并与公司签订长期

劳务合同。公司对该部分土地进行直接的管理,并对该部分农户进行职业技能培训,提供工作岗位。另一部分农户可以通过合作社,以土地为资本入股,与企业一起利益共享、风险共担。此部分农户可由合作社进行统一管理,进行技术指导和职业技能培训,产品由合作社统一收取供给企业,企业对合作社产品给予一定的补助,为贫困户提供最低收入保障。

这种模式适用于有一定资源条件,但资金匮乏、交通不便的地区。市场运作可以更好地提升企业实力,进行市场营销,提高地区知名度,从而吸引更多客源。

②典型案例。贵州省仙人岭锌硒有机茶叶有限公司是集有机茶种植、研发、加工、营销和生态旅游于一体的综合型企业,拥有自有承包茶园1000余亩,加入合作社农户223户,涉及茶园面积1500余亩。该公司共有有机茶叶基地2600余亩,企业对合作社的农户每斤茶叶补助2元。农户需写申请参与合作社,公司对合作社农户按土地质量对每亩地进行补助300～500元,并按采摘茶叶的种类不同质量进行分类补助。此外,公司还为农户提供义务培训,企业40%的盈利用来发放员工工资,30%用于积累再投资,剩下部分则用于各种开支及为经营者所得。

③经验启发。"公司+合作社+基地+贫困户"模式是区域旅游发展的大势所趋。这种模式将分散的资源集中起来统一管理,利益统一分配,能够为贫困户提供技术指导,提供就业机会,减少贫困户的风险损失,为贫困户提供最低收入保障。合作社的介入可避免公司与农户之间的矛盾冲突,并能体察民情,向公司反映贫困的需求及建议等。

针对西藏不同旅游扶贫地区的不同基础条件与贫困情况,在具体实施过程中,可在"公司+合作社+基地+贫困户"模式的基础上进行变通,构建"公司+旅行社+贫困户"模式、"银行+公司+合作社+基地+贫困户"模式等。

(4)"五个一"定点扶贫模式

①特征。"五个一"定点扶贫模式,即以贫困县为单位,每个贫困县安排一个省级领导定点帮扶,指导其扶贫攻坚规划;在每个地区都确立一个专门的省市直属机构负责进行相关工作;每个贫困县指派一个国有控股企业或实力较强企业,配合开展定点扶贫;在每个项目开展地区都设立专门的机构。

②典型案例。2012年,江西省鄱阳县"五个一"定点扶贫工作已经

开展，扶贫小组在每个地区都安排了专门的省级负责人负责指导等工作；在每个地区建立了专门的省直机构负责相关工作；并且每个县安排一个实力较强或者国有控股企业配合该县的定点扶贫工作。该模式的开展主要由江西省旅游局实施，将鄱阳县定点旅游扶贫工作纳入重要工作内容中，摸清鄱阳县旅游资源情况；明确旅游扶贫帮扶任务；结合地区实际情况，确立发展和帮扶方面的具体规划；在全省整体旅游开发中，有针对性地对鄱阳县进行资金及政策等方面的倾斜，帮助其解决旅游扶贫发展中的实际困难；选派工作组定点进驻鄱阳县；对这些扶贫开发项目的进展情况，每年都会进行专门的评估和考察。同时，企业在旅游扶贫中结合定点扶贫县的特色及企业自身的发展方向，找准旅游扶贫项目进行合作开发，将企业发展与旅游扶贫帮扶任务紧密结合在一起，每年对该县的投资为 500 万～1000 万元。经此，该地区从无到有地发展起了 32 个生产旅游产品的公司以及 40 家农家乐，新增了 10 家旅行社和 28 家宾馆和酒店。2012 年游客多达 216 万人次，仅旅游这一方面收入就占该地区生产总值的 9%，金额更是高达 10.8 亿元。自此，旅游已成为该地区的一项支柱性产业。

③经验启发。"五个一"定点扶贫模式是集政府引导、部门规划监督、企业帮扶及援藏省市/高校协助为一体的"大格局"扶贫模式。西藏的扶贫项目庞大、任务繁重，利用这种定点帮扶的方式将西藏全区艰巨的扶贫任务分割细化，按照省级领导—实力部门—重点企业—援藏省市/高校定点帮扶一个贫困县的方式实现化整为零，集中力量，责任落实到部门、到企业。由面到点，"五个一"定点扶贫模式在精准到贫困户时可变通为"党支部＋能人＋贫困户""合作社＋能人＋贫困户"等模式，实现精准帮扶。

（三）西藏旅游精准扶贫保障机制及对策建议

1. 建立旅游精准扶贫保障机制

为保证旅游精准扶贫的有效性和持续性，建立一套行之有效、服从精准扶贫理念要求的保障机制非常必要，以确保精准扶贫理念的"三精准"（即精准识别、精准帮扶、精准管理）全面贯穿于旅游扶贫工作中，实现扶贫效益最大化，最终实现贫困地区"脱真贫""真脱贫"的目的。

（1）建立精准的旅游扶贫识别机制

旅游扶贫目标对象的精准识别包括对贫困地区旅游开发的基础条件、

贫困人口的参与能力与意愿、旅游扶贫项目益贫性的识别。首先，要对贫困地区的基础条件（包括旅游资源、配套基础设施、客源市场）进行精准识别，区分出旅游扶贫可扶区与不可扶区，并在可扶区对贫困人口进行识别。其次，在对贫困人口进行识别时，需要将知识、技术、态度、劳动力、健康状况等作为参考，以参与能力和参与意愿为标准，将贫困人口划分为4个类型，即：有参与能力，有参与意愿；有参与能力，无参与意愿；无参与能力，有参与意愿；无参与能力，无参与意愿。在旅游扶贫过程中，针对不同类型的贫困人口，采取不同的帮扶措施。最后，对旅游扶贫项目进行精准识别。综合考虑旅游项目的可操作性与可行性，即该项目是否与旅游扶贫地区的开发条件相适应，是否符合该地区的特色，是否具有竞争力等，还需考虑该项目是否有利于贫困人口的发展，能为贫困地区带来多少就业机会，即项目的益贫性，因地、因人制宜选择旅游扶贫项目。

（2）建立精准的旅游扶贫帮扶机制

建立旅游扶贫帮扶机制，首先要明确政府、企业、非政府组织、贫困人口等在旅游扶贫中的不同角色与作用，协调发展，为旅游扶贫构建一个立体化、多层次的帮扶体系，完善贫困地区基础设施及政策条件、协调解决融资问题、调动非政府组织及企业的积极性、提升贫困人口的参与能力与参与度，以科学的方法选择最适宜的旅游扶贫模式。

（3）建立精准的旅游扶贫监督管理机制

建立精准的旅游扶贫监督管理机制，首先，要明确监督管理的内容，要加强对旅游扶贫目标对象精准识别和帮扶过程的监督管理、强化对旅游扶贫管理的监督。其次，要明确在旅游扶贫中政府、企业、非政府组织及贫困户等各方的角色、作用以及义务与责任，加强对旅游扶贫中各参与方的监督管理。再次，要加强对旅游扶贫中资源的开发、扶贫项目的确定及实施、扶贫资金的使用、贫困户脱贫情况等的监督管理。在实施过程中，可通过完善相关法律法规及规章制度、让贫困户参与监督管理、鼓励成立旅游扶贫协会等方式来建立精准的旅游扶贫监督管理机制，保障各旅游精准扶贫模式有效性、效率性以及旅游扶贫目标的最终实现。

2. 西藏旅游精准扶贫对策建议

（1）加强区域间合作，实现规模经济

在旅游扶贫开发过程中，对西藏旅游地区的优势和劣势、机遇和挑战进行系统分析，找准市场定位，实现区域间联合发展，以市场为导向优化资源配置，打破条块分割，发挥区域间协作效应，扩大市场占有率，形成规模经济，提高西藏整体旅游业竞争力。

第一，区域内联合发展。首先，加强景区间交流互通，避免同质化竞争；其次，促进县域之间联合发展。发挥旅游业的辐射带动作用，发掘贫困地区的优势产业和特色产业，在有条件的贫困地区发展旅游扶贫，在没有条件的地区发展优势、特色产业，为旅游区提供特色旅游产品。

第二，加强与区域外的联合发展。转变观念，打破旧的管理体制束缚，注重与周边省市地区进行区域协作、联合发展，如举办交流会、宣传会，打造跨区域精品旅游路线等，注重旅游产业的整体发展，提升整体竞争力，实现区域经济规模化、标准化、精品化，促进西藏旅游业可持续发展。

（2）加强"三产"联动，构建旅游本地化产业链

贫困地区在开展旅游扶贫工作时要均衡第一、第二、第三产业的发展，协调产业结构，构建旅游本地化产业链，减少旅游漏损，增加贫困人口就业机会，实现旅游精准扶贫的可持续发展。

构建旅游本地化产业链能够增强旅游扶贫效果。对于西藏来说，要注重旅游业与农业、牧业、民族手工业等的融合发展，扩大旅游扶贫间接就业规模，构建较为完整的旅游本地化产业链，充分发挥旅游业乘数效应。比如，旅游业与西藏特色农牧业融合，开发生态农场、生态牧场体验游、度假游；帮助贫困户开发藏式农家乐、牧家乐；鼓励当地发展农副产品加工、包装，生产特色旅游商品。将旅游业与民族手工业深度融合，发展"公司＋合作社＋贫困户"模式，鼓励当地发展中小型民族手工旅游商品企业，采用政府、集体、个人多方加入的方式进行融资，公司通过培训的方式，对有能力、有意愿参与的贫困户进行传帮带，除了培训技术，还应开设相应的民族文化课、礼仪课等，提高贫困户的职业素质。此外，改变旅游商品企业以及西藏特色企业传统经营模式，如藏药企业、冰川饮用水企业等，发展新型的集商品生产、观光体验、商品销售、餐饮住宿为一体的新型企业，注重自身企业文化建设，深度融合旅游业，继续打造西藏特色品牌，实现可持续发展。

（3）完善公共服务及基础设施建设，提升旅游服务水准

建设世界级旅游目的地的定位给西藏旅游产业扶贫工作提供良好的契

机,也对西藏基础设施及公共服务建设提出了更高的要求。

交通方面,近年西藏在航空、铁路及省道国道投入大量资金,基本形成立体交通网络,但贫困地区的可进入性仍然较差,应该加强县与县、村与村、景区与景区之间的交通设施建设,特别是对大型景区、知名度较高的地区,可适当超前发展远程交通,形成快捷、方便的多路线交通网络。同时,也要加强旅游精准扶贫地区通电、通水、通网络等基础设施的建设。

在旅游公共基础设施及住宿、餐饮、购物等建设方面,应建设更人性化的旅游服务中心、景区道路特色标识牌、停车场、公共厕所、安全设施、通信设施等,完善配套服务体系。提高旅行社及导游服务水平,建设诚信服务,规范旅行社广告宣传,提升导游综合素质,特别是对专业知识的掌握;在保持本土特色、民族特色的同时,积极适应多元化市场需求,提升餐饮、住宿质量,优化餐饮业、住宿业市场结构,严肃整改卫生、安全不达标的餐饮、住宿单位,并定期对餐饮、住宿从业人员开展职业技能培训、服务礼仪培训,提升服务人员综合素质。

(4) 深度挖掘旅游资源,保护与开发并行

首先,正确理解保护与开发,做到在保护中合理开发,在开发中实现资源的保护与文化的传承。在保护其本土性、原真性的基础上对西藏旅游资源进行合理开发,充分发掘其特色,进行针对性开发利用。在环保理念下,对贫困区旅游资源进行深度发掘,将初级的观光旅游开发为集观光、体验、休闲度假、疗养、教育等多种形式的旅游,实现社会效益与经济效益的辩证统一。

其次,在对非物质文化资源的开发中,应注重对具有代表性传承人的培养。由于非物质文化遗产载体和表现形式特殊,不易保存流传,如不加以重视,将导致传统民间技艺、民俗歌舞、民族戏剧等的传统技法严重流失。独特的文化资源是西藏旅游业持续发展的灵魂。因此,在旅游扶贫地区及各旅游景区,应注重民间技艺、民俗歌舞、民族戏剧等人才的培养;政府、企业、景区等可与西藏的各大高校合作,根据需求,适当开设相关专业或者课程,培养相关的专业人才。这样不仅有利于非物质文化资源的保护与传承,又能够为非物质文化资源的传承提供人力资源支持,也有利于发掘旅游经济价值。

（5）建立"旅游精准扶贫实验区"，适度引进规模企业

贫困地区大多位置偏远，交通闭塞，贫困群众思想固化、与世隔绝，经营理念和技术水平落后，缺少竞争意识，缺乏激励和自我发展的动力，导致部分旅游扶贫地区发展缓慢和村民边缘化问题。

为响应全国旅游发展工作会议中关于在全国"规划建设一批旅游扶贫实验区，在旅游资源丰富的贫困地区，通过发展旅游业培育特色产业，带动贫困地区群众脱贫致富"的精神，可采用在西藏各地区设立"旅游精准扶贫实验区"的方式，适当引进部分有规模的旅游开发企业，集成化推进旅游特色产业链条的形成，以充足的经验、丰富的资金和配套服务帮助贫困地区人民打造出消费者喜闻乐见的旅游服务，将先进的理念和技术注入落后地区，为这些地方注入营养和活力，推动贫困地区建立起多条能够不断升级的增收道路，推动旅游扶贫区的发展进程。

基于旅游产品调查的西藏旅游产业供给侧改革研究①

朱普选 陈娅玲 余正军②

一、研究概述

(一) 相关概念及研究进展

1. 相关概念

（1）旅游产业

旅游产业是指为旅游者提供旅游活动所需要的产品和服务的企业的总和。其构成部分包括旅游吸引物、餐饮、旅游购物、娱乐、保险、金融等旅游企业提供的产品和服务，以及供水、供电、医疗、环保、治安等目的地政府部门提供的服务。这些将共同为满足旅游者所需要的产品和服务提供有力的保障。

（2）旅游产品

旅游产品是指旅游者为完成一次旅游活动、获得一次完整的旅游经历而花费一定的金钱、时间和精力购买到的各种实物和劳务的总和。

（3）供给侧改革

从提高供给质量出发，用改革的办法推进结构调整，矫正要素配置扭曲，扩大有效供给，提高供给结构对需求变化的适应性和灵活性，提高全要素生产率，更好地满足广大人民群众的需要，促进经济社会持续健康发展。

---

① 本研究报告是朱普选教授承担的西藏文化传承发展协同创新中心（西藏民族大学）2016年自设重大委托课题"西藏旅游产业转型升级研究——基于旅游产品供给侧改革视角"（项目号：XT201604）的阶段性研究成果。

② 作者简介：朱普选，男，中共西藏民族大学研究生院书记、西藏旅游研究所所长，教授；陈娅玲，女，西藏民族大学管理学院副教授；余正军，男，西藏民族大学管理学院讲师。课题组成员还有西藏民族大学西藏旅游研究所杨昆老师和管理学院高依晴老师。

2. 研究进展

2016年1月11日国务院副总理汪洋在其主持召开的国务院旅游工作部际联席会议第三次全体会议上强调，要"适应和引领经济发展新常态，加快转变旅游发展方式，着力推进旅游供给侧改革，发挥市场在资源配置中的决定性作用和更好发挥政府作用，促进旅游业持续快速健康发展，为国民经济稳增长、调结构提供持久动力"。此后学界和业界就旅游供给侧应该如何改革展开了深入持续的探讨和如火如荼的实践。其主要关注点包括：①国家经济体系供给侧结构性改革给旅游产业带来的机遇和挑战；②旅游供给侧结构性改革的关键内容；③创新旅游供给侧改革的有效路径；④旅游供给侧改革与全域旅游。可以看出，总体上，关于旅游供给侧改革研究的体系逐步完善，但针对不同区域发展特征下的旅游供给侧改革的机遇挑战、关键内容和有效路径尚有待深入。特别是对于西部老少边穷地区旅游供给侧改革特征的探讨还较为欠缺，与西部地区作为富集高品级旅游资源的目的地功能极不匹配。

（二）研究意义

1. 理论意义

在厘清各方关于旅游供给侧改革相关研究的基础上，以西藏旅游产业转型升级为研究对象，依据旅游产业经济学与旅游产品研究等基础理论，研究西藏旅游产业转变发展方式，优化供给侧改革，推进产业转型升级有效路径，为西藏乃至西部同类型民族区域加快旅游业发展转型，促进供给侧改革提供可借鉴的发展模式。

2. 现实意义

从旅游产品供给侧改革角度，研究当前西藏旅游产业深化改革与升级发展，是提升西藏旅游发展质量，加快推进西藏重要世界旅游目的地建设，融入"一带一路"倡议下南亚大通道建设的现实需要。

（三）研究内容

研究内容主要包括4个部分，即改革开放以来西藏旅游产业发展分析与特征评价、基于供给侧角度的西藏旅游产品的实证研究、基于供给侧的西藏旅游产品的优化策略和创新路径、西藏旅游产业的转型升级与创新路径。

（四）研究方法

1. 研究方法

主要包括文献分析、比较分析、大数据分析、定性定量相结合分析4种方法。

2. 技术路线（见图1）

技术路线如图1所示。

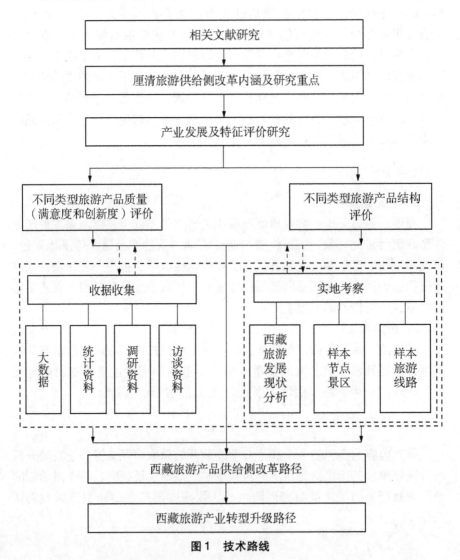

图1 技术路线

二、改革开放以来西藏旅游产业发展特征分析与评价

(一) 西藏旅游产业发展的特征分析

1. 西藏旅游发展的阶段特征

改革开放以来,西藏旅游业经历了一个先慢后快的发展过程,根据旅游接待人数、旅游收入以及各个时期的特点,可以将这一过程大致分为4个阶段。

(1) 西藏旅游业起步发育阶段(1979—1988年)

1979年12月16日,西藏旅行游览事业管理局和中国国际旅行社拉萨分社成立,专门负责管理和组织旅游事业,这两个机构的成立标志着西藏旅游业的起步。1984年2月,西藏成立体育旅游公司,专门负责登山及体育旅游的接待工作。至此,西藏负责接待游客的机构只有中国国际旅行社拉萨分社和西藏体育旅游公司两家旅行社。考虑到各方面的原因,国家在1980—1984年将年进藏游客控制在1500~2000人。1980—1984年,西藏旅游业总收入累计只有1095万元,累计接待国内外旅游者128097人次,只与1987年1年的接待人数(127554人次)相当。[①] 1987年也是西藏游客接待量首次超过10万人次的一年。

(2) 西藏旅游业低谷徘徊阶段(1989—1990年)

20世纪80年代末期,一小撮分裂主义分子在西藏制造了一系列骚乱事件,使西藏经济社会发生震荡,旅游业的发展也在劫难逃,在完成初步发育之后旋即跌入短暂的低谷。仅1989年,全区旅游业亏损面就达90%,亏损额705.9万元。1989—1990年两年间累计接待旅游者53787人次(其中,1989年仅接待海外旅游者3341人次),累计旅游总收入4410万元(其中,1990年仅为684万元),累计外汇收入367万美元,三者分别仅占1988年的52.1%、70.8%和52.4%。[②]

(3) 西藏旅游业恢复成长阶段(1991—2003年)

1990年,《西藏自治区旅游规划(1991—2005年)》出台。这份由西

---

① 参见代艳《改革开放30年来西藏旅游业的发展历程与经验总结》,载《西藏民族学院学报(哲学社会科学版)》2009年第1期,第13~18页、第121页。

② 参见西藏自治区统计局《西藏统计年鉴(2006)》,中国统计出版社2006年版。

藏自治区旅游局与世界旅游组织专家共同制定的规划，标志着西藏旅游业从此步入了恢复成长期。此后的几年间，自治区旅游局先后出台了一系列有关旅行社、旅游饭店、景区景点、车辆管理等方面的基本标准、管理规划等，在提高旅游业服务质量的同时，使旅游业的行业管理也趋于规范化。

从旅游人数来看，在经历1989年和1990年两年的低谷徘徊之后，西藏的旅游人数迅速回升。1991年旅游总人数恢复至117169人次。此后逐年递增，至2003年，达到928639人次，为历史最高水平。但2003年由于受到"非典"的影响，国外游客较2002年有较大幅度减少，由2002年的129617人次减少为45685人次。①

（4）西藏旅游业快速发展阶段（2004年至今）

2004年，西藏的旅游人数突破百万大关，达到历史性的1223098人次。在消除"非典"影响后，国外旅游者人数也迅速回升，达到88797人次。特别是2006年青藏铁路通车，从根本上解除了西藏旅游业的交通瓶颈，首次将西藏纳入全国四通八达的铁路网，大大降低了游客来西藏旅游的经济成本，进藏游已成为国内众多旅行社的首推线路，青藏铁路的开通为发展西藏旅游打下了良好的客源基础。② 西藏的游客从2005年的1800623人次上升到2006年2512103人次，2007年达到4029438万人次。从2006年青藏铁路正式通车到2007年年底，乘火车进藏的游客人数已达到595万人次，占这一期间进藏旅游总人数的43%。2007年接待游客总人数比2006年增长60.4%，接待国内外游客人数比1980年增长近800倍，旅游总收入是1980年的2200倍。

在西藏旅游高速发展的重要时期，2008年拉萨"3·14"事件、全球金融危机、甲流等使西藏旅游受到一定的影响。③ 2008年11月，西藏旅游开始恢复正增长。2009—2015年，西藏旅游人数及收入几乎呈直线上升趋势。2012年，西藏游客接待量首次突破千万大关，达到历史性的10583869人次；旅游收入也在这一年突破百亿大关，达到1264788万元。

---

① 参见肖小康《西藏自治区旅游业发展问题研究》，西南财经大学2013年硕士学位论文。
② 参见觉安拉姆、刘树群《西藏旅游业的历史变迁及发展研究》，载《西藏大学学报（社会科学版）》2011年第4期，第38～43页。
③ 参见田祥利、余正军《旅游援藏与西藏旅游目的地发展研究》，载《资源开发与市场》2015年第2期，第249～252页。

2015年，全年接待国内外旅游者2017.53万人次，比上年增长29.9%。其中，接待国内旅游者1988.27万人次，增长30.1%；接待入境旅游者29.26万人次，增长19.7%。旅游总收入281.92亿元，增长38.2%；旅游外汇收入1.77亿美元，增长22.1%。

2. 西藏旅游发展经济特征

（1）旅游业成为西藏的龙头支柱产业之一，对第三产业及GDP的贡献率逐年提升（见表1）

表1 2000—2015年旅游业收入在西藏生产总值及第三产业产值中所占比重

年份	游客接待量（万人次）	GDP（亿元）	第三产业产值（亿元）	旅游总收入（亿元）	占GDP比重（%）	占第三产业产值比重（%）
2000	60.83	117.80	54.37	6.75	5.73	12.41
2001	68.61	139.16	69.65	7.51	5.39	10.78
2002	86.73	162.04	89.56	9.88	6.10	11.03
2003	92.86	185.09	96.76	10.37	5.60	10.72
2004	122.31	220.34	123.30	15.32	6.95	12.42
2005	180.06	248.80	137.24	19.35	7.78	14.10
2006	251.21	290.76	159.76	27.71	9.53	17.34
2007	402.94	341.43	188.06	48.52	14.21	25.80
2008	224.64	394.85	218.67	22.59	5.72	10.33
2009	561.06	441.36	240.85	55.99	12.69	23.25
2010	685.14	507.46	274.82	71.44	14.08	26.00
2011	869.76	605.83	322.57	97.06	16.02	30.09
2012	1058.39	701.03	377.80	126.48	18.04	33.48
2013	1291.06	815.67	438.07	165.18	20.25	37.71
2014	1553.14	920.83	492.35	204.00	22.15	41.43
2015	2017.53	1026.39	552.16	281.92	27.47	51.06

数据来源：《西藏统计年鉴》（2001—2015年）。

从西藏旅游业对西藏经济发展的贡献而言，旅游业作为西藏第三产业领头产业的地位越来越明显，旅游业占西藏生产总值和第三产业产值的比重在逐年稳步增加（2003年受"非典"影响，该比重有轻微下降；2008

年受"3·14"事件影响,该比重有较大下降),其中,占生产总值的比重从2000年的5.73%上升到2015年的27.47%,占第三产业产值的比重从2000年的12.41%上升到2015年的51.06%。西藏旅游业以其强劲的发展势头在六大支柱产业中的重要地位越来越突出,已经成为第三产业的龙头产业,进一步显示出其作为国民经济新的增长点的生机和活力。

(2)旅游规模与人均旅游消费的不匹配

由图2可以看出,与持续增长的西藏旅游人数和旅游收入不一致,2000—2015年16年间,入藏游客的人均旅游消费出现了较大的波动。人均旅游消费的最低值出现在2009年,为997.87元。两个极大值出现在2004年和2007年,分别为1252.52元和1204.04元。可以看出,最小值不仅低于极大值,而且还低于经济发展程度相对较低的2000年(2000年的人均旅游消费为1108.96元)。2009年以后,人均旅游消费开始逐年递增,但变化速度较慢,即使是目前人均消费最大的2015年,也只有1397.35元。16年间的年增长率仅为1.6%,即使从2009年算起,6年间的年增长率也仅为5.8%。而2000—2015年,西藏游客接待量和旅游总收入的年均增长率分别为26.29%和28.25%,远远高于人均旅游消费的增长率。

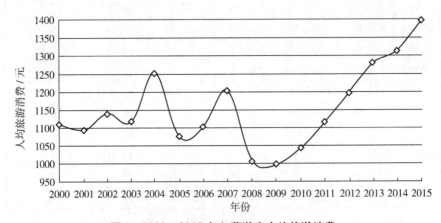

图2 2000—2015年入藏游客人均旅游消费

3. 西藏旅游发展区域特征

(1)依托特征旅游资源,形成了各具特色的旅游区

目前已形成各具特点的拉萨、藏西、藏西南、藏南4个旅游区,形成

了以拉萨为中心，日喀则、山南相结合，辐射那曲、阿里、林芝、昌都的旅游资源开发利用格局。其中，拉萨旅游区，包括拉萨、羊八井、当雄、江孜、泽当、日喀则、羊卓雍湖等地，以丰富的人文景观和自然景观见长；藏西旅游区，主要指阿里地区，以神山圣湖之旅为主；藏西南旅游区，以登山旅游为主要特色；藏南旅游区，以林芝为中心，以生态旅游和风光旅游为特色。

（2）拉萨作为首府城市，长期稳居旅游发展核心地位

拉萨是西藏自治区的首府，是西藏政治、经济、文化的中心，也是西藏的游客集散中心，是西藏最先对外开放的区域之一。拉萨是西藏旅游资源最集中的区域之一，对游客具有巨大的吸引力。多年以来，拉萨在全区旅游发展中起着领头羊的作用，游客接待量和旅游收入长期稳居第一。（如图3所示）

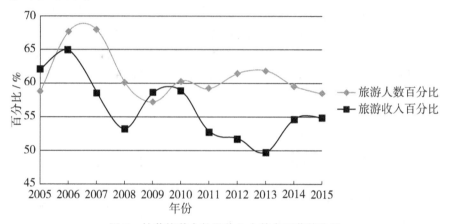

图3　拉萨旅游人数及收入占整个西藏的比重

（3）基础设施的发展大大增加了区域内部发展的极点和辐射面

由图3可知，拉萨历年的旅游者接待人数和旅游总收入几乎都占西藏旅游接待人数和收入的50%以上。但随着西藏设施的改善，拉萨的游客接待量和旅游收入在整个西藏所占的比重有所降低，特别是旅游收入所占的比重下降速度更快，2013年只有49.7%，首次低于50%。可见，随着基础设施的全面改善，旅游发展的极点不断增加，辐射面也不断扩大，林芝、日喀则和阿里的一些热点县域，旅游产业地位也不断提升。

(二) 西藏旅游产品开发分析

1. 整体旅游产品以观光型为主

观光型旅游产品目前仍然是西藏最主要的旅游产品。以西藏典型的经典旅游路线为例，6条经典旅游线路包括文物古迹游、民俗风情游、后藏探险游、黄金观光游、圣地朝圣游、藏东环线游。这些路线虽然被赋予了不同的游览主题，但除民俗风情游以外，其他旅游线路仍然是以观光项目为主体，可参与性的活动内容少。圣地朝圣、后藏探险等主题非常鲜明的旅游路线，也是以观光为主，缺乏围绕主题的体验项目的设计。

2. 完善的旅游产品体系尚未形成

初步推出了一些参与性较强的旅游产品，如民俗、体育、朝圣等新型旅游产品。复合型的旅游产品体系正逐步形成，如结合西藏节日特点与旅游淡旺季推出的藏历年、雪顿节、赛马节、望果节、萨嘎达瓦节等大型节事活动产品，以农村为基地、展现农村民风民俗的民俗农业旅游产品，以珠穆朗玛峰、希夏邦玛峰等为代表的登山旅游产品，以那曲、阿里为主的探险朝圣旅游产品，以藏东雪山森林为主的生态和科学考察旅游产品等。但整体来看，完善的旅游产品体系尚未形成。

(三) 旅游管理体制发展分析

1. 政企合一，提升管理

1979年12月，西藏旅行游览事业管理局和中国国际旅行社拉萨分社成立，专门负责管理和组织旅游事业。1984年2月，成立了体育旅游公司，专门负责登山及体育旅游的接待工作。

2. 政企分离，盘活市场

1986年11月，西藏自治区根据国务院批转国家旅游局《关于当前旅游体制改革几个问题的报告》，旅游管理体制实行政企分开、统一领导、分级管理、分散经营、统一对外的原则。经西藏自治区人民政府批准，成立西藏自治区旅游局。西藏自治区旅游局成为自治区人民政府管理全区旅游事业的职能机构。随后，又在拉萨、日喀则、山南、林芝、昌都、那曲、阿里等地市相继成立地市级旅游管理机构。1987年9—11月，中国职工旅行社拉萨分社、中国金桥旅行公司拉萨分公司等旅行社相继成立，旅游业的经营规模开始扩大。1988年10月，国家旅游局批准成立西藏旅游总公司。

该公司具有接待国际旅游者的权利，直接归西藏自治区旅游局管理。

3. 撤局设委构建跨行业主导发展模式

2014年10月22日，西藏自治区人民政府正式批复将西藏自治区旅游局改为西藏自治区旅游发展委员会，由政府直属机构调整为政府组成部门。西藏自治区旅游发展委员会于2015年2月13日正式揭牌，从此由单纯的行业管理部门变更为跨行业综合主导，进一步为西藏旅游产业的综合发展理顺了体制机制。

（四）旅行社和酒店业发展分析

1. 发展数量持续扩增

从旅游企业来说，与旅游息息相关的旅行社和星级酒店近年来在西藏发展较为迅速。从图4可以看出，总的来说，西藏的旅行社及星级酒店的数量呈增加的趋势。旅行社数量在2015年达到了196家，为历史最高值。2010—2014年，西藏的星级酒店数量也呈现出增加的趋势。

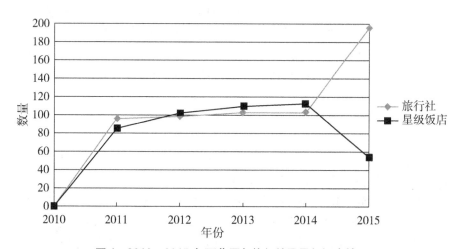

图4 2010—2015年西藏历年旅行社及星级酒店情况

数据来源：《中国旅游统计年鉴》（2011—2016年）。

2. 类型趋向丰富，但结构仍需协调

除了传统的旅行社和酒店，经营西藏旅游业务的在线旅行商也不断增加，且后来居上，更好地满足了旅游者的需求。除此之外，尽管星级饭店的数量在2015年后有所减少，但民宿和大量商务酒店、快捷酒店的增加

也促进了酒店业服务层次结构的完善。

(五) 横向比较分析与评价

下面将2010—2015年西藏旅游业的基本情况与其周边的四川、云南、青海、新疆等省区进行横向比较研究。

1. 4省区旅游发展基本情况

尽管四川经历了2008年的汶川地震与2013年的芦山地震,但旅游发展情况仍然好于全国平均水平。这从2008年和2013年旅游总收入占GDP的比重分别约为10%和16.26%就可以得知。2013年,四川省旅游总收入为3877.40亿元,居全国第五,与排名第一的广东省在总量上相比有一定差距,但从旅游总收入占GDP比重来看,四川高于广东。旅游业在四川社会经济中的地位和作用不言而喻。2014年,四川省旅游业对全省GDP贡献超过15%,比2013年提升了4.05%。同时,在全省GDP增速放缓的大背景下,旅游业对GDP的拉动点数较2013年增长0.06%。2015年,四川省旅游总收入更是高达6210.5亿元,国内外游客接待量达58773.83万人次。这充分说明旅游业已经成为四川省经济高速发展的重要支撑,也将在四川省国家全面创新改革试验区产业布局中占据重要的地位。"十三五"期间,四川省将实现由经济大省向经济强省的跨越,产业转型升级需要实施多点多极支撑、创新驱动、城乡统筹及新型工业化与新型城镇化互动发展的战略思路。

云南省地处西南边陲,与缅甸、老挝、越南3个国家接壤,边境线较长,且边境贸易发达。云南与东南亚、南亚国家之间交通便捷,这为云南的旅游产业提供了良好的基础设施条件。云南旅游资源丰富,自我国改革开放以来,旅游业就成为其经济发展的重要支柱产业之一,旅游业的发展为云南经济增长做出的贡献毋庸置疑。2014年,云南旅游业总收入2665.74亿元,同比增长为26.3%;2015年,云南旅游业总收入3281.79亿元,同比增长为23.09%,约占全省GDP的6.6%。然而,近年来,云南旅游业也面临诸多问题,如游客投诉率居高不下,严重影响了云南的旅游形象,长此以往,将对其旅游业造成沉重的打击。

青海作为一个多民族聚集的省份,由于自然条件的限制和地理环境的制约,经济发展迟缓,工业基础薄弱。自中华人民共和国成立以来,青海省的第一、第二产业规模和发展一直滞后于其他发达省市。这样一个较为特殊的产业结构和形态,把发展第三产业及旅游业作为青海的支柱产业,是实现经济转型和经济腾飞的必由之路。旅游产业是一个巨大的产业链,通过放开旅游经营主体准入、拓宽旅游企业融资渠道、加大旅游基础设施建设等措施,解决发展中存在的问题,使得近年来青海省旅游业迅速发展,旅游收入占GDP比重也逐年提高。2015年,青海省旅游总人数达2315.4万人次,旅游总收入248.03亿元人民币,分别比2014年增长15.5%和22.8%,旅游收入占GDP比重达10.26%,创历史新高。

新疆拥有166.49万平方千米的土地,占据了我国土地总面积的六分之一,是我国土地面积最大的省级区划单位。新疆拥有丰富而又奇特的自然资源和多样而又神秘的人文资源,全国旅游资源类型共有68种,而新疆就有56种,占全国旅游资源类型的83%。全疆共有景点(包括新疆建设兵团所属景点)1100余处,居全国首位。其具有旅游资源总量大、旅游环境品位高、旅游产品类型多、旅游景点组合优、旅游市场前景广的特点,是我国旅游业发展的重要战略后备基地。近年来,新疆旅游业得到了前所未有的发展,也直接带动了新疆第三产业的快速发展,为新疆经济发展和社会长治久安做出了重要的贡献。2014年5月,习近平总书记提出要把新疆作为"丝绸之路经济带"的核心区,充分发挥其特殊的地缘优势,加快构建新疆联通内地与中亚、西亚、南亚以及欧洲、非洲的铁路、公路、航空、管道综合交通运输体系,打开国内外市场,全面提升新疆在"丝绸之路经济带"中国际大通道和交通枢纽作用,促进经济的快速发展。"一带一路"倡议为新疆旅游业带来了又一个千载难逢的发展机遇。2015年,新疆的游客接待量为6097.355万人次,旅游收入为1022.52亿元,均创历史新高。但是由于新疆处于经济不发达的西部地区,交通基础设施落后,难以发挥其资源优势,以至于阻碍其经济贸易和旅游业的发展。

2. 西藏与4省区旅游业发展对比

由图5可以看出,西藏与其周边的4省区6年间的游客接待量总体都呈现上升的趋势,但差异较明显,四川游客接待量居首,云南紧随其后,新疆位居第三,而青海和西藏的游客接待量差距不大。游客接待量与旅游收入成正比。(如图5、图6所示)6年间,5省区的旅游收入都在增长,四川的总量最大,云南和新疆分列第二、第三,而青海和西藏垫底。(如图6所示)可以看出,无论游客接待量还是旅游总收入,西藏都无法与

其周边的省区，特别是与四川、云南等相比。但如果从增长速度来看，情况则相反。（见表2）

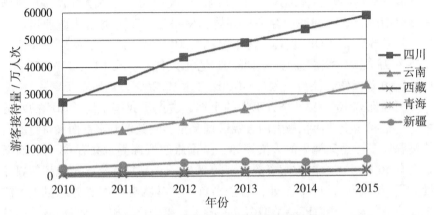

图5　2010—2015年5省区游客接待量

数据来源：各地区统计年鉴（2011—2016年）及《中国旅游统计年鉴》（2011—2016年）。

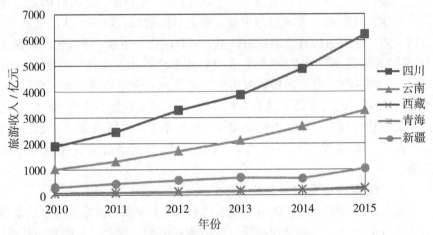

图6　2010—2015年5省区旅游收入

数据来源：各地区统计年鉴（2011—2016年）及《中国旅游统计年鉴》（2011—2016年）。

表2　2010—2015年游客接待量及旅游收入年增长速度

项目	全国	四川	云南	西藏	青海	新疆
游客接待量	13%	17%	19%	24%	14%	14%
旅游收入	21%	27%	27%	32%	28%	27%

由表2可知，不管是游客接待量还是旅游收入，2010年以来，西藏等5省区都领跑全国平均水平。尤其是西藏，在游客接待量和旅游收入的年增长速度方面都位于5省区之首，分别为24%和32%。而游客接待量年增长速度位居第二的云南只有19%，足足比西藏低了5个百分点。因此，西藏近年来的游客接待量的增长速度可以说是远高于其周围省区。旅游收入的年增长速度位居第二的是青海，为28%，也比西藏低4个百分点。可见，虽然西藏目前的游客接待量和旅游收入与其周边省区相比还有不小的差距，但其增长速度较快。如果保持目前的增长势头，西藏的旅游业未来对经济的贡献率将更上一层楼。

从人均旅游消费来看，四川、云南、青海都位于全国平均线上下，而西藏和新疆则都高于全国的平均水平（如图7所示），但这并不代表西藏旅游市场的人均旅游消费较高，因为与其迅速增长的游客接待量相比，其人均旅游消费的年增长率则低得多。6年来，全国的人均旅游消费年增长率为7%，云南与全国平均水平持平，四川比全国平均水平略高，为9%，青海和新疆则达到了13%和11%，而西藏只有6%。可见，从人均旅游消费的年增长率来看，西藏不仅低于全国平均水平，而且低于其周围的青

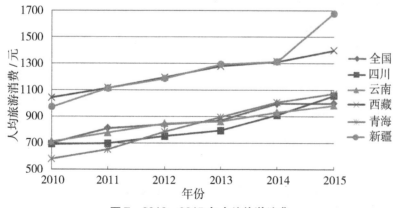

图7　2010—2015年人均旅游消费

海和新疆两个省区。这也是目前西藏旅游业亟待解决的问题,即如何提高游客的人均消费,而不是一味地靠旅游人数的增加来推动旅游业的发展。

从旅游业的支柱产业——旅行社和酒店来看,西藏的情况也不容乐观。(如图8、图9所示)

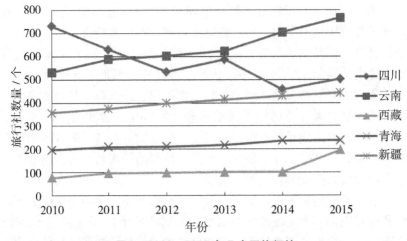

图8　2010—2015年5省区旅行社

数据来源:《中国旅游统计年鉴》(2011—2016年)。

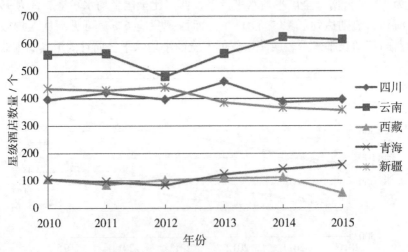

图9　2010—2015年5省区星级酒店

数据来源:《中国旅游统计年鉴》(2011—2016年)。

从图 8 和图 9 可以看出，5 省区的旅行社和星级酒店的数量 6 年来有升有降。相较于周围的 4 省区，西藏的旅行社和星级酒店的数量一直维持在一个较低水平。在这两大支柱产业中，情况最好的是云南，其次是四川，与西藏同为少数民族聚居区的新疆排第三，西藏和青海的情况相当。

（六）西藏旅游产业发展总体评价

西藏有着诸多世界级的、垄断性的旅游资源，为旅游业的发展提供了资源保障。但受到自然条件等诸多因素的限制，基础设施建设较为落后，旅游产品的质量也不尽如人意。与周围省区相比，很多方面都还存在较大差距。游客接待量和旅游收入都处在一个较低的水平，虽然增长率较快，但这是靠量的增长，人均旅游消费年增长率在 5 省区中最低，也低于全国平均年增长水平。旅行社和星级酒店等旅游支柱产业虽然也在增加，但与周围省区差距较大。因此，调查分析西藏旅游产品市场，对当前提升未来西藏旅游产业发展质量来说很有必要。

三、基于大数据的西藏旅游产品供给状况调查分析

（一）研究对象的确定及研究方法的选择

1. 旅游产品的分类

旅游产品有不同的分类方法。按组成状况分，旅游产品可以分为整体旅游产品和单项旅游产品。其中，整体旅游产品一般是指旅游线路：为了使旅游者能够以最短的时间获得最大的观赏效果，旅游经营部门利用交通线串联若干旅游点或旅游城市（镇），形成的具有一定特色的产品形式，旅游线路是近现代大众旅游业的产物，是旅游产品整体性、综合性最主要的一种体现形式；单项旅游产品一般是指旅游者在旅游活动中所购买和消费的有关住宿、餐饮、交通、娱乐、游览等某一方面或几方面的物质产品或服务。

2. 研究对象的确定

结合本研究的实际需要，本报告将研究的重点聚焦在西藏旅游线路产品、旅游景区产品和资源脱离性旅游产品 3 种类型上。其中，涉及的研究重点包括：①当前西藏旅游业发展中这 3 类产品的规模、空间分布、质

量、结构等特征；②游客在消费这3类旅游产品的过程中的消费体验及满意度；③供求矛盾及原因分析。

3. 研究方法的选择

选取电子商务导向型的携程网（www.ctrip.com）和以旅游内容为主的旅游网站和社群旅游网站马蜂窝（www.mafengwo.cn）为资料来源。课题组于2016年6—9月，以"西藏旅游"作为关键字，分别在携程网、马蜂窝上共查找收集到总量约10万条旅游者在线旅游产品及评价、攻略及游记信息，通过大数据的方法对西藏旅游产品的供求规律进行研究。

（二）西藏旅游线路产品供给状况调查分析

1. 数据来源

以"西藏旅游"为关键词，于2016年7月1日至8月1日开始在携程网（上海站）（关于西藏的旅游线路数量最多）进行数据提取，共搜索到全部经销商提供的旅游线路产品6304个，利用Excel依次录入线路名称、线路星级、线路经销商、线路价格、团队类型、线路涉及的主要景点、行程概要、线路精华等信息，对当前西藏旅游线路进行分析。

从图10可以看出，出发地参团、目的地参团比例较高。这些均属于大众跟团旅游，可见，携程网主要以销售西藏大众团队线路产品为主。因此，在对携程网整体西藏旅游线路产品分析的基础上，本文将研究主体定位为西藏大众团队旅游线路产品（下文统称"西藏团队旅游线路产品"）。

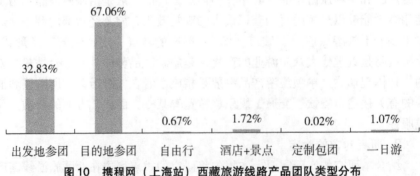

图10 携程网（上海站）西藏旅游线路产品团队类型分布

2. 西藏旅游线路产品的数量供给

表3为携程网（上海站）（较其他区域站整体旅游数量最多）全国部分主要旅游目的地各类旅游线路产品总数量。可以看出，西藏旅游线路产品总体数量较为丰富，已超过桂林旅游，并和北京、上海等知名目的地相同或趋近，但与西安、成都，特别是杭州、昆明等热门目的地相比，仍有较大差距。

表3 携程网（上海站）全国部分主要旅游目的地旅游线路产品数量

城市	旅游线路（条）	排名
昆明	35355	1
杭州	21103	2
成都	11490	3
西安	11230	4
上海	8256	5
北京	6342	6
西藏	6304	7
桂林	3970	8

表4是携程网（上海站）中各在线旅游经销商（包括客源地经销商和目的地经销商）发布的关于西藏的旅游线路产品数量。由表4可以看出，上海最多，但总体数量差别不大，差别主要在于出发地参团这一项，其他类型的旅游线路产品大致是相同的。出发地参团通常是由各客源地在线经销商发布的，它是各客源地市场进藏旅游需求量大小的直接反映，因此，从该项内容大致可以看出西藏国内旅游客源地的主要来源：以上海、南京、杭州为代表的浙三角地区排名第一；以天津、北京为代表的京津冀地区排名第二；西宁、成都、兰州、重庆等西藏的邻近省份排名第三；以广州、深圳为代表的珠三角地区排名第四；随后是进藏交通更便捷、可进入性更强的一些其他城市。

表4 携程网（上海站）各主要客源地西藏旅游线路产品数量分布

（单位：条）

城市	出发地	目的地	自由行	酒店+景点	定制包团	一日游	合计
上海	2068	4029	40	103	1	63	6304
南京	1978	4039	38	103	1	63	6222
杭州	1940	4039	37	103	1	63	6183
天津	1700	4038	32	103	1	63	5937
北京	1627	4030	38	103	1	63	5862
西宁	1529	3940	32	103	1	63	5668
成都	1475	3917	36	103	1	63	5595
兰州	1436	4038	34	103	1	63	5675
重庆	1345	4031	34	103	1	63	5577
广州	1230	4034	38	103	1	63	5469
深圳	1027	4037	32	103	1	63	5263
武汉	834	4036	31	103	1	63	5068
昆明	666	4038	38	103	1	63	4909
西安	615	4037	38	103	1	63	4857
厦门	594	4038	34	103	1	63	4833
沈阳	376	4038	21	103	1	63	4602
青岛	361	4037	21	103	1	63	4586

3. 西藏旅游线路产品的类型供给

从图11可以看出，西藏大众旅游常规线路主要包括10个种类，按照各类型数量所占比重从大到小排列，依次是拉萨+林芝+日喀则、拉萨+林芝、拉萨+日喀则、拉萨一地、珠峰大本营、林芝一地、青藏线、川藏线、滇藏线和西藏+尼泊尔。其中，拉萨+林芝+日喀则是最经典的大众旅游线路，约占总体线路产品的30.25%；其次是拉萨+林芝一线，约占总体线路产品的25.78%。林芝以超过50%森林覆盖率所形成的超品质的自然风光与拉萨以政治、宗教文化为特色的人文古迹在产品类型上形成互补，以高负氧离子降低高原反应形成的"林进萨出"的气候优势，令拉萨+林芝一线成为继拉萨+林芝+日喀则之后最受欢迎的第二大旅游线路。拉萨+日喀则一线位居第三，约占全部线路产品的19.85%。日喀则鲜明的宗教文化特色、便捷的区内交通、流行音乐宣扬带来的城市知名度,都成为大众游客选择这条线路的可能原因。拉萨一地位居第四,约占总体旅游线路产品的12.85%。这条线路主要包含若干条经典的西藏一日游线路,如拉萨市内一日游,包含布达拉宫、大昭寺(八廓街)、罗布林卡、西藏博物馆、大型历史剧《文成公主》等知名景观的不同类型组合,又如经典线路纳木错一日游、巴松错一日游,都是非常受欢迎的团队旅游线路。珠峰大本营、林芝一地分别位居第五、第六,分别约占总体旅游线路产品的3.86%和3.03%,珠峰具有的"世界最高""世界唯一"独特景观魅力,林芝具有的舒适宜人的气候及雄壮的雅鲁藏布江大峡谷,都对游客极具吸引力。除此之外,青藏线、川藏线和滇藏线依次排名第七、第八、第九,分别约占总体旅游线路产品的2.07%、1.42%和0.87%,所占比例与交通的便捷性带来的可进入性有直接关系。排名第十的是西藏+尼泊尔一线,仅占总体旅游线路产品的0.02%,市场份额非常低,是未来西藏旅游线路产品市场开拓的重要部分。最后,通过图11还可以发现,山南、昌都、那曲和阿里地区大众旅游线路产品还鲜有涉及,特别是阿里地区,未来还有很大的开发空间,这是西藏大众旅游产品供给未来要着重探索的部分。

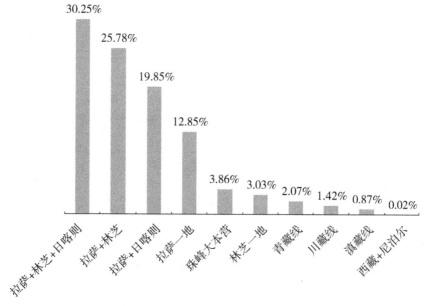

图11 携程网(上海站)西藏旅游线路产品类型分布

4. 西藏旅游线路产品的品级（质量）供给

对消费者而言，大众旅游团队的主要优势是便捷、便宜和标准化。表5是携程网上对各在线旅游经销商提供的大众旅游线路产品的一种质量等级标准，用钻石符号表示。其中，两钻对应传统线下大众旅游产品中的经济团标准，入住酒店一般为经济型或者商务型快捷酒店，旅游车以国产车为主，通常不含餐或仅包含少量餐。另外，通常团队参观游览节奏紧凑，注重短时间内参观更多的景点，强调游览的效率。三钻对应传统线下大众旅游产品中的标准团，入住酒店通常为二星级或者三星级宾馆，旅游车辆通常是空调车，通常包含大部分的早正餐，团队参观游览节奏相对紧凑，通常可能注重对目的地的经典线路或者经典景点有较为全面的参观。四钻则对应传统线下大众产品中的豪华团，入住酒店通常为三星、四星或五星级酒店，旅游车辆承载游客量通常仅为实际座位数的三分之一至二分之一，团队的参观游览节奏通常比较轻松，通常更注重对目的地某些景点线路和景点的深入游览。五钻是最高标准，对应传统大众旅游产品中的超豪华团，也叫"品质团"，入住酒店一般为挂牌五星级酒店或者特色精品主题酒店，旅游车的车辆承载游客量通常仅为实际座位数的二分之一，餐饮标准不仅比较高，而且通常包含当地的特色名吃，陪同服务人员通常为高级技术职称的导游，游览景观方面注重深度游、特色活动及专项主题。

表5 携程网大众旅游线路产品质量等级标准

质量等级	网站文字描述	标准
五钻	品质团队，入住五星级或精品酒店，旅游车空间宽裕，当地餐食品特色，星级领队、优秀导游陪同，专为注重品质的你设计！	品质团（超豪华）
四钻	团队舒适，酒店惬意有档次，旅游用车不满座，专享舒心快乐的旅程！	豪华团
三钻	酒店知名有特色，旅游车一人一座，超高性价比的选择！	标准团
两钻	特选经济实惠酒店，旅游车安排正坐，省心省力又省钱！	经济团

结合图12携程网（上海站）西藏旅游线路产品品级分布可知，西藏大众旅游线路产品中，三钻旅游线路产品所占比例最大，为49%，其次是四钻，占到所有线路产品的34%，再次是五钻，占到总体线路产品的

11%，最后是两钻，占总体线路产品的6%。可见，进藏大众游客总体选择旅游团队的品质标准为中等偏高水平。进而，从表6可以看出不同类型大众旅游线路产品的价格范围，其中低起价对应质量等级相对较低的经济团、标准团，高起价则对应质量等级相对较高的豪华团和品质团。

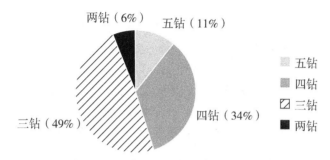

图12　携程网（上海站）西藏旅游线路产品品级分布

表6　携程网（上海站）不同类型西藏大众旅游线路价格范围

线路类型	线路条数	最低起价（元）	最高起价（元）
拉萨+日喀则+阿里	36	5180	29580
拉萨+林芝+日喀则	1654	7400	25880
拉萨+林芝	1412	6180	17580
拉萨+日喀则	1092	4389	13189
拉萨一地	706	2618	15905
珠峰大本营	213	488	27999
林芝一地	167	998	8580
青藏线	117	1088	21286
川藏线	76	2980	24635
滇藏线	22	6980	27119
一日游	64	168	1458

5. 西藏旅游线路产品的时间供给

从图13可以看出，大众游客在西藏逗留的常规天数为1~15天，以8天为最多，占总逗留天数的12.82%，一般对应的旅游线路类型是大众团队游客进藏旅游的经典线路拉萨+林芝+日喀则；其次是9天和7天，分别占总逗留天数的11.21%和10.89%，一般对应的旅游线路类型也是大众团队游客进藏旅游的经典线路拉萨+林芝+日喀则，只不过抵离藏所选择的交通工具和前者有所不同，因而造成逗留时间通常会相差一两天；另外，通过具体网址访问这些大数据可以发现，10、11、12、13天也呈现出这一特征。通常逗留14、15天及以上的为深度旅游团队。而4、5、6天则一般为拉萨+林芝或者拉萨+纳木错线路。1~3天为拉萨一地、林芝一地、拉萨+山南、拉萨+日喀则、拉萨+林芝等线路。

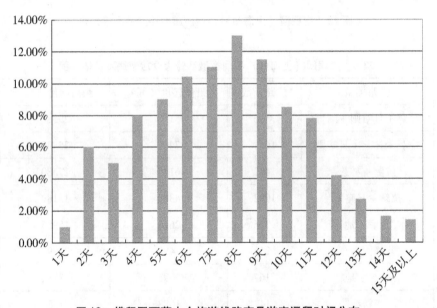

图13 携程网西藏大众旅游线路产品游客逗留时间分布

6. 西藏旅游线路产品的空间供给

表7列出携程网（上海站）西藏大众旅游线路所涉及的全部景点，总数约为143个。涵盖的空间范围非常广，涉及区域包括拉萨、林芝、日喀则、山南、阿里、那曲、昌都、四川省、云南省、青海省10个省份及地区（市）。其中，空间供给集中度排名前10名依次是八廓街、纳木错、

扎什伦布寺、南迦巴瓦峰、羊卓雍错、雅鲁藏布江大峡谷、大昭寺、巴松错、"中流砥柱"、珠峰大本营，分别属于拉萨、林芝和日喀则3个区域；而空间供给集中度排名最后10名依次是业拉山九十九道拐、橡皮山、拿日雍错、塔钦、佛掌沙丘、湟源峡、江河汇流、可可西里索南达杰保护站、色达县城、贡嘎山，分别属于昌都、青海省、山南、阿里、林芝、四川省6个区域。

表7 携程网（上海站）西藏大众旅游线路景点空间分布

排名	景观	频次	排名	景观	频次	排名	景观	频次
1	八廓街	632	23	南伊沟	52	45	邦达草原	11
2	纳木错	425	24	羌塘草原	51	45	羊八井地热温泉	11
3	扎什伦布寺	420	25	布达拉宫	48	45	尼木吞巴	11
4	南迦巴瓦峰	404	26	川藏公路	46	48	康定	10
5	羊卓雍错	284	26	金银滩草原	46	48	托林寺	10
6	雅鲁藏布江大峡谷	273	28	秀巴千年古堡群	44	50	色达喇荣五明佛学院	9
7	大昭寺	266	29	苯日神山	43	50	折多山	9
8	巴松错	246	30	比日神山生态景区	38	50	扎基寺	9
9	中流砥柱	245	31	尼洋河	32	53	白居寺	8
10	珠峰大本营	197	32	米堆冰川	30	53	色拉寺	8
11	江孜宗山古堡	176	33	西藏民俗第一村	25	53	萨迦寺	8
12	嘉措拉山口	128	34	日月山	24	53	世界柏树王园林	8
13	那根拉山口	125	35	樟木	19	53	色季拉山	8
14	措木及日湖	118	36	大昭寺广场	18	53	唐古拉山口	8
15	卡若拉冰川	116	37	拉萨河	17	59	亚丁村	7
16	绒布寺	86	37	布达拉宫广场	17	59	帕拉庄园	7
17	米拉山口	80	39	八一镇	16	59	冈仁波齐	7
18	雍布拉康	79	39	鲁朗镇	16	59	牛奶海	7
19	然乌湖	69	41	拉姆拉错	15	63	稻城亚丁	6
20	青海湖	68	41	新都桥	15	63	西藏博物馆	6
21	鲁朗林海	56	43	拉孜	12	63	太昭古城	6
22	桑耶寺	54	43	海子山	12	63	古格王国遗址	6

续表7

排名	景观	频次	排名	景观	频次	排名	景观	频次
63	墨脱	6	80	珍珠海	4	119	沱沱河	2
63	五色海	6	80	札达土林	4	119	帕里草原	2
69	玛旁雍错	5	80	八宿县	4	119	通麦天险	2
69	唐蕃古道	5	96	丽江古城	3	119	加拉白垒峰	2
69	扎布耶茶卡	5	96	泸定桥	3	119	协格尔曲德寺	2
69	芒康县	5	96	止热寺	3	119	桑堆小镇	2
69	毛垭草原	5	96	色季拉国家森林公园	3	119	觉巴山	2
74	桑丁寺	5	96	加乌拉山 珠穆朗玛峰	3	119	央迈勇 夏诺多吉	2
69	普莫雍错	5	96	青海多巴国家高原体育训练基地	3	119	理塘县	2
69	古乡湖	5	96	羊八井寺	3	119	纳木那尼峰	2
69	桃花沟	5	96	来古冰川	3	119	洛绒牛场	2
69	希夏邦马峰	5	96	海螺沟	3	119	石林	2
69	鲁朗花海牧场	5	96	仙乃日	3	119	洛子峰	2
80	宗角禄康公园	4	96	佩枯错	3	119	格尔木	2
80	扎西岗村	4	96	四方街	3	119	宽窄巷子	2
80	帕隆藏布江	4	96	狮泉河	3	119	贡嘎山	2
80	尼洋风光	4	96	文殊院	3	119	色达县城	2
84	拉昂错	4	96	杜甫草堂	3	119	可可西里索南达杰保护站	2
80	茶卡盐湖	4	96	公珠错	3	119	江河汇流	2
80	然乌镇	4	96	索松村	3	119	湟源峡	2
80	长青春科尔寺	4	96	沙山	3	119	佛掌沙丘	2
80	卓克基土司官寨	4	96	江孜县	3	119	塔钦	2
80	锦里	4	96	色达天葬台	3	119	拿日雍错	2
80	理塘	4	96	色林错	3	142	橡皮山	1
80	姊妹湖	4	96	金沙湾	3	142	业拉山九十九道拐	1
80	洱海大游船	4	96	波瓦山	3			

（三）旅游景区产品供给状况调查分析

1. 旅游景区产品供给现状

传统景区景点多采用 A 级景区形式进行统计，调研小组利用传统统计方法对西藏旅游景点进行统计。（如图 14 所示）

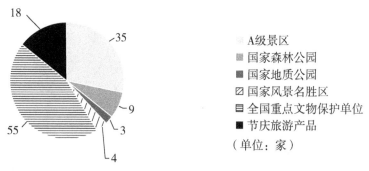

图 14　西藏旅游景点分类统计

数据来源：根据携程旅行与马蜂窝网站采集整理。

由图 14 可知，截至 2016 年 7 月，西藏 A 级景区共 35 家，其中，5A 景区 2 家，4A 景区 11 家，3A 景区 13 家，2A 景区 4 家，1A 景区 5 家；国家森林公园 9 家；国家地质公园 3 家；国家风景名胜区 4 家；全国重点文物保护单位 55 家；节庆旅游产品 18 种，合计 124。显而易见，此种统计并不能有效地反映西藏目前景区旅游产品发展现状，因此，我们借助携程旅行与马蜂窝旅游数据进行分析。（如图 15 所示）

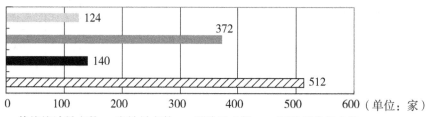

图 15　基于大数据的西藏景区旅游产品统计

数据来源：根据携程旅行与马蜂窝网站采集整理。

按照调研框架，共搜索旅游产品信息512条，删除无效信息、重复信息及不符合分类的信息，合并同类信息共140条，获得有效信息372条。经过对比发现，如今旅游者对西藏旅游景区产品的关注度已不局限于传统的景区分类，很多景点与景点间的途经地也成为旅游者眼中的景点，如德姆拉山口、通麦大桥等，而这些往往是拥有公共性质的免费开放场所，很难纳入景区景点的规范管理。

针对有效信息，通过进一步分析，发现旅游者对西藏景区产品关注度存在如下特点。（如图16所示）

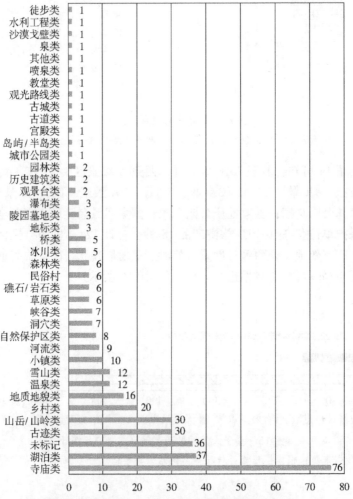

图16 基于大数据的西藏景区旅游产品分类统计
数据来源：根据携程旅行与马蜂窝网站采集整理。

排除旅游者未标记的 36 个景点，在其余的 336 个景点中，旅游者对旅游产品分类共有 38 类，关注度主要集中在寺庙类产品，占 22.62%；其次为湖泊类、古迹类、山岳/山岭类产品，占比分别为 11.01%、8.93%、8.93%，再次为乡村类、地质地貌类、温泉类、雪山类、小镇类、河流类产品，占比分别为 5.95%、4.76%、3.57%、3.57%、2.98% 与 2.68%；其余的冰川类、宫殿类、民俗村、森林类等均不是旅游者重点关注的产品类型。

2. 旅游景区产品供给存在问题

首先，从旅游者角度分析，旅游者对西藏旅游产品的分类与游览选择已跳出了传统的分类方式。除布达拉宫、大昭寺、扎什伦布寺、纳木错、雍布拉康等必游景点，其他产品的选择多与旅游者自身偏好有关，且偏好也容易受到季节影响。比如，林芝桃花节期间，林芝地区的乡村旅游便会成为该季节的旅游重点与热点地区，而随着桃花花期结束，游客数量也会出现一定幅度的下降。

此外，通过对 2016 年 1—7 月西藏旅游数据的统计发现，虽然西藏目前在大力打造冬季旅游，但冬季依然不是旅游者的首选旅游时间。原因在于以下两点：第一，虽然冬季游客减少，但除拉萨、日喀则等市保持一定旅游接待能力外，其他地区，尤其是旅游产品所在县的住宿接待等基本旅游条件难以有效保障；第二，受到季节影响，道路降雪、暗冰、封山等情况都会直接影响游客的游览行程。

其次，从旅游产品角度分析。目前，游客关注的西藏旅游产品主要集中于寺庙类产品，然后为湖泊类、古迹类、山岳/山岭类产品，总占比 51.49%，成为主要的旅游产品，但其在具体发展中的不平衡现象也明显可见。由此出现了热点景区爆满，如布达拉宫、大昭寺旺季限流，而非热点景区门可罗雀的现象。因此，旅游产品供给的不均衡性一方面影响游客的游览质量，另一方面也不利于西藏旅游产品及西藏各地区旅游业的错位发展。

（四）资源脱离型旅游产品供给状况调查分析

1. 资源脱离型产品

资源脱离型产品是旅游产品按其与旅游资源之间关系分类得出的一种旅游产品类型。资源脱离型旅游产品是人类巧思与人力、物力结合的产物，是借助于可获得的人力、物力和财力资源的重新组合并经过加工过程而生产创造出来的,是被商业化制造出来的旅游观赏地或观赏设施,如各类主题公园、民俗村、民俗纪念馆、特色演艺等。由于资源脱离型旅游产品的生成与旅游资源无关,因此,它是可更新和仿建的。与之相对的称为资源依托型旅游产品。顾名思义,资源依托型旅游产品是从旅游资源开发而产生的,更多地保留了旅游资源的性质和特征,一般是不可更新、不能加以创造,仅是开发的产物。

2. 西藏资源脱离型产品的供给现状分析

西藏自然、文化旅游资源储备丰富且极具特色,因此,西藏旅游产品开发对资源的依赖性很强,旅游产品基本属于资源依托型产品,资源脱离型产品供给十分有限。

(1) 资源脱离型旅游产品供给数量

根据马蜂窝旅游网的景点发布统计,西藏7地市共有540处景区(点)被旅游者提及(马蜂窝旅游网依靠注册用户提供的大量一手信息,制作推出了各类目的地旅游攻略、景点、线路等旅游信息),其中只有12个景点可以被认定为资源脱离型旅游产品,仅占被提及旅游景区(点)的2.2%。同时,在搜索"目的地娱乐"类别时,有3处特色演艺(均位于拉萨)可被认定为资源脱离型旅游产品。西藏资源脱离型旅游产品对比见表8。

表8　西藏各地市资源脱离型旅游产品数量对比

地区	被提及景区(点)数量(个)	资源脱离型产品数量(个)	占当地景区(点)比例(%)
拉萨	142	9	6.3
林芝	150	5	3.3
阿里	57	0	—
日喀则	85	1	1.2
山南	29	0	—
那曲	21	0	—
昌都	59	0	—
合计	543	15	2.8

数据来源:马蜂窝旅游网。(时间截至2016年8月)

（2）资源脱离型旅游产品供给空间分布

上文提及的西藏不多的资源脱离型旅游产品空间分布也不均匀，9个分布在拉萨，5个分布在林芝，1个位于日喀则。（如图17所示）

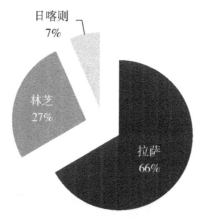

图17 西藏资源脱离型旅游产品空间分布

可见，拉萨作为西藏旅游的重要集散地，集中分布了大多数的资源脱离型旅游产品。

（3）资源脱离型旅游产品供给类型

西藏资源脱离型旅游产品供给除数量极为有限、供给分布集中外，类型也比较单一。（见表9）资源脱离型旅游产品是借助于可获得的人力、物力和财力资源的重新组合并经过加工过程而生产创造出来的，是被商业化制造出来的旅游观赏地或观赏设施，主要包括各类主题公园、民俗村、民俗纪念馆、特色演艺等。西藏现有的资源脱离型旅游产品主要包括博物（展览）馆、民俗村和特色演艺，承担科普和丰富当地文化生活等性质的博物馆、展览馆的产品有8个，占资源脱离型产品总数的53.3%。

表9 西藏资源脱离型旅游产品类型分布

地区	主题公园类	民俗类	展馆类	演艺类
拉萨	—	民俗风情园,共1处	西藏博物馆、珠峰博物馆、岗日民俗艺术馆、西藏革命展览馆、松赞干布纪念馆,共5处	拉萨民族文化艺术宫、《文成公主》实景剧场、《幸福在路上》剧场,共3处
林芝	—	阿沛村、南伊珞巴民俗村、藏东南文化博览园,共3处	太昭陈列馆、林芝自然博物馆,共2处	—
日喀则	—	—	刚坚唐卡绘画艺术中心,共1处	—

(4) 典型产品供给现状

在已有的15个资源脱离型旅游产品中,域上和美集团拉萨布达拉旅游文化创意产业发展有限公司打造的藏文化实景剧《文成公主》凭借开发模式、产品设计等优势,在西藏旅游产品供给上影响力日益扩大。藏文化大型史诗剧《文成公主》,是域上和美集团、拉萨布达拉旅游文化创意产业发展有限公司斥资7.5亿元打造的一部集大唐与吐蕃历史文化元素为一体的汉藏经典文化史诗剧。该剧演员阵容800人,综合运用大唐歌舞和西藏地区流传久远的舞蹈、藏戏、佛号念唱等艺术形式,用人工舞台结合自然山川、科技手段结合非物质文化遗产的形式,展现了民族特色鲜明、气势磅礴的壮丽场面。

《文成公主》实景剧场设立在拉萨河南岸的慈觉林村,遥对布达拉宫,以拉萨自然山川为背景。演出场馆总建筑面积24611.8平方米,可同时容纳4000余人观看表演。2013年8月1日,《文成公主》正式公演,演出季为每年4—10月。在首个演出季,上座不低于1500人;2014年演出季,演出175场,接待观众32万余人次,取得1.1亿余元票房成绩;2015年演出季,演出179场,迎接观众35万人,票房销售、旅游衍生品销售以及商业街配套收入共计1.5亿余元;2016年演出季(截至调研时间），场均观众数量已达 3000 人。投资方预计 5 年实现盈亏平衡计划。目前，《文成公主》实景剧不仅是拉萨旅游的重要吸引物，也成为西藏文化旅游的新名片。

四、基于大数据的西藏旅游产品满意度调查分析

（一）旅游满意度

旅游满意度来源于顾客满意度（customer satisfaction degree，简称CSR），是指游客对一次旅游的行程、景点、住宿、餐饮、购物、时间安排、导游讲解、旅游用车等项的综合评价得分。评分高则满意度高，反之则满意低。近年来，开始出现了网络环境下顾客满意度评价的定量研究。国内学者运用互联网上日渐增加的旅游消费者网络评价做了有关网络环境下顾客满意度的研究，获得了一些成果。本研究在对西藏大众旅游线路产品供给能力综合分析的基础上，针对旅游消费者购买了这些线路产品后的评论，利用满意度的测评方法考量西藏大众旅游线路产品的需求状态以及存在问题，为探讨供求矛盾及规律打下基础。

（二）旅游线路产品满意度调查分析

1. 数据来源

从全部经销商提供的旅游线路产品 6304 种中，按照线路类型、线路星级、销售数量、销售价格、评阅数量这 5 项参数，综合考量，挑选出最有代表性的 25 条线路及对该产品的 1734 条在线点评，运用网络内容分析法，借助 ROST Content Mining 软件，从中提取并分析游客对西藏大众旅游线路产品的综合评价。

2. 分析方法

具体做法是：将筛选出的 1734 条评论复制到 Word 文档，剔除所有标点符号、段落符号、英文缩写、数字等与中文词频分析无关的要素；再对所有文本中表示同一地点，尤其是同一景点的名称进行统一修订和替换，如"羊卓雍错"和"羊湖"、"大昭寺广场"和"八廓街"、"卡定沟天佛瀑布"和"卡定沟"等；然后将处理好的文本保存为 txt 文本文档。接着用 ROST Content Mining 软件对保存后的 txt 文档进行内容分析：首先设定一个包含以上线路设计主要旅游景区（点）名称和专有名词的用户自定

义词表，以保证分词和词频分析结果的准确；接着导入待分析的txt文档，使用"分词"功能将所有句子分成一个个独立的词语；查看分词结果，对错误的、不恰当的分词结果进行修正，将正确的分词词语加入用户词表；在此基础上重新进行分词处理。分词完成后，再设定一个过滤词表，过滤掉诸如"于是""我们""上午""的""吧"等常见但与旅游消费评价无关的词和单字，使用"词频分析"功能生成词语频数表。按照词语频数从高到低选取与研究主题相关的209个高频词（见表10）作为分析依据。

表10 在线评价前209名高频词

词语	频次	排名	词语	频次	排名	词语	频次	排名
行程安排	1452	1	热情	206	20	很满意	112	39
导游	1316	2	住宿	204	21	日喀则	111	40
西藏	1123	3	很美	166	22	周到	108	41
司机	1062	4	旅行社	165	23	珠峰大本营	108	41
旅行	686	5	纳木错	165	23	美景	106	43
携程	560	6	感谢	160	25	丰富	106	43
一路上	434	7	景色	160	25	辛苦	104	45
拉萨	402	8	全程	149	27	藏族	104	45
景点	391	9	布达拉宫	147	28	火车	103	47
时间	346	10	高原	143	29	大昭寺	99	48
讲解	339	11	朋友	138	30	旅程	96	49
高原反应	337	12	小时	131	31	美丽	88	50
服务	311	13	体验	127	32	身体	88	50
合理	298	14	客服	122	33	问题	87	52
酒店	270	15	开心	122	33	路线	85	53
林芝	267	16	值得	122	33	团餐	85	53
风景	267	16	选择	120	36	人员	83	55
出游	239	18	第一次	120	36	照顾	82	56
满意	224	19	愉快	116	38	游客	82	56

续表10

词语	频次	排名	词语	频次	排名	词语	频次	排名
遗憾	81	58	购物	62	83	南伊沟	44	111
团队	81	58	经验	59	86	吃饭	43	113
机票	81	58	贴心	58	87	敬业	43	113
到位	80	61	难忘	58	87	美好	43	113
文化	80	61	拍照	58	87	舒服	42	116
认真	80	61	运气	58	87	无购物	42	116
完美	79	64	路途	58	87	舒适	41	118
线路	78	65	轻松	58	87	打电话	41	118
下次	77	66	羊湖	57	93	私家团	41	120
游览	76	67	确认	57	93	车上	40	121
领队	75	68	晚上	56	95	藏民	40	121
回来	74	69	遇到	54	96	特色	40	121
天气	73	70	安全	54	96	返回	39	124
风光	73	70	震撼	53	98	原因	39	124
感受	72	72	沿途	53	98	自由	39	124
技术	71	73	漂亮	51	100	不适	39	124
海拔	70	74	旅途	51	100	雪山	39	124
提前	70	74	取消	51	100	注意	38	129
建议	69	76	房间	50	103	干净	38	129
知识	65	77	航班	49	104	下午	38	129
态度	65	77	反应	49	104	费用	37	132
宾馆	64	79	值得	49	104	分钟	37	132
适应	64	79	坐车	47	107	来回	36	134
耐心	64	79	购物点	46	108	融洽	36	134
飞机	63	82	游玩	46	108	方便	35	136
大峡谷	62	83	联系	45	110	严重	35	136
最好	62	83	警察	44	111	多年	35	136

续表 10

词语	频次	排名	词语	频次	排名	词语	频次	排名
圆满	35	136	评价	32	156	一流	29	182
沟通	35	136	详细	32	156	不舒服	29	182
机场	34	141	接送	31	165	空气	29	182
准备	34	141	天堂	31	165	早餐	28	190
车辆	34	141	限速	31	165	想象	28	190
有机	34	141	蓝天白云	31	165	带领	28	190
成都	34	141	季节	31	165	快乐	28	190
适合	34	141	历史	30	170	修路	28	190
交通	34	141	设施	30	170	影响	27	195
差劲	34	141	驾驶	30	170	深度	27	195
路况	34	141	停车	30	170	年龄	27	195
及时	33	150	唯一	30	170	顺利	27	195
自然	33	150	关心	30	170	车子	27	195
入住	33	150	幸运	30	170	好吃	27	195
素质	33	150	地区	30	170	热心	27	195
一行	33	150	回程	30	170	睡觉	27	195
休息	33	150	内地	30	170	担心	27	195
自费	32	156	跟踪	30	170	相处	26	204
失望	32	156	经典	30	170	路程	26	204
鲁朗林海	32	156	大海	29	182	青藏	26	204
到达	32	156	客人	29	182	南迦巴瓦峰	26	204
接机	32	156	项目	29	182	真心	26	204
帮助	32	156	心灵	29	182	好在	26	204
公里	32	156	佛教	29	182			

3. 满意度评价

从表 10 中排名前 10 的词语频次可以看出：

第一，频次排名第一的词语是"行程安排"，被游客提及高达 1452

次。地接社的行程安排也就是旅游产品价值实现过程，关系到游客体验的方方面面，对满意度的影响最大。人工阅读分析时发现，与行程安排最相关的词是"合理"（298次，排名14），而"不合理"的频次排在209名后。可见，总体消费者对行程安排的满意度是较高的。

  第二，词语频次排名第2和第4的分别是"导游"和"司机"，分别达到1316次和1062次。司陪人员是旅游产品销售过程的实施者、地接社的代言人，也是游客在目的地产生第一印象的人、最密切直接接触的服务者和陪伴者。他们担负着当外界情况有所变化时，运用职业经验在双方事先达成旅游产品销售合同范围进行调整、协调的工作，不仅关乎游客的游览满意度体验，更关乎游客在陌生的目的地的人身、财物安全，对游客的旅行体验影响也非常大，因此也成为评价的热点词汇。人工阅读分析时发现，与司陪人员涉及相关的高频词数量是最多的，如体现导游业务水平和技能的高频词是"讲解"（339次，排名11）、"认真"（80次，排名61）；体现导游服务态度的高频词很多，包括"服务"（311次，排名13）、"感谢"（160次，排名25）、"态度"（65次，排名77）、"热情"（206次，排名20）、"贴心"（58次，排名87）、"差劲"（34次，排名141）、"素质"（33次，排名150）、"关心"（30次，排名170）、"敬业"（43次，排名113）。显而易见，总体上，游客对司陪人员的满意度是很高的。

  第三，词语频次排名第3、第8、第9的分别是"西藏""拉萨"和"景点"，频次分别达到1123、402和391次。旅游目的地及其所拥有的景区景点往往是旅游具有吸引力的原因，是游客目的地选择、购买时的决定性因素。因此，这类词语往往也就反映了游客亲身体验后对目的地旅游吸引力的实际感受。"西藏"作为目的地名称，"拉萨"作为目的地的政治、经济、文化以及旅游集散中心，"景点"作为经典、精华吸引力的象征，自然成为游客满意度评价时关注的焦点。另外，这些词语多为名词，多为地名或者景观名称，在排名10以后的词语中还多有涉及，如"林芝"（267次，排名16）、"纳木错"（165次，排名23）、"景色"（160次，排名25）、"布达拉宫"（147次，排名28）、"高原"（143次，排名29）、"日喀则"（111次，排名40）、"珠峰大本营"（108次，排名41）、"大昭寺"（99次，排名48）等。与这些词语对应的评价性词语主要包括"很美"（166次，排名22）、"第一次"（120次，排名36）、"拍照"（58

次，排名87）、"漂亮"（51次，排名100）、"美丽"（88次，排名50）、"天气"（73次，排名70）等。结合人工筛选过程可知，游客对西藏旅游的满意度评价总体是非常高的，如"眼睛在天堂"就是典型的描述。

第四，词语频次排名第5的是"旅行"，频次达到686次。在人工阅读筛选过程中发现，涉及"旅行"这个词，游客往往表达的是对旅游活动的总体印象，对应的高频词包括"值得"（122次，排名33）、"很满意"（112次，排名39）、"失望"（32次，排名156）、"天堂"（31次，排名165）等词。

第五，排名第7、第10的高频词是"一路上"和"时间"，频次分别达到434次和346次。通过这两个词，游客表达了对旅游产品中的交通的满意程度。众所周知，西藏因为地广人稀，区内的交通条件非常欠缺，路上所用时间比较长，这两个词因而成为游客的热门关注和评论点，与此对应的高频词包括"很累""颠簸"等词。

（三）旅游景区产品满意度调查分析

1. 旅游景区产品满意度现状

为了与旅游景区产品供给研究对应，旅游景区产品满意度仍利用携程旅行与马蜂窝大数据从以下方面进行分析。（如图18所示）

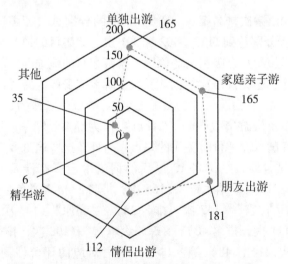

图18 基于大数据的赴藏游客旅游产品需求雷达图

数据来源：从携程旅行与马蜂窝网站采集整理。

通过对777条网络数据进行筛选统计，删除无效信息和重复信息后，得到有效数据664条。其中，旅游者喜好的产品类型由高到低依次为朋友出游（占比27.26%）、单独出游（占比24.85%）、家庭亲子游（占比24.85%）、情侣出游（占比16.87%）、其他（占比5.27%）、精华游（占比0.90%）。由此可知，赴藏游客对旅游产品的需求主要集中在朋友出游产品、单独出游产品及家庭亲子游产品3个方面，共占比76.96%。

对以上数据进一步分类分析，发现消费者对不同类别产品的满意度具有明显差异，并以评分形式直观展现。（见表11）

第一，入藏旅游者对所体验的旅游产品整体满意度较高。在664条游客评价中，对旅游产品5分点评数505条，占比76.05%；4分点评数91条，占比13.7%；3分点评数39条，占比5.87%；2分点评数19条，占比2.86%；1分点评数10条，占比1.51%。据此，研究认为，旅游者对西藏旅游产品整体满意度较高，但对于评分较低的产品应该给予关注，侧重研究评分低的原因，以便寻找更好提升游客满意度的角度与方法。

第二，菲利普·科特勒将旅游产品设计结构分为4类，即核心产品、基本产品、辅助产品和附加产品。[①] 研究发现，赴藏游客很少对西藏旅游产品的核心产品评分，这可理解为赴藏游客对西藏旅游产品的核心产品普遍存在较高的满意度。同样，通过对旅游产品评价研究发现，对西藏旅游产品的评分主要集中在基本产品方面，即为了保障其核心旅游产品体验的基本接待设施及相关服务。

第三，结合游客评分，从主要出游方式角度分析。朋友出游产品是1分点评游客中的主要出行方式，占比30.00%。其中，游客对产品不满主要集中在住宿餐食、导游讲解及导游态度方面，且极不满意。家庭亲子产品是2分评价游客主要出行方式，占比52.63%。此外，消费者对住宿餐食、导游讲解极不满意。3分评价中，游客对产品的选择不再单一，单独出游、家庭亲子游、朋友出游3类产品都成为游客的偏好对象，占比均为28.21%，总占比84.62%，而游客评价在此档出现变化，在单独出游产品中，游客对住宿餐食反映一般，对导游讲解比较满意；在家庭亲子游产品中，认为住宿餐食体验一般，对导游专业性评价很不满意；在朋友出游产品中，游客对住宿餐食依然很不满意，但是对导游与司机的评价出现

---

① 参见李天元《旅游市场营销》，中国人民大学出版社2012年版。

表 11 基于大数据的旅游产品满意度统计

	2016年(1—7月)数据	1分点评	2分点评	3分点评			4分点评			5分点评				
搜索数量(条)	664	10	19	39			91			505				
主要出行方式	—	朋友出游	家庭亲子游	单独出游	家庭亲子游	朋友出游	单独出游	家庭亲子游		单独出游	家庭亲子游	朋友出游	情侣出游	精华游
主要出行方式数量(条)	—	3	10	11	11	11	25	29		126	113	145	92	6
很不满意	—	住宿餐食 导游讲解 导游态度	住宿餐食 导游讲解 酒店更换 天气不好	住宿餐食 导游接待	导游讲解 导游态度 司机态度	—	—	—		—	—	—	—	—
比较不满意	—	—	—	住宿餐食	—	—	酒店条件	—		—	—	—	—	—
一般	—	—	—	导游讲解	—	—	导游讲解 住宿餐食	住宿餐食 司机服务 周到		—	—	—	—	—
比较满意	—	—	—	—	—	—	—	导游专业 导游热情		住宿餐食 导游讲解 司机专业	—	—	—	—
很满意	—	—	—	—	—	—	—	—		住宿餐食 导游讲解 导游专业 司机专业 司机负责	住宿餐食 导游讲解 司机专业 司机负责	住宿餐食 导游讲解 导游热情 司机专业 司机负责	住宿餐食 导游讲解 导游热情 司机负责	住宿餐食 导游讲解 导游专业 司机负责

数据来源:从携程旅行与马蜂窝网站采集整理。

很不满意与比较满意的反差,说明在此档产品中,从业人员的专业水平不一。4分评价中,单独出游产品占比27.47%,家庭亲子游产品占比31.87%,游客普遍对两类产品的住宿餐食、导游讲解、司机服务比较满意或很满意。而5分评价中,单独出游占比24.95%,家庭亲子游占比22.38%,朋友出游占比28.71%,情侣出游占比18.22%,精华游占比1.19%,旅游产品的评价在住宿餐食、导游服务、司机服务方面都很满意。其中,情侣出游产品在此档成为较为重要的旅游产品,而精华游产品更以其专业性、定制性而成为高消费者选择对象。

2. 旅游景区产品满意度存在问题

总体上讲,借助数据分析发现,游客对西藏主要旅游景区产品均体现较高满意度,说明西藏独特的地理气候、自然资源、人文资源具有不可替代性,使西藏成为热度不减的旅游目的地。通过游客评价也发现,多数游客清楚客观条件的影响,接受旅游景区产品在软条件方面的不足,认为应从硬件方面着手改变。而结合西藏旅游的独特性,景区与景区间对旅游者而言不是完全隔离的,是一次完整体验的各个环节,因此,游客对于旅游产品的满意度会向基本产品,即住宿餐饮等接待设施转移。

具体来讲,西藏旅游景区景点产品满意度在景区导游服务、景区的可进入性、景区硬件设施方面存在问题。

所以,对于西藏旅游景区产品满意度的研究分析应从两方面入手:一是如何提升关注度高的重点景区景点的满意度,二是如何提升大旅游景区景点的满意度。

因为绝大部分资源脱离型产品的评论数极少,所以由此得出的评分未必能代表旅游者的真实满意度。如林芝的太昭陈列馆,仅有1条评论,旅游者为该评论打了5分,其评论留言却是"西藏旅游报团必去的地方,没什么值得推荐的特点,过去转转看看就好了",可见旅游者对太昭陈列馆并不十分满意。

所列的资源脱离型产品中,可比较的旅游者提及次数和评论数最多的是西藏博物馆。鉴于西藏博物馆并不是专门为旅游者而设计策划的产品,因此本部分研究选取典型的资源脱离型旅游产品《文成公主》实景剧为研究对象。

根据马蜂窝数据显示,《文成公主》实景剧的有效评论共89条。(见表12)其中,5分好评60条,4分评论20条,3分评论6条,2分评论1

条,1分评论2条。旅游者对实景剧的好评主要集中于认为该剧"震撼心灵""气势恢宏""场面宏大"。

表12 资源脱离型产品评价概况①

地区	资源脱离型产品	被提及次数	点评数量	评分
拉萨	西藏博物馆	9092	1351	—
	珠峰博物馆	20	3	4.70
	岗日民俗艺术馆	8	3	4.30
	西藏革命展览馆	7	2	4.00
	拉萨民族风情园	11	4	2.75
	松赞干布纪念馆	119	18	3.90
	《文成公主》实景剧场	—	89	4.40
	拉萨民族文化艺术宫	—	6	3.50
	《幸福在路上》	—	0	—
林芝	阿沛村	152	15	4.00
	南伊珞巴民俗村	15	2	4.50
	藏东南文化博览园	4	0	0.00
	太昭陈列馆	4	1	5.00
	林芝自然博物馆	25	4	4.30
日喀则	刚坚唐卡绘画艺术中心	3	2	4.50

对旅游者评论做内容分析后发现,旅游者不满意的地方主要体现在以下几点。

(1)服务设施不完善

剧场远离拉萨主城区,实景区通常在拉萨入夜后开演,演出结束一般在晚上11点左右。没有完善的公共交通,散客旅游者只能通过预约专车、出租车或临时拼车才能返回市内。由于监管力度有限,还经常会出现收费不规范的现象。除此之外,夜晚拉萨温度较低,室外演出受天气影响较

---

① 由于马蜂窝网站对于"景点"和"娱乐"的内容设置不同,因此,拉萨市的3个演艺类产品无法获知具体的提及次数。

大，旅游者舒适度不高，普遍反映演出观看时温度"较冷"，需"多带衣物"。

(2) 产品细节仍需加强

《文成公主》实景剧利用科技手段结合历史故事向观众呈现剧情的同时，融入了诸多西藏民族文化，如藏族服饰、戏剧、舞蹈等元素。然而，在剧情呈现中，故事情节的编排却令有些观众感到"虎头蛇尾""情节拖沓"，甚至出现历史时期错误的硬伤，令人感觉整个实景剧尽管场面宏大，但细节安排十分不严谨。

(3) 技术手段运用有待优化

技术手段应用也是该剧的亮点之一，但部分技术需要做人性化处理。如剧情安排飘雪场景时，观众席上方也会落下"雪花"，给观众制造出体验惊喜。但随后观众会发现，"雪花"是用"类似肥皂泡沫"制作而成的，且"飘雪"时间过长，使观众"整个衣服都湿了"，"不知道飘下来的东西是什么，湿乎乎的"，反而降低了旅游者满意度。笔者就曾在现场看到众多观众为躲避"雪花"，在演出中离开原有座位寻找"安全座位"，造成演出秩序的混乱，影响其他观众的观剧体验。

(4) 对该剧性价比的质疑

国内旅游市场上的旅游演艺类产品可以说层出不穷，部分入藏旅游者在进藏旅游前对国内其他地区的旅游演艺类产品都有过体验，因此很容易拿《文成公主》实景剧与"印象系列"、《长恨歌》等国内一流旅游演艺类产品做比较。对比《文成公主》演出整体效果、创新性等，旅游者认为目前该剧的票价偏贵。

五、西藏旅游产品供求矛盾分析

(一) 旅游线路产品供求矛盾分析

1. 供求数量和质量矛盾

从对西藏大众旅游线路产品的数量和质量状况分析可知，大众线路产品的数量虽比较丰富，但与同期全国其他热门目的地相比，还远远不能满足游客的需要。在质量方面，更需要从多方面加以改进。如矛盾最为突出的区内交通、餐饮和住宿方面，都是影响游客体验质量的关键点。

2. 供求时空矛盾

在对西藏大众线路旅游产品进行时空分析时可知，西藏目前的常规热门线路主要为拉萨、林芝和日喀则3个区域，空间上还有待进一步拓展。有一些地区，大众旅游还鲜有涉足。如阿里地区，虽然对自助游游客而言，已经是较为成熟的目的地，但旅游经销商为此设计的线路极少。而在对游客的游后满意度进行分析时，很多游客的后续意向明显指向阿里。因此，在未来，促进空间供求平衡，是西藏旅游发展的关键着力点；在时间方面，西藏的大众旅游产品主要集中于7—8月，这显然不能满足广大游客的需求，而且，过度的集中带来的季节性往往使得中心接待城市如拉萨在旅游旺季人满为患，严重影响了对游客的服务质量。

3. 供求结构矛盾

从对西藏大众旅游线路产品的结构分析可知，目前大众线路产品仍以观光型为主，而深入体验的主题化线路产品仍比较匮乏。这直接导致旅游产品的投入回报率较低，进而导致发展不增效的现象。

（二）旅游景区产品供求矛盾分析

1. 季节性差异短期难以改变

一方面是受传统旅游淡旺季的影响，旺季景区景点限流，一票难求，赴藏游客游览体验受到影响；淡季自然景观景区景点关门歇业，住宿餐饮等基本产品闭门谢客，旅游者的旅游意愿无法实现。另一方面，旅游旺季中的季节性影响因素，尤其对自然风光类景点影响较大。如林芝桃花节，花开期间，各村庄成为游客赏花聚集地，基础接待设施需求旺盛，而季节过后，游客对乡村接待设施的需求量下降。

2. 景区旅游产品分布不均

数据研究发现，入藏游客在目的地参团，停留时间集中在5～9天。若在出发地参团，停留时间集中于8～9天。其中，寺庙类建筑是入藏游客重点关注的景点产品，而这些景点产品主要集中于拉萨、日喀则、山南。因此，受时间限制，此类旅游者，其入藏旅行主要目的集散地集中于以上三地，所进行的景区观光休闲活动也以此为主。湖泊类景区景点同样也是旅游者关注重点，此类产品集中于阿里、那曲。因此，此类旅游者旅行目的地主要集中于以上两地。总体上讲，受景点偏好及行程时间等因素影响，难免出现景点游客扎堆的情况。此外，拉萨作为入藏旅游的重要旅游集散地，其景点在旅游旺季的承载量一直处于高位运行，对景点与游客均不利。

3. 交通制约旅游者对旅游产品的选择

路途时间长，景点体验时间短已成为旅游者不满但无法改变的因素之一。这也直接影响旅游者对景点的选择，出现交通便利地点景区游客密集、交通不便景区游客稀少的情况。

4. 西藏旅游产品定位与内涵

研究发现，西藏旅游景区景点产品并不能孤立地存在，应该包含核心旅游产品与基本旅游产品，在考虑产品供求问题时需整体考虑。

（三）资源脱离型旅游产品供求矛盾分析

1. 供求空间矛盾

通过对西藏资源脱离型旅游产品供给的空间分布可以看出，资源脱离型产品存在较为明显的空间分布矛盾。在西藏7个地市中，山南、昌都、那曲、阿里4个地市都没有成形的资源脱离型产品分布；该类产品90%以上分布在拉萨和林芝。造成这一明显空间分布不均衡的原因是西藏各地市经济发展水平的不均衡，如拉萨作为西藏自治区首府和西藏最主要的旅游集散地，具有得天独厚的经济和社会优势，为资源脱离型产品的生产提供了有利的条件。但是西藏旅游需求分布更为广泛（如图19所示），随着自助游、自驾游的发展，入藏旅游方式呈现出多样化的特征，西藏旅游需求的空间分布较之以往也趋于均匀化。

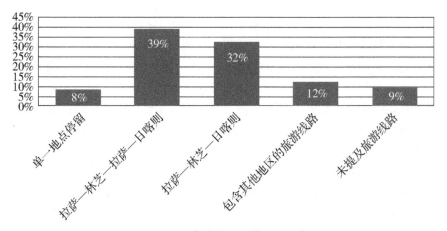

图19 入藏旅游者旅游线路分布

数据来源：2012年马蜂窝旅游网。

2. 供求时间矛盾

西藏旅游供给和需求的时间分布不均衡表现十分突出，资源脱离型产品供求也不例外。每年7—10月旅游旺季时，西藏旅游需求旺盛，供给量跟不上需求的增长；但从11月至次年6月，西藏旅游淡季时，大量旅游设施闲置，造成供给严重过剩。如《文成公主》实景剧演出，每年演出季为4—10月，据演出方透露，4—6月入场观众都在一个较低的数量水平上，进入7月后开始直线上升，直至8月达到顶峰，9月开始逐渐回落，直到10月演出季结束。7—8月西藏旅游黄金季节，《文成公主》演出处于一票难求的状态，但高峰期的两个月以外，对该剧的需求量明显减少。11月至次年3月，该剧几乎没有任何产出，即供给完全处于闲置状态。

3. 产品供求数量矛盾

2015年，西藏接待旅游者1100万人次，西藏资源脱离型旅游产品的供给量仅为15个。与巨大的旅游需求相比，资源脱离型产品供给严重不足。在西藏旅游市场上，543处被旅游者感知的景区（点）中，仅有2.8%的资源脱离型旅游产品存在。无论在产品数量还是产品接待能力上，都无法满足入藏旅游者多样化、个性化的旅游需求。

4. 产品结构矛盾

（1）产品供给类型导致的结构矛盾

西藏旅游市场上已推出并为旅游者感知的15处资源脱离型产品中，有8项为展馆类产品。这类产品并非专门针对旅游者的旅游需求设计建造的，其首要职责是向本地居民科普或丰富当地居民的精神文化生活。同时，受到西藏社会经济发展的制约，西藏展馆类产品的呈现方式仍以单项的参观为主。与其他类型产品相比，西藏展馆类产品规模和影响力有限。

西藏民族文化特征鲜明，非物质文化遗产赋存丰富，但针对民族文化开发的产品并不具规模，目前仅有《文成公主》实景剧较具影响力。而在云南、贵州等少数民族旅游目的地发展火爆的民俗村、民俗园等产品在西藏却备受冷落。而且，针对旅游市场，西藏资源脱离型旅游产品类型极为匮乏且缺少创意，不能与西藏文化有效结合，与旅游需求的多样化、深度体验性发展趋势不相符合。

（2）产品质量导致的结构性矛盾

资源脱离型产品数量和类型都极度匮乏，在这样的产品环境下，打造出旅游精品变得十分困难。即便是目前最具影响力的《文成公主》实景剧，仍然显现出产品内容缺乏内涵、服务不到位等诸多问题。分析旅游产品评价时发现，诸如"不值得去""没新意"等负面评价在其他资源脱离型产品中比较常见。主要原因是该类型产品在西藏旅游市场上的重要作用还未引起业界和政府的重视，对旅游者需求研究不足，产品本身缺少专业的策划和设计，未能融合西藏文化特色，对服务和细节的管理和呈现缺乏精细化精神。

六、基于供给侧的西藏旅游产品优化路径

（一）旅游供给和有效供给

1. 旅游供给和有效供给的概念

旅游供给是指在一定时期内，旅游经营者以一定的价格水平向市场提供的旅游产品或服务。旅游产品的有效供给是指旅游者的现实需求得到恰当满足、供给效率得到充分保证，在一定时期内各旅游部门向社会提供能被市场所吸收的旅游产品或服务的可持续性供给。[①] 其内涵包括两个方面：第一，旅游供给的有效性要以旅游者的需求为前提；第二，旅游供给的可持续性是有效供给的必要条件，这种可持续性体现在市场的可持续性和供给能力的可持续性上。

2. 旅游有效供给的影响因素

影响旅游有效供给的因素主要体现在3个方面。一是旅游需求。旅游有效供给的目的是满足和引导有效需求，有效需求水平反过来又决定和影响有效供给水平。不能离开供给谈需求，也不能抛开需求单独谈供给。二是旅游供给能力。旅游供给能力指在一定的时间和空间内，旅游经营者能提供旅游产品的最大数量，包括旅游综合接待能力和旅游环境承载力。一个地区现有和潜在的旅游资源数量会影响旅游供给能力，旅游供给能力则直接限制有效供给的规模和数量。三是旅游供给效率。有效供给不足并不必然与需求大于供给相联系，当需求等于或小于供给时，有效供给不足也可能存在。这表明，有效供给还受供给效率的影响。供给效率高，实际供给就能增加，或用更少的投入就能达到目前的实际供给水平。收益和成本

[①] 参见廖淑凤、郭为《旅游有效供给与供给侧改革：原因与路径》，载《旅游论坛》2016年第6期，第10~16页。

反映供给效率，供给效率取决于资本、资源、劳动力、技术和制度等要素禀赋条件。旅游供给和有效供给的关系见图20。

图20　旅游供给和旅游有效供给的关系

（二）提升西藏旅游产品有效供给的对策

1. 以需求为导向，优化旅游产品结构

树立"需求第一"的市场理念，开发能够满足不同层次入藏旅游者多样化需求的旅游产品。作为经济欠发达的民族地区，西藏旅游产业的发展模式兼具"政府主导"与"援藏支持"特征。只有在优化产品结构时谨防"忽略市场"的潜在导向，不断形成以需求为主体的首要认识，才能真正实现产品结构的不断优化。

2. 以精品意识为理念，提高旅游产品供给质量

尽管西藏旅游具有显著特征，但如果无法提供高质量的旅游产品，旅游者就会转向四川、云南、贵州等民族旅游发展更加成熟的旅游目的地。西藏旅游产品供给要充分认识到这一变化趋势，首先，要继续保持基础设施建设的速度和规模，改善西藏各旅游区域的可进入性；其次，要加快林芝、日喀则、山南等热门区域的旅游接待设施的建设，缓解旅游供给的空间矛盾，释放拉萨作为单一旅游集散地的旅游接待压力；再次，在此基础上，积极研究旅游者需求，着力转变旅游发展方式，不再单一追求旅游产品总量的扩大，而要更关注旅游产品质量的提高。

3. 以效率为目标，优化旅游产品要素配置

促使市场主体发挥要素配置中的能动性，不断减少政府对旅游产品要素配置的干预，让市场在旅游产品要素的配置中起决定性作用，从而达到优化旅游产品结构的目标。当前，西藏旅游产品市场存在的文化内涵挖掘不够、信息化和创新程度不足等问题都可以通过引导优势资源要素配置的方式逐渐解决。

4. 以改革为突破口，培育旅游市场主体

西藏旅游产品供给侧存在的各种问题，也折射出西藏旅游市场主体存在着创新能力不强、灵活性差等问题。只有建立发展一批创新力强、积极性高、灵活性好的西藏本土旅游企业群，才有能力提供丰富、完善、品质优越的西藏旅游产品体系。

（三）西藏旅游产品供给侧改革创新路径

1. 充分发挥政府在宏观层面的引导和监管作用

推进供给侧改革，首先需要政府从宏观层面对旅游市场进行引导和监管。具体而言，包括3个方面。第一，推进公共服务型政府建设。加快政府自身的改革，明确政府职能，厘清政府与市场的边界，减少行政干预，让市场在资源配置的过程中起决定作用，为旅游产品体系的建设营造良好的宏观环境。第二，大力推进旅游行政管理体制的改革，推动"旅游管理"向"旅游治理"转变，增强旅游部门统筹协调职能。第三，整顿和依法规范旅游市场秩序。积极推进西藏旅游标准化体系建设，杜绝西藏旅游市场上"低价团费"等恶性竞争现象，加大对旅游市场的监管力度。

2. 积极转变西藏旅游发展理念

旅游产品是一个综合体系，包括吃、住、行、游、购、娱。西藏旅游如何转变、转变成何种理念，对实现供给侧改革影响重大。可供选择的策略有4点。

第一，积极推进西藏"全域旅游"的发展，通过对西藏经济社会资源，尤其是旅游资源、相关产业、生态环境、公共服务、体制机制、政策法规、文明素质等进行全方位、系统化的优化提升，实现西藏区域资源有机整合、产业融合发展、社会共建共享，深化社区参与旅游发展，从而提升旅游产品的可体验性，明晰西藏旅游产品形象。

第二，树立融合发展的理念。产业融合是旅游业发展的新模式，大力推动旅游业与其他相关产业的融合，生产出更多满足游客需求的新产品和新业态，西藏文化产业、高原农牧业等很多特色产业都可以与旅游业进行融合发展，不仅能充分体现旅游业对西藏经济社会发展的作用，更能提高西藏旅游产品供给的丰富程度。

第三，增强旅游品牌意识。树立并增强品牌意识是提升旅游产品体系质量的必由之路,也是增强旅游产品体系竞争力的要求。

第四,区域旅游一体化建设理念。西藏地域范围广阔,7个地市旅游资源各有千秋、互补共生。建设旅游产品体系,客观上要求不同区域推动旅游一体化,打破制约旅游产品开发的空间限制,取长补短,协同发展。

3. 重视现代信息技术对旅游发展的促进作用

西藏旅游要进行产品供给侧改革,还要看到现代科学技术手段对旅游需求、旅游供给的影响,积极推进旅游信息化建设。可供采取的措施有4种。

第一,实施"旅游+互联网"战略,全面提升西藏旅游信息化水平。构建开放包容的"旅游+互联网"环境,提升"旅游+互联网"创新能力,推动西藏旅游相关信息互动终端建设;大力发展在线旅游新业态,鼓励、支持和引导线上线下旅游企业融合发展。

第二,从政策、资金层面为西藏旅游信息化建设提供支持。如:通过系统通信数据,实现对旅游景区的动态监控,帮助景区实现实时客流分流和疏导,建立健全景区"智慧旅游"系统等。这些都是旅游信息化建设的重要体现。旅游信息化建设不是一朝一夕之功,需要耗费大量的物力、人力和财力,离不开政府的支持。

第三,构建西藏旅游信息数据库,掌握企业、旅游者、旅游人才等重要旅游信息。通过构建旅游数据库,以大数据引导旅游发展,可有效地对旅游消费者的需求做出准确的判断,适时开发满足游客需求的旅游产品,合理引导游客的需求。

第四,培养西藏旅游信息化专业技术人才。在旅游信息化的推进过程中,技术是支撑,人才是保障,西藏旅游信息化最终的实现还要依赖专业的旅游信息化技术人才。没有一支既懂信息化技术又懂西藏旅游的人才队伍,旅游信息化是无法实现的。

七、基于旅游产品供给侧视角的西藏旅游产业转型升级研究

如前所述,产品是产业发展的基础和核心。旅游产业的转型升级,必须围绕旅游产品的诸多主要要素的提升而展开。长期来看,能为旅游产品供求动态平衡提供支持的旅游产业才是结构完善合理的产业体系。因此,

结合上文对西藏旅游产品供求矛盾的分析,下面我们从旅游产品的供给侧角度,来探讨促进西藏旅游产品转型升级的相关策略。

(一) 加强产品创新供给,促进旅游产业转型升级

在2016年12月7日国务院《"十三五"旅游业发展规划》中,创新建设被作为增强旅游产业发展、促进产业转型升级的新动能。尽管西藏旅游产品长期依赖于独一无二的旅游资源,吸引了全国乃至全世界的游客,加上近10年来在保障设施提升的辅助下,获得了井喷式的发展,但也客观存在旅游产品类型、功能单一,游客体验难以深入,资源影响力大,但旅游产品附加值低等问题,不能满足时下旅游散客化和全域化的新需求。因此,促进西藏旅游产业转型升级,加强产品创新供给应从两个方面做起。

1. 类型、功能创新的产业供给策略

以西藏自治区《"十三五"时期国民经济和社会发展规划纲要》为指导,围绕全域旅游统筹规划,通过创新规划理念,引领"多规合一",牵头促进各类型资源的归口部门协作共进,加强各种类型、不同功能、多样化体验的旅游产品研发。其中,在类型供给创新方面,可以通过实施"旅游+"战略,推动特色文化小镇旅游产品、传统手工业旅游产品、农牧区的乡村旅游产品发展,完善旅游产品的类型结构。在功能供给创新方面,可以通过实施中心旅游城市、乡村旅游地基础设施完善计划,发挥资源优势,开发特色城市、乡村休闲度假产品。

2. 技术创新的产业供给策略

针对当前西藏的客源主体部分,大众旅游市场传统旅游产品市场产品单一且附加值普遍较低的情况,应充分利用援藏优势,大力实施旅游科技创新,创造各类"智慧旅游产品",如"智慧景区""智慧旅游线路""智慧城市休闲带""智慧特色小城镇""智慧乡村",以科技创新产品,增强游客深入探索目的地的能力,进而丰富游客的旅游体验。同时,还可以充分发挥本地高等院校、科研机构地方性知识的优势,加强产、学、研结合,培养地方性创新人才,打造具有鲜明"地格"特色的创新型旅游产品。

（二）提升区域内外联合供给能力，促进旅游产业转型升级

针对当前西藏旅游产品空间分布不均衡的情况，应按照分类指导、分区推进、重点突破的原则，全面推进跨区域资源要素整合，加快旅游产业集聚发展，通过构筑跨区域的特色旅游功能区、特色旅游产品线，培育特色鲜明、功能完善的二级旅游中心城市等来促进旅游产业的转型升级。同时，还应适时抓住"一带一路"给西藏带来的发展机遇，构建环喜马拉雅旅游合作带，加强西藏与尼泊尔跨境旅游合作区、边境旅游试验区建设，开发具有边境特色和民族特色的旅游景区和线路。具体如下：

1. 跨区域旅游产业集聚发展

通过有竞争力的旅游企业强强联合、跨地区兼并重组，建立一批特色旅游功能区和特色旅游产品线，形成跨区域的产业要素集聚，发展知名旅游品牌，进而解决当前西藏旅游产品空间供求不平衡的矛盾。在区域内部层面，以拉萨、林芝、日喀则作为中心旅游城市，以点连线，以线带面，促进拉萨、林芝、昌都的区内联合，拉萨、日喀则、山南的区内联合，拉萨、阿里、那曲等的有序联合。在跨区域层面，应进一步加强传统的青藏、川藏和滇藏旅游沿线联合，如涉及四川成都、雅安、康定、巴塘、林芝、拉萨的川藏公路风景道建设，又如涉及昌都、康定、西昌、香格里拉等地香格里拉民族文化旅游带建设，涉及拉萨、西宁、西安等城市的唐蕃古道旅游文化旅游区建设。

2. 构建边境旅游合作开放的新格局

开展边境国际旅游合作，推进西藏与周边国家的跨境旅游合作区、边境旅游试验区建设，开发具有边境特色和民族特色的旅游风景线，增加旅游产品的类型，平衡边境与区域内部旅游产品的空间、区间格局。

（三）保障旅游服务质量供给标准化，促进旅游产业转型升级

保障旅游服务质量供给标准化是促进旅游产业转型升级的必要条件。当前西藏旅游产品的质量，主要是产品中的旅游服务质量问题凸现，虽然游客普遍对硬件和软件的差强人意表示能够理解，但从西藏旅游产业的长期发展而言，对业态中重复性事物和概念通过制定、实施标准，达到统一，以获得旅游产业的最佳秩序和社会效益是西藏实现"重要的世界旅

游目的地"优质旅游品牌形象的当务之急和必由之路。具体而言，可通过3个方面的标准化措施来促进旅游产业转型升级。

1. 旅游服务质量标准化建设的机制创新

旅游服务质量的标准化建设是一项需持续改进、不断优化的长期的系统工程。因此，在建设中，要充分认识西藏当前旅游服务中存在的地域广阔、服务人员整体专业素养普遍较低的现实特性。理顺体制、明确标准、多方联动，同步推进标准体系实施—反馈—修正机制，借鉴国际经验，遵照国家标准，依据区域特性，建立长期的、适应景区业务流程的标准体系。同时，还要将旅游标准化建设真正融入各类旅游产品中，成为"文化"，以标准化引领产业化。

2. 旅游服务标准化建设的精细管理

通过精细管理在关键点重点建设，形成"标杆"，进而促进全面标准化建设。具体包括4点。第一，服务质量关键点。以景区为例，景区的游客集散地、重要或特色资源聚集地，以及为游客提供服务的各种场所都是服务质量的关键点。只有做好精细管理，才能真正从细节提升服务质量。① 第二，信息平台建设关键点。当前一些高品级景点都推出了"智慧景区"，里面涵盖一系列的信息化建设，但仍存在很多问题，如虽有电子导览系统，却没有给游客提供免费 Wi-Fi，导致导览系统没有发挥应有的作用；又如景区的人流监测、客流信息平台的搭建和更新还有待大幅度提升等。第三，安全管理及危机管理关键点。安全管理是旅游服务标准化建设过程中非常重要的一个环节。通过实施安全标准化流程，充分识别旅游服务中的各种日常安全隐患，如自然灾害防范、大型游乐设施的操作与维护、消防安全、食品安全、游客人身财产安全、高风险娱乐活动安全，并制定相应的紧急事故应急预案。此外，还需建立旅游危机预案并在日常管理中加强演练，进而实现全面安全。第四，标准化文本的定量化与可操作性的关键点。旅游服务质量标准化文本的定量化可增加标准的可操作性。因此，在编写标准化建设文本过程中，对于可定量的指标，应尽量采取定量化描述，对其中比较宽泛的指标，在企业内部结合企业实际进一步分解、细化和量化，以便于国标、行标的

---

① 参见陈思嘉、何英蕾、李江虹、薛珺君《景区标准化建设对策分析》，载《中国标准化》2014年第9期，第64～67页。

落地实施。

3. 旅游服务标准化建设的认识再造

认识再造是一个长期的、任务艰巨却极具必要性的工作。第一,对于旅游服务人员本身的认识欠缺,旅游管理部门可以通过激励机制、政策宣讲及标准化管理实施协助等多种方式来完成认识再造。例如,可以通过各种国家级地方资金及其他利好政策吸引和鼓励企业参与标准化建设,也可以协助制订并推行标准化建设与文化建设的整体解决方案,帮助旅游企业将标准化落到实处,提升旅游企业软实力;还可以鼓励企业采标和自主研发,引导企业在执行国家标准、行业标准和地方标准的同时,制定企业自身的标准。第二,对于专业人员的缺乏造成的认识欠缺,可以通过多种途径来实现,如:利用高等院校,培养本土旅游标准化人才;充分利用援藏渠道,邀请国内外标准化研究专家进藏指导,采取传、帮、带的方法,培养一批标准化技术人员和管理人员;还可以组织旅游管理人员、标准化人员和普通员工到国内外旅游标准化建设成熟的目的地参观,接受培训,吸收国内外的先进经验。第三,对于利益诉求不同造成的认识缺陷,则需要通过激励政策调适及加强宣传等方式来改善。如可以通过一些激励政策鼓励旅游服务人员求新思变,也可以通过宣传让工作人员了解旅游标准化给目的地带来的长短期利益变化、意义及流程再造的意义。在宣讲环节中,对于一线人员需尽量减少文字性描述,多采取图片为主的形式,还可以配合真人演示、视频演示等直观方式进行展示,使标准规定生动易懂。①

(四)加强培育本土化旅游人才供给,促进旅游产业转型升级

本土化人才是本土化产品、差异化产品、区域特色产品的价值保障。与本土化人才没有关联的本土化产品,终究会失去其最珍贵的价值内涵。因此,本土化人才对本土化产品至关重要。根据《西藏自治区旅游发展总体规划纲要(2009—2020年)》预测,"2016年至2020年,西藏旅游经济就业人数达到40万人"。如果按照业界普遍认可的受高等教育的旅游管理专业(含相关)就业人数占我国旅游业总就业人数的25%来粗略

---

① 参见刘国垚《北京"世界文化遗产类旅游景区"实现精细化管理的路径研究》,首都经济贸易大学2013年硕士学位论文,第21~24页。

估算，未来 4 年，西藏旅游高等教育需要培养的旅游管理人才（含相关）约 10 万人，年均约 2.5 万人。但目前在西藏自治区区内高校中，仅西藏民族大学、西藏大学和西藏农牧学院开设有旅游管理、酒店管理及导游英语 3 个主要专业，毕业生总计仅百余人，且供应质量层次偏低，远远不能满足西藏旅游业当前的实际需要。因此，应从 4 个方面加强本土化人才的培养和培育，以产品需求推动人才建设，以人才建设促进产业升级。

1. 加强产业融合创新服务型人才的供给

当前和今后一个时期，由于市场对旅游产品的个性化、多样化需求日趋上升，随之而来的西藏旅游产业融合趋势愈发明显。因此，亟须将旅游、文化、会展、传统手工业、藏医药业等产业的创新融合，打造本土化的产业融合人才。尽管目前西藏自治区政府已经通过牵头举办"中国西藏旅游文化博览会"等多种方式加速促进并探寻西藏文化、旅游、信息等产业的创新融合发展之路，但在西藏现有的 3 所高等院校中，还没有会展专业，更没有将旅游、文化、会展等融合在一起的学科专业设置，无法满足此类需求。

2. 加强旅游信息技术人才的供给

建设"重要的世界旅游目的地"，"融入南亚旅游战略合作带"的战略目标要求西藏未来的旅游管理人才要在保持民族性、地方性的基础上走国际化、标准化、智慧化的现代化服务管理之路。旅游信息化服务管理人才成为当前西藏旅游业转型发展中重要的人才缺口。但在西藏当前旅游景区、旅游饭店、旅行社仍大量缺乏旅游信息化人才，这大大影响了旅游产品的质量。

3. 加强地方性服务人才的供给

在实地调研中发现，当前西藏旅游企事业单位都普遍存在地方性人才，特别是中高级管理人才匮乏的问题。在旅游服务管理工作方面，以目前西藏规模最大的五星级酒店拉萨圣地天堂大饭店为例，饭店员工中，中层以上管理者均来自全国各地乃至国外，而鲜有西藏地方性高级管理人才。这一方面与自治区政府"以人为本"走"中国特色、西藏特点"的发展道路不相吻合；另一方面，缺乏本地管理人才会导致外来企业文化与当地文化的融合障碍，既不利于实现高效管理，又不利于给游客带来更深入的本真文化体验，从而影响旅游产品的质量。

4. 加强区域性服务人才的供给

2016年，拉萨市和林芝市已正式纳入首批国家全域旅游示范区创建规划，2017年也将重点推进拉萨市、林芝市、日喀则市和阿里地区普兰县4个国家级全域旅游示范区和拉萨市城关区、堆龙德庆区、林芝市工布江达县、波密县4个自治区级全域旅游示范区的创建实施。这意味着未来为缓解拉萨旅游接待压力，西藏旅游产品将进一步区域化，这势必对除拉萨外各地区（市）的旅游服务人才产生大量需求，而目前西藏的高等院校旅游人才培养在关注地区性服务管理能力的培养方面还非常欠缺。因此，加强区域性服务人才的供给是提升区域旅游产品质量，促进地区旅游产业转型的有效保障。

"一带一路"倡议背景下西藏特色文化产业发展研究[①]

邓胜利 高 屹 付少雄[②]

西藏自治区(以下简称"西藏"或"全区")坐落于我国西南边陲,位于青藏高原西南部,全区面积占全国面积的八分之一。在地理位置上,西藏向北联通新疆,东面紧邻四川,东北连接青海,东南又接壤云南,周边与缅甸、不丹、印度等地处南亚的多个国家相邻,目前陆地国界线长4000多千米,是中国边陲的重要门户之一。西藏以其富饶的生态文化资源、历史悠久的宗教文化资源和多姿多彩的民族特色文化资源,在中华民族文化中有着不可或缺的地位,在国际文化舞台上也产生了深远的影响。

2015年3月28日,国家三部委对外公开发布了《推动共建丝绸之路经济带和21世纪海上丝绸之路的愿景与行动》。这是党中央、国务院集改革开放30多年成功经验,综合评估国内外现实情况而做出的推进中国可持续发展的重大举措。在该文件中,党中央对地处祖国西南边疆的西藏确定的具体任务是"推进西藏与尼泊尔、印度、不丹、斯里兰卡等周边国家边境贸易和旅游文化合作"。2015年博鳌亚洲论坛后,我国加大了"一带一路"建设的力度。西藏地处传统丝绸之路经济带枢纽位置,是我国向南亚开放的前沿地带。"一带一路"倡议对西藏特色产业发展提出要求:充分发挥地理优势,加强与周边国家边境贸易和旅游文化合作;作为亚洲与东欧地区往来通道和枢纽,西藏要借助特色文化产业发展提升辐射力,形成东西两端较大规模共振;加快特色文化"引进来"与"走出去"

[①] 本研究报告是邓胜利教授和高屹教授承担的西藏文化传承发展协同创新中心(西藏民族大学)2016年招标课题"'一带一路'背景下西藏特色文化产业发展研究"(项目号:XT-ZB201611)的结项研究成果。

[②] 邓胜利,男,武汉大学信息管理学院教授,博士生导师,研究方向为文化产业与信息服务;高屹,男,西藏民族大学信息工程学院副教授,研究方向为文化产业与信息化;付少雄,男,武汉大学信息管理学院博士研究生,研究方向为文化产业与信息服务。

步伐,让西藏在"一带一路"快车道上实现跨越式发展。

党中央、国务院高度重视西藏发展。进入21世纪以来,党中央在第三次西藏工作座谈会圆满落幕之后,陆续又组织召开了第四、第五、第六次西藏工作座谈会,西藏发展在国家全局发展工作中的重要战略定位被一再强化。2010年,我国政府召开第五次西藏工作座谈会,明确指出西藏"两屏四地"的重要战略定位。党的十八大召开以来,以习近平同志为核心的党中央制定了更为完善和精准的治藏方略,提出"治国必治边、治边先稳藏"的战略指导思想,明确西藏战略定位。2015年8月,党中央第六次西藏工作座谈会成功召开,又对西藏战略定位进行了调整和完善,正式确定了"两屏两地一通道一前沿"的战略定位,其中,西藏文化产业承担着重要角色。

文化产业是由市场化的行为主体实施的,以满足人们精神文化需求为目的,提供文化产品和文化服务的生产、分配、交换一系列活动的总和,属于知识密集型产业,虽然发展成本较低,但其附加值极高。更值得一提的是,文化产业可以重复开发利用。因此,对于地理位置偏僻、生态环境恶劣的西藏而言,大力推动特色文化产业链发展是维持西藏可持续发展的必要一环。

一、西藏特色文化产业与相邻地区合作现状分析

(一)西藏地区与周边地区文化产业交流合作现状

长期以来,西藏政府十分重视地区基础文化设施建设,使西藏文化产业快速发展。在文化建设方面,西藏继续争取承办中外文化年、"丝绸之路"国际汽车锦标赛等文化活动。同时,西藏积极推进文化惠民工程,比如五大惠民工程"送书下乡工程""流动舞台车工程"等。当前,西藏已建成一大批标志性基础文化设施,比如拉萨市民族文化艺术宫、藏戏艺术研究中心等,建设78个乡镇综合文化站、680个"农家书屋"、300多个行政村文化室、48个县级综合文化活动中心。

除推出相关文化设施建设政策外,西藏还大力培育藏族地区的特色文化产业集群。西藏虽然拥有丰厚的自然资源、多彩的藏民族文化、多民族文化和神秘的藏族宗教文化,但仍存在经济社会发育程度低、文化资源分布空间分散、生产力水平低下、文化产业集成化程度低、规模化和专业化

程度低的劣势。

(二) 西藏文化产业布局形态

当前，西藏文化产业呈现出"以核心区为主导，从两翼拓展，多集群支撑发展"产业布局形态。西藏文化产业发展秉承的中心思想为：文化产业带发展依托中心城市，形成综合性高水平产业集聚；依托城市网络状布局的交通线路，形成极具地域特色的文化经济分布；建设富有特色的藏族文化长廊，推动文化旅游业跨越式发展；打通文化口岸，形成西藏文化产业全方位"走出去"态势。

1. 以核心区为主导

作为西藏自治区的首府，拉萨在整个西藏经济文化发展中发挥着重要的作用。数据显示，2015年拉萨市生产总值高达389.46亿元，同比增长12.1%，占整个西藏生产总值的大部分。在拉萨经济发展中，第三产业发展迅速，2015年增加值227.6亿元，同比增长8.9%，占GDP的58.5%，其中，文化产业占据很高的比例。拉萨市发展对推动整个西藏的经济、政治、文化等发展都起到了核心辐射影响的作用。

2. "两翼"拓展发展

"两翼"包含两个部分，即"左翼"和"右翼"。西藏文化产业发展以拉萨市为中心，向东西两侧延伸。"左翼"指以林芝和昌都为代表的文化产业集群。该区域有着深厚的人文历史文化，具备多种生产要素的比较优势。"右翼"则指以日喀则和阿里为代表的文化产业带。其中，阿里地区的象雄文化体系历史悠久，原生态氛围浓厚，日喀则是仅次于拉萨的西藏第二大城市，文化资源丰富，政治影响力强。"左翼"和"右翼"发展文化产业优势明显。"左翼"地区主要承担高原特色创意农业、工艺美术作品、富有文化背景的影视作品制作或拍摄等具有藏族文化特色的功能；"右翼"地区则主要承担旅游、文化产品研发制作功能。

3. 多集群支撑发展

在以拉萨为核心的文化产业群带动辐射下，山南文化产业集群、日喀则文化产业集群、林芝文化产业集群等几大重点区域文化产业集聚各具特色、协同发展，整体上形成"群内聚集、群间互动、大群引领"的富有区域民族文化特色的西藏文化产业集群模式。

作为历史悠久的旅游文化城市，拉萨是全区文化商品交易中心、文化创意中心、旅游聚集区域，承担着带领周边地区特色文化产业发展的重要职能。山南是藏民族文化发源地，主要职能是建设和发展藏文化旅游基地，与首府拉萨形成协调互补局面，力争成为雅砻文化大观园品牌园区。日喀则是西藏第二大城市，凭借该产业带独特的位置优势和丰富的文化、宗教、自然资源条件，该产业集群正在不断打造出系列品牌文化产品。

（三）优势合作型文化产业

考察西藏优势文化产业，应该考虑3个方面：第一，从资源禀赋的角度来看，优势产业依托区域优势资源且能够将其转化为良好的经济效益；第二，从产业竞争力的角度来看，只有当某产业能将比较优势转化为区域竞争优势时，该产业才具备发展成为某一地区优势产业的潜力；第三，从产业关联的角度来看，该产业能够以先进的技术和较高的生产率对相关产业发展形成较大的牵引力，在整个产业链或整个产业群中处于领先位置。

1. 旅游文化产业

数据显示，2016年西藏接待国内外游客突破2300余万人次，同比增长14.7%；实现旅游总收入330亿元，同比增长17%。旅游文化产业已成为推动西藏经济发展的核心产业。

西藏边境旅游发展优势可总结为3点：一是以拉萨为核心，大力推动旅游目的地体系构建，为边境旅游发展带来辐射效应；二是边境地区丰富的自然及人文旅游资源为西藏吸引了来自世界各地的游客，利用旅游发展推动边境贸易发展，将旅游资源变为经济效益；三是西藏具有独特地理优势，与尼泊尔、印度等国接壤，通过大力建设发展流通口岸和公路、铁路，实现中国与南亚国家之间的交通运输、信息传递、产业贸易等来往互动，为边境旅游带来快速发展的动力。

具体而言，西藏通过打造拉萨国际文化旅游城市、林芝国际生态旅游区和冈底斯国际旅游合作区，形成具有强带动力的旅游文化链，改变只以拉萨为中心发展文化产业的现状，结合东、西地区实际情况，向东、西两侧延伸文化产业的发展势头，推动当地产业结构转型升级。

作为推进"一带一路"倡议中面向尼泊尔乃至南亚的辐射中心，西藏在参与"一带一路"建设、增强对外交流与合作等方面体现出了往来友好性、区位交通独特性、经济高度互补性和藏文化的强感染性等明显优势。

2. 民族手工业

20世纪90年代以来，西藏民族传统手工业在国内外贸易活动中显示出了巨大的市场潜力与经济价值。目前，西藏民族手工业产品品种有2000多种，主要有民族鞋帽、唐卡、藏毯、藏刀等。藏文化热使藏族聚居区民族手工艺品获得大众青睐，其中唐卡是典型代表。自2010年以来，拉萨已举办4届唐卡艺术博览会。同时，在国家博物馆、天津美术馆举办"中国西藏唐卡艺术展"，通过多角度、全方位展览及开展技艺大赛、举行学术论坛，进行产业引导，助推唐卡文化和唐卡产业在藏族聚居区的蓬勃发展，进一步提升唐卡及其他藏民族手工艺在国内外的知名度和影响力。

一方面，在旅游业带动下，外销旅游商品在民族手工业产品中的比重逐年递增，推动着西藏民族手工业繁荣发展；另一方面，围绕"打造丝绸之路经济带"，西部贸易通道进一步开放，信息技术与传统手工业相结合，加快民族手工产品的对外输出。

3. 文化艺术业

近年来，西藏城市基础文化设施建设发展迅速，目前已建成拉萨民族文化艺术宫、山南地区大剧院、岗日民俗艺术馆、藏戏艺术中心及多个文化产业示范基地，如拉萨娘热民俗风情园、唐古拉峰演艺中心等。

在旅游业的带动下，西藏文化艺术蓬勃发展，大型西藏歌舞音画史诗《喜马拉雅》、唐卡式歌舞表演《幸福在路上》及《雅鲁藏布情》等特色文艺剧目的演出获得了可观的经济效益和社会赞赏。其优势主要体现在3点：第一，它保持了浓郁的民族风格和地域特色，多元文化为观众带来了丰富多彩的精神享受；第二，它采取的是自唱、自弹、自跳的艺术形式，对舞蹈者功底要求高，体现了"堆谐"的风格特点；第三，音乐、舞蹈和服饰设计都源自民间素材，拉孜农民所特有的民俗风情和服饰特点给人以贴近自然、朴实无华的感受。

4. 宗教文化产业

西藏文化产业布局具有鲜明的民族特色，深受宗教文化影响。其中，藏传佛教在西藏具有特殊的社会地位。它源自印度，流传地集中在中国藏族居住地区（藏、青、川、甘、滇）及蒙古、尼泊尔、印度、不丹等国。由于西藏是我国面向南亚国家的主要通道，特殊的地理位置使藏传佛教成为文化合作交流的重要载体，促进西藏与尼泊尔、印度、不丹等南亚佛教国家之间的友好往来。在"一带一路"倡议下，要充分认识到宗教文化在西藏与周边国家搭建友好关系、促进相互贸易的重要性。

二、西藏特色文化产业战略定位规划

（一）基于共词分析的我国特色文化产业发展现状及对西藏的启示

1. 国内特色文化产业发展现状

本文在收集国内研究性论文、政府或单位报告、新闻报道等文献基础上，提取文本内容中的关键词，在共词数据计算和共词网络构建的基础上，进行网络指标计算和可视化分析，以定量分析当前特色文化产业发展现状态势，总结当前问题与未来发展趋势，以期对西藏特色文化产业发展决策提供帮助。本研究涉及内容广泛且重点突出。特色文化产业涉及近3000个关键词，但主要集中于前80个关键词，占比超过30%，具有统计学上的典型性和代表性。其中，文化旅游、文化资源、民族文化、物质文化遗产、传统文化、文化体制改革、文化事业、区域性特色、资源优势、经济和地域文化等尤为突出，这些方面占据了整个特色文化产业相关内容的15%。可以认为，当前我国特色文化产业发展主要围绕上述方面展开。

（1）发展方向集中且趋于成熟

从总体上看，特色文化产业的发展方向区别明显且交叉性较弱。特色文化产业发展具有较强聚集特性，非常明显地划分为六大社区或发展方向，即文化资源开发与产业融合、文化旅游及产业化发展、物质文化遗产传承与推广、文化体制改革与文化事业创新、区域性特色文化创意与企业联合和区域经济与城市文化产业。其中，文化资源开发与产业融合方向涉及面最广，包含文化品牌建设、文化软实力提升、"一带一路"建设等方面，但内部联系不够紧密，虽是当前特色文化产业重点方向，但仍需加大关注度和提升发展潜力。物质文化遗产传承与推广、文化体制改革与文化事业创新、区域性特色文化创意与企业联合方向已经趋于成熟，且表现出较强发展势头。

（2）发展延续性强且逐渐稳定

数据分析发现，自2014年以来，我国特色文化产业发展在方向和战略上趋于稳定，且延续性较强。（如图1所示）首先，"文化旅游"是旅游和特色文化两大产业的融合,而且强调地域特色和民族风情,带动文化创意产业发展和文化经济提升,因此文化旅游是近年来特色文化产业发展的重点。其次,民族文化是我国重要的文化资源。近年来,我国积极推进民族特色文化产品和服务开发,重视传统文化与创意文化结合。再次,发展演化格局较为稳定,主要包括文化旅游、传统文化。同时,也在融合物质文化遗产、经济等基础上逐步向前发展。

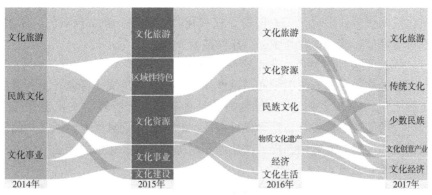

图1 特色文化产业的发展演化

2. 国内特色文化产业发展存在的问题

（1）发展过于集中而有所失衡

首先,从频次分布上看,特色文化产业文献关键词分布符合幂律规律,即当前环境下,少数关键词频次非常高,获得绝大多数关注,而大多数关键词频次都较低,关注较少。其次,特色文化产业发展多为孤立,加上地方政府认识不足,资金投入欠缺等问题,地方性优秀文化产品和服务尚未形成可持续发展机制,传统特点和地域特色挖掘不足,主导文化产业项目不突出。

（2）发展方向鲜明而协同不足

特色文化产业涉及区别明显的六大方向,它们内部联系非常紧密,而相互之间的联系程度较低。这6个方向虽都隶属于特色文化产业这一领域,但各自成体系发展,形成了较为孤立或独立的发展方向,彼此间协同融合程度低。自党的十八大以来,文化体制改革主体框架基本确立,激发文化创新创造活力,促进文化事业和文化产业发展繁荣。但从数据分析来看,文化体制改革与其他方向隔离,改革成果在特色文化产业发展上的作用体现不够明显。

3. 对西藏特色文化产业发展的启示

（1）顶层设计指导下的重点研究领域

纵观中央到地方特色文化产业发展战略与规划，围绕文化旅游、文化资源、民族文化、物质文化遗产、传统文化等方面积极展开，形成了传承和创新相结合的特色文化产业发展格局。就地方而言，地域特色和民族文化是特色文化产业发展的基石，因而在发展中应突出本地特色，发挥各地文化资源优势，形成"核心辐射"式文化产业链条，如结合演艺、休闲、消费等环节，推动文化与生态、旅游融合发展。

（2）形成地方特色文化市场经济格局

各地在中央规划的引导和示范作用下，结合当地文化特色，不断推出优秀文化产品和服务，实施特色文化品牌战略，积极规划文化创意产业园，开展工业商标设计，培育设计人才，壮大文化创意产业，把文化创意要素融入经济产业之中，提高文化产品附加值，使文化创意产业成为各地经济增长新亮点。

（3）特色文化产业发展方向的协同融合

党的十七届六中全会提出发展特色文化产业、推进文化创意和设计服务与相关产业融合发展的实施要求。而从上述分析来看，我国特色文化产业发展方向仍相对孤立，相互之间没有形成交叉融合、协同支撑的良好局面。应在加快保护和传承西藏民族特色文化的基础上，探索西藏特色文化与旅游、文化产业深度融合发展机制，完善具有藏族聚居区民族特色的文化市场运营体系，构建合理的地缘相近的文化产业布局，与企业、高等院校、科研机构等建立长期有效合作关系。

（二）西藏特色文化产业现状

将西藏战略定位确定为"重要的中华民族特色文化保护地"是在中央第六次西藏工作座谈会上。随后，西藏"十三五"发展规划纲要第一次将文化产业纳入成为高原特色产业的重要组成内容。在政府的大力扶持下，2015年西藏文化产业实现年产值30亿元，是全区GDP的2.8%，同时年均增长率超过全国平均增速的12%，为15.27%，走在全国前面。截至2016年12月，年产值保守估计为35亿元，年均增长率持续保持15%，特色文化产业对西藏经济贡献越来越大，也一跃成为西藏新型支柱产业。本文拟从市场规模、产业结构、品牌化战略等维度分析西藏文化旅游业、民族手工艺业、出版影视业、特色节庆会展业等特色文化产业布局。

1. 市场规模

西藏特色文化旅游业因西藏的自然景观和人文风光，近年来飞速发展，成为西藏经济一大支柱。据统计，2016年来藏旅游人次2315.94万，相比2015年同期增长14.8%，旅游总收入同比增长17.3%，达到330.75亿元。来藏旅游的消费者中，国内消费者占大多数，旅游收入318.8亿元。旅游业的发展还带动其他相邻产业的发展。截至2016年，西藏有旅游客运企业19家、旅行社244家、餐饮服务企业212家、星级酒店246家、家庭旅社448家。这些产业和旅游业一起，逐步扩大产业规模，显著增强接待能力，突破了西藏旅游业各项指标，也创造了西藏旅游经济新高。

民族手工业作为西藏传统三大支柱产业之一，产品多样，已记录在册的就有2000多种，注册民族手工业企业超过200家，总产值10亿元以上，解决数万人的就业问题。西藏在发展，西藏出版和影视业也在前进。50多年间，西藏出版和影视业累计出版图书6378种、音像电子产品547种。西藏影视业已逐渐实现了数字化。到2014年年底，拉萨市数字化改造工程成功完成并盈利259万元。

西藏节庆会展活动极具地域特色，具有特殊的观赏和认识价值，如山南雅砻文化节已成为充分展示西藏民族文化的窗口平台。据统计，2016年西藏累计举办各种物交会、展销会70多场，参与展示的企业6.3万家，交易金额21.7亿元，创历史新高。节庆会展业在西藏经济的地位日益重要，正逐步发展成为现代经济体系的重要平台。

2. 产业结构

产业结构是指在特定市场中，各种市场主体之间的特定关系，主要有市场现有生产者和消费者之间的关系及其各自内部的关系，还包括市场现有和正打算进入该市场的生产者和消费者之间的关系。文化市场结构是各文化企业作为市场主体在数量和规模上的关系及由这种关系所形成的竞争优势及存在方式。

西藏文化旅游业属典型的垄断竞争市场，首先，因为各具特色，所以在一定的范围内形成垄断。但是，这种差异是在同类产品之间的，所以又会有竞争。其次，西藏旅游市场进入和退出市场壁垒小，这也直接导致西藏旅游市场存在很多供应商，但不存在有特别优势的供应商。

西藏民族手工艺业市场集中度较低，市场进入和退出自由，存在大量供应商和消费者，且每个供应商所占市场份额很小，单个交易量不会影响整体，是完全竞争市场。

西藏出版和影视业是寡头垄断市场结构，市场集中度很高，且经营主体是少数几个国有单位。这些大型企业生产、销售西藏出版和影视业的绝大多数产品。同时，西藏出版和影视业市场规模不是很大，市场潜力较小，运输成本高，很难形成规模经济，进入壁垒很大。

西藏特色节庆会展业是一个新兴产业，节庆会展产品大部分有差异，但因会展需要场馆，资金投入较大，且回收周期很长，目前主要是政府和国有企业在经营，是寡头垄断市场。

3. 品牌化战略

品牌战略是给产品一个独有的名字和定位，是一个产品的发展基石。但是由于西藏特色文化产业贸易和交流都还处于初级阶段，整体缺乏品牌意识，在国内外市场有一定声誉的只有特色文化旅游业，其他文化产业则需要进一步发展和开拓。西藏特色文化旅游品牌资产有3个方面。

（1）品牌知名度

西藏从20世纪80年代初开始探索旅游业，到现在经过近40年的发展，特色文化旅游已经成为西藏的支柱产业，在旅游收入、人数、规模方面都有巨大飞跃。

（2）质量感知

随着西藏特色文化旅游热度逐渐上升，各级政府都对其进行了大力支持和整改，促进旅游资源开发以及基础设施提供，为游客提供一个舒适、安全的旅游环境。

（3）品牌形象

西藏旅游品牌形象是神秘、神圣和纯净。要在消费者心中保持良好的品牌形象，就要在实际旅游过程中——满足消费者之前对于西藏旅游的渴盼和期望，要与西藏旅游品牌形象相一致，这样才能提高用户满意度和忠诚度。

（三）西藏特色文化产业战略定位规划

西藏特色文化产业战略定位规划不仅需要遵循一般文化产业战略定位基本原则，其制定过程还要考虑西藏特色文化资源分布状况，同时还要考虑到西藏工作座谈会对西藏的战略定位，考虑到在"一带一路"大环境下西藏的独特地位。

（1）依托产业信息化，挖掘历史内涵

对西藏的文化发展脉络、历史内涵进行深度挖掘和现代化转化，有利于我国文化实力的提升，可推动我国西部少数民族特色文化与周边国家和地区的良性互动。然而，目前西藏特色文化产业整体布局还没有完全形成，西藏要取得区域特色文化产业大发展需要解决如何整合区域特色文化的问题。

（2）对接"一带一路"倡议

在"一带一路"倡议大背景下，西藏特色文化产业发展必将要在国家"一带一路"整体倡议指导下进行，同时也必须能促进西藏经济社会改革的良性发展，实现共同富裕、共同繁荣。西藏特色文化产业带与"一带一路"的"丝绸之路经济带"能在空间上实现对接。在新时期，国家对西藏有着不同于以往的战略定位，在西藏稳定的前提下，全力推进西藏与周边国家边境贸易和旅游文化合作。

（3）实现旅游与特色文化互动

西藏特色文化资源是旅游资源重要组成部分，西藏特色文化景观可概括为文化传统、民俗风情。西藏近年来也正在积极加快特色文化建设，努力将文化资源转换为旅游资源，现已取得显著成果。调研发现，旅游产业已经成为西藏经济发展的核心产业，然而，经济发展原生需求不足、交通道路状况复杂、产业对口人才短缺等问题是现有西藏旅游业和特色文化产业发展所面临的共同难题。

（4）资源优化配置，建立产业集群

西藏特色文化产业发展必须立足于特色文化整体环境，依据文化产业发展顶层设计理念实现自顶向下的规划建设，实现资源优化配置。文化产业集群是一种文化产业发展现象，强调将相互有关联的、在地理位置上相近的若干文化资源、企业和机构结合。这对于西藏特色文化的发展有积极的意义。

三、西藏特色文化产业发展模式

为发展西藏特色文化产业,本项目结合西藏实际情况及地域特色,在"一带一路"倡议背景下,发挥"互联网+"的优势,前瞻性构建多种西藏特色文化发展商业模式。在"一带一路"倡议背景下,提出西藏地区特色政策环境、文化教育及贸易融合构建策略;在"互联网+"战略下,提出西藏互联网新理念、多元化产业门类、文化科技制度及人才培育引进制度构建;结合西藏文化底蕴,构建西藏特色文化的全产业链模式等5个子模式。西藏特色文化产业发展模式框架如图2所示。

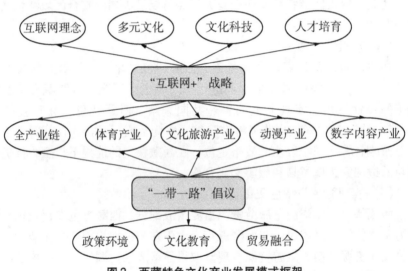

图2 西藏特色文化产业发展模式框架

(一)"一带一路"倡议背景下西藏特色文化产业发展构成要素

西藏作为西南三省之一,在我国政治、经济、文化的快速发展中担负着重要作用,是我国综合实力加强的重要组成部分。西藏分别与"21世纪海上丝绸之路"和"丝绸之路经济带"相对接,与南亚沿海多国相交汇,处于我国对外开放布局中的核心位置。在"一带一路"倡议背景下,西藏要发展特色文化产业,必须通过构建新政策环境、文化教育及贸易融合平台,从而实现西藏与南亚文化经济的共同繁荣。

1. "一带一路"倡议背景下的政策环境

政策环境构建是西藏文化产业发展的基础，西藏特色文化产业快速发展需要合理的政策环境支持，以帮助特色文化产业稳步发展。结合西藏民族特色和实际情况，构建"一带一路"倡议背景下的政策环境主要包括3个方面。

第一，依据国家"一带一路"建设区域发展规划和产业布局，结合西藏产业优势和文化特色，在"一带一路"建设关键路线上建立具有西藏特色的文化产业集群。在保证文化安全前提下，适度合理地开放地区文化市场，打造不同区域和不同文明之间文化产业合作交流平台。

第二，充分利用传媒机构，传播西藏特色文化。政府应支持传媒机构搭建多样化国际传播渠道，实现西藏与南亚地区的历史、文化等有效传播。在政府的引导下，帮助传媒机构与国际主流媒体合作制作节目及合拍纪录片，让西藏丝路精神和特色文化得以在国际主流电视媒体和视频网站等渠道充分展现，从而增进西藏与南亚人民相互了解。

第三，借助国家提出的文化产业创新实验区政策，探索文化产业中政策与产业创新。在大数据应用基础上，构建文化产业信用评价体系，以实际成效及专业机构评价报告作为政府政策实施依据。政府应在评价报告基础上，整合社会力量支持评价良好的文化企业发展，树立带头企业，促进文化产业整体发展，共同构建具有西藏特色的健康产业生态环境。

2. "一带一路"倡议背景下的西藏文化教育环境

文化教育是文化产业发展的前提，在"一带一路"倡议背景下，西藏文化教育应致力于提升自身软实力，为"一带一路"倡议的顺利实施提供保障。西藏文化教育开展应注重3个方面：①提供面向南亚地区的技术人才和高科技支撑；②发扬自身本土文化，为与南亚地区共同发展提供人才支撑；③开拓合作新路径，加强文化教育跨区域合作，实现各区域文化教育协同发展，为构建南亚经济文化共同繁荣打好基础。

在"一带一路"倡议背景下，西藏特色文化教育构建主要包括两个步骤：①加强与国内高校及国外高校合作，在教学理念及合作模式上应努力创新，从而构建高水平教育环境；②加强西藏内部高等院校建设，同时也应注重义务教育教学水平，通过优惠政策引进高层次教育人才及教育团队，促进教育理念的更新换代，从而实现西藏特色文化教育的快速提升。

3. "一带一路"倡议背景下的西藏内外贸易融合发展平台

西藏内外贸易融合平台搭建主要包括两个方面。①借助"一带一路"

倡议，搭建融合内外贸易高效平台，聚集资源推进冈仁波齐国际旅游合作区、环喜马拉雅经济合作带以及吉隆跨境经济合作区建设，共同打造西藏文化国际博览会等建设项目，努力建设面向南亚地区开放的高端交流平台。②推进"一带一路"沿线物流园区建设，着重建设日喀则综合园区。在政府引导下，着重将该园区打造成西藏投资改革的示范园区，利用市场化手段进行资金筹备。

（二）西藏特色文化产业发展模式构建

在"一带一路"倡议背景下，西藏特色文化产业发展模式以面向南亚地区进行文化开放为主；而在"互联网+"战略下，西藏特色文化产业主要以自身文化科技体制构建为主。在两大战略基础上，西藏也应着重构建全产业链、体育产业、文化旅游、动漫产业及数字内容5个文化产业发展的子模式。

1. 西藏特色文化全产业链模式构建

西藏地区特色文化产业发展道路必须走与西藏资源文化相匹配、经济水平相适应的特色商业模式，构建主导产业、支撑产业、配套产业、衍生产业围绕思想传承类文化资源的产业链—经验传承类文化资源的产业链—旅游体验类文化资源的产业链的全产业链发展格局。（见表1）

表1 西藏特色文化全产业链模式

产业链	主导产业	支撑产业	配套产业	衍生产业
思想传承类文化资源的产业链	新闻、图书/报刊、广播、影视、娱乐传媒、音像、博物馆、互联网产业、文艺表演、民俗节日文化产业等	文具、照相器材、视听设备、民俗文化用品、文化专用设备等制造业、文化信息传输服务、邮电通信、IT业等	文化管理研究和咨询、文化遗产保护、基础设施和服务设施建设、金融业、教育、医疗、餐饮、安保服务等	文化（宗教）团体服务业、广播影视服务业、工艺美术品/特色商品制造业、旅游业、娱乐休闲业、体育产业等

续表1

产业链	主导产业	支撑产业	配套产业	衍生产业
经验传承类文化资源的产业链	民族特色用品设计与制造、民族手工业、民族服饰设计与制造、民族特色饮食开发与制作、民族乐器设计与制作等	文化产业园区孵化、采矿业、农牧业、种植业、加工业、文艺制作与表演服务业、物流业、广告与会展服务业、包装、零售业等	基础设施和服务设施建设等，如电力、邮电通信、金融、科技、传媒、机电、化工、轻纺、餐饮、文化管理研究和社团服务业等	各类旅游纪念品制造业、传媒影视业、酒吧、娱乐业、艺术品交易与收藏、旅游业、图书音像出版业、医学保健等
旅游体验类文化资源的产业链	旅游业等	酒店服务业、景区游览服务业、文化遗产保护服务、餐饮业、物流业、演艺娱乐业、采矿业、农牧业、种植业、加工业等	基础设施和服务设施，如广告会展服务业、培训业、金融、科技、医疗、传媒、专用设备、邮电通信等	图书音像出版业、服装、食品、医药及旅游纪念品制造业、文艺创作与表演服务业、休闲娱乐业等

（1）思想传承类文化资源的产业链

该产业链以影视业、出版业、广播业及旅游业为主导产业，重点在于发掘西藏文化中的图腾文化、民间传说等，并将该文化传递至文化市场中；同时，该产业链将以该类资源为对象，面向大众消费市场的音像制品生产企业以及娱乐传媒企业作为其支撑产业；而文化遗产保护业务、社团服务业等则为该类文化资源得以顺利发展的配套服务。

（2）经验传承类文化资源的产业链

该产业链核心是传承西藏特色文化以及衍生的产品及服务，配套业务主要包括该类产品在国内外的宣传业务等，衍生产业主要有设计、剪纸业培训课程等。

（3）旅游体验类文化资源的产业链

该产业链目前主流模式为产业旅游、景点旅游及全域旅游3个模式，主导产业是景点文化内容设计，围绕旅游业的文艺创作及表演、文化遗产保护服务，以及景区服务等则为该产业链的支撑服务。

2. 西藏特色体育产业模式构建

西藏具有丰富的民族传统体育文化。根据西藏目前体育产业分布情况，将西藏体育产业分为重点产业与一般产业。其中，重点产业主要包括体育旅游业和体育登山业，一般产业则包括体育经济业与体育地产业。集中资源发展重点体育产业，从而带动一般产业等其他体育产业发展，共同构建合理的西藏特色体育产业。

（1）重点产业

西藏特色体育重点产业包括登山业与旅游业。其中，登山业具有深厚的历史底蕴，具备良好的发展前景。政府应大力支持自治区内登山业发展，在建设自治区内登山业体系同时，加大对外宣传也是重中之重。

（2）一般产业

西藏地区体育产业中的一般产业包括体育地产业与体育经济业。体育地产业载体主要为体育场馆。西藏应整合现有的体育产地建筑产业，统筹规划，提高产业竞争力。同时，借助体育场馆进行大型赛事，大力发展会展经济；提高对体育场馆的开发利用，举办西藏服装博览会等，推动西藏文化产业全面发展。

3. 西藏特色文化旅游产业模式构建

在"一带一路"倡议背景下，将西藏文化产业与旅游产业进行有机结合，形成具有西藏民族特色创新性的特色文化旅游模式，具体包括3个方面。

（1）充分发挥西藏的地理优势

西藏具有丰富的人文资源及独特的地理生态资源，积极推进西藏城市化建设与经济化建设，整合资源打造"高原雪域"特色文化，将西藏建设为世界级文化旅游地区。

（2）旅游拉动文化，文化促进产业发展

以旅游业拉动西藏文化产业发展，而文化产业发展又能提升旅游产业附加值，两者相互带动、相互提升。发展西藏文化旅游产业，需要将创意性思维模式融入西藏工业文化当中。在工业发展过程中，提炼工业文化元素，建设企业独特文化博物馆，将企业产品与服务创新性介绍给大众，从而提高企业知名度与影响力。

（3）完善文化旅游产业基础设施

西藏虽然具有独特的人文地理资源，但基础设施发展落后，缺少良好的环境和优质的景区服务,导致游客数量较少。因此,西藏在打造其"世界级文化旅游目的地"的过程中,应加快景区基础设施建设,构建景区交通、住宿与公共服务一体化环境,增强文化旅游产业用户黏性及影响力。

4. 西藏特色动漫产业发展模式构建

西藏地区特色动漫产业的发展主要应注重4个方面。

(1) 明确动漫企业自身价值

动漫企业首先应明确作品体裁、目标受众及作品传播的价值体验。在优秀作品的基础上,还需要明确企业盈利模式,即如何获取前期投入和最终受益。动漫企业前期投资往往难以估量,因此一定要明确企业作品价值与企业自身盈利模式,从而获得投资方更多资金支持。

(2) 以新兴技术融合民族文化,积累民族创意素材

传统文化产品主要强调西藏民族文化的现状和原貌,动漫产业发展则应借助新兴技术,拓展民族文化传播渠道,运用新表现手段及题材呈现西藏特色民族文化,从而提升动漫产业的民族性与生命力。

(3) 构建动漫核心团队

动漫企业发展核心在于产品创作与行销,主要涉及利益相关、技术性资源及渠道资源。而在动漫企业发展中,组建包含管理人才、技术人才、创作人才及行销人才核心团队是动漫企业发展基石。

(4) 注重用户体验,发展体验经济

整体而言,西藏特色动漫产业发展需要注重建立特色品牌、强化竞争力及提升顾客体验。在优质民族文化产品基础上,提升用户体验,构建以用户为中心的价值链,从而树立自身品牌,获取利润。通过构建以用户为中心的特色动漫产业是西藏动漫产业的核心竞争力之一。

四、西藏特色文化产业发展与合作路径

(一) 西藏特色文化产业发展

1. 西藏特色文化产业的省内发展

西藏文化产业规划既遵从一般产业布局规律,又有西藏特色。结合已有产业规划,再综合近几年西藏文化产业发展特点,对西藏文化产业发展布局的具体问题进行归纳和总结,可以为西藏文化产业跨越式发展提供合

理的理论指导。

近年来，西藏文化产业结构和产业格局都发生了巨大的变化，无论是各级政府还是各文化企业都应该把西藏文化产业发展现状作为重要依据，并据此不断调整未来文化产业的开发方向，重点应关注6个方面。

（1）增强对文化产业人力资源调配力度

一个地区人力资源（文化）是文化产业发展的重要因素。随着西藏文化产业的不断完善，该地区文化产业从业人员数量也有一定的变化。在国家"一带一路"倡议指导下，西藏政府采取积极有效的措施，使从事文化产业的就业人数有较大幅度的增加。但西藏文化产业就业整体上还存在几个问题，如总体从业人数不多、增长速度缓慢。这反映了文化产业就业吸纳力还有很大的进步空间。

（2）政商合作，共谋文化产业发展道路

西藏建成的国家级产业示范园和基地现已成为文化产业发展的核心成果。在地方政府财政扶持与政策相关优惠下，涌现出一批实力和创新能力兼具的文化企业，已经成为国家级文化产业示范基地。在党和政府的大力扶持下，西藏统筹规划，建成了一系列具备强大产业孵化功能的新型文化产业园。

（3）形成以财政部门为主，多部门协作支撑的体系

西藏政府财政部门加大支持力度，努力扶持文化产业，争取逐步扩大文化事业发展专项资金。上至国家，下至自治区，政府支持文化发展各项财政政策全面落实。西藏政府财政支出年增长幅度高达51.56%，这说明政府对文化产业发展的高度重视。税务、商务、社会保障和人力资源等部门出台配套政策措施，为文化大繁荣、大发展提供支撑。

（4）开发特色文化资源，为旅游服务业注入文化内涵

目前，西藏现有文化产业产值在国民经济中所占份额太少，其总体发展无法适应西藏旅游服务业不断高速发展的需求，这也反映出西藏文化资源并未得到充分利用。加强特色文化资源开发不仅能够保护西藏文化遗产，也能够实现旅游服务业可持续发展。

（5）多种措施并举，促进文化惠民生

西藏不断巩固和发展党的群众路线教育实践活动成果，把文化民生视为头等大事，力求多方位丰富人民群众的文化生活。在基础设施建设方面，地方政府对文化产业投入增幅较大，各区县文化基础设施明显改善，

全区现有690个文化站,共为38个县配备流动图书车;在文艺演出方面,西藏共创作以"中国梦"为主题的原创歌曲约500首、群众文艺作品210多件、小品70多件。举办戏剧小品展演,参与"中国梦"主题文艺活动80余场。

(6) 促进文化产业多样化、多层次发展,为文化消费增添动力

资料显示,西藏生产总值快速增长,全区农牧民人均可支配收入逐年提高,自从国家出台各项援藏政策以来,已13年连续保持两位数以上增长率。在全球经济普遍下行的大环境下,强化措施、精准发力、全区支撑能力强、投资力度大、民生改善实、质量效益好,是实现西藏更好更快发展的重要因素。

2. 西藏特色文化产业跨省与跨境发展

从国家层面来看,党中央、国务院、各对口支援省市历来都高度重视西藏文化事业发展,在人才、政策、项目、资金等方面给予了西藏文化建设多方位的支持,支持跨省与跨境特色文化产业发展规划。政府文化部门为加强西藏文化宣传,紧扣"走出去""请进来"方针,不断拓展对外文化交流渠道,举办"感知西藏——中国西藏文化之旅"等一系列活动。

(1) 西藏跨省特色文化产业发展规划

西藏明确"一轴两线五区"全区文化产业发展总体布局,确定以"中华民族特色文化产业园区建设、藏羌彝文化产业走廊建设、西藏特色文化产业基础设施建设"为基础板块的80余项文化产业重点规划项目,政府总投资突破300亿元。由于地域限制、历史条件等多个因素的影响,西藏文化产品质量和服务科技含量普遍不高。与此同时,创新型人才匮乏使得文化产品自主研发能力和创新能力存在不足,文化产品品种单一、产业规模不大、档次较低、分散化严重等都制约着该地区文化产业发展。各对口支援省市及西藏政府针对文化产业发展存在的现实问题,在政策、资金、项目、人才培养、技术创新等方面为藏羌彝文化产业走廊建设提供重点支持,促进西藏特色文化产业跨省、跨区域发展。同时,通过引入对口支援省市先进技术、资金和创新性人才,促进特色文化产业发展成为西藏新兴支柱型产业,以初步建成西藏文化产业发展体系,促进产业结构优化升级。

(2) 西藏跨境特色文化产业发展规划

西藏共有5个地级市、两个地区,要充分利用各地市优势,保护和全

力发展西藏民族传统文化，合理布局，促进文化产业跨境发展。首先，鼓励西藏境内企业积极走出去，如地方政府为了充分发挥产业优势，挂牌成立堆氆氇特色产业合作社来整合相关资源。此地区氆氇产品质量上乘，畅销尼泊尔、印度等周边国家和地区。其次，积极推进西藏"一带一路"建设，使拉萨经济技术开发区，以及正在筹建的跨境与边境经济合作区、综合保税区等一批开放型经济园区能够为西藏文化产业建设提供更好的发展平台。为了推动西藏文化的保护和发展，西藏发改委应进一步加大政策扶持力度，加强对外文化宣传，吸引境外资金，同时，对跨境重大文化产业项目给予高度关注，政府应积极与国外政府与机构进行协调，批放专项资金专款专用。

（二）西藏特色文化产业未来发展与合作路径

1. 基于西藏特色文化资源省内文化产业建设

当前，党和政府都非常注重西藏文化资源保护，投入大量财力、物力和人力，综合运用行政、经济和法律等方式保护与发掘西藏地区的文化元素，并且取得了可观的效果。

西藏文化资源产业化开发需要遵循一些基本原则。首先是统筹性原则。对西藏文化元素产业化开发必须遵循统筹性原则，针对各个地区文化资源现状和具体问题，分阶段、有计划地实现文化元素资本价值转化，紧紧按照先评估、后开发的步骤对文化资源进行深度的挖掘。其次是资源布局优化原则。西藏应对不同文化资源进行整合，同时有效结合西藏文化产业内部因素与外部因素，推进"$1+x$政策"，1是西藏文化资源，x是全国乃至全球的人才、资金、市场等优势。然后是资源可持续使用，西藏政府文化产业开发政策应实现社会价值与文化资源开发的有效结合，从发展的角度去保护和对待西藏文化元素，实现文化资源可持续使用。再次是创新和保护相结合原则。对文化资源的利用和开发需要与创新有效结合。文化产业发展的本质属性和内在动力便是创新，这也是文化资源产业的必然要求。

2. 融合周边省市西藏特色文化产业发展

西藏与新疆、青海、四川、云南接壤，应该从当前自身文化产业落后的现状出发，融合周边省市文化产业优势，借鉴周边省市优势，积极发展西藏特色文化，实现跨省市文化产业合作。

首先，以西藏特色文化产业为基础，利用政府协调与吸引周边省市优质文化资源。政府发挥引导作用对于推动跨省市文化产业链的构建具有积极的意义。其次，以西藏特色文化产业为载体，对接和承接周边省市文化产业功能。近年来，巴蜀文化影响不断扩大；云南对文化产业进行有效的空间布局；青海则依托藏羌彝文化产业走廊建设、国家级热贡文化生态保护实验区，实现对热贡艺术利用保护。同时，依托建设三江源国家公园机会，推动三江源形成生态文化体验区。

3. 拓展跨境的经贸文化产业合作

当前，"与邻为善、以邻为伴"是我国处理和其他国家外交关系的基本准则之一。而将这一准则运用于"一带一路"倡议下西藏同周边国家之间文化产业合作具有积极的意义。西藏在拓展与"一带一路"沿线国家文化产业合作时，需要遵循首先发展与尼泊尔的文化旅游合作，其次发展与印度的文化产业合作，视不丹为潜在合作伙伴的思路，按照地缘关系远近按步实施、有序推动与周边国家的文化产业合作。

近年来，在"一带一路"倡议背景下，西藏进行文化产业战略布局，已经完成了吉隆口岸中尼双边开放，西藏与周边国家文化产业合作项目不断取得突破。西藏文化产业部门正在牢牢抓住各类文化活动机会，积极争取西藏文化产业"走出去"，积极将周边国家文化产业"请进来"，坚持拓宽与周边国家进行文化产业合作的渠道，如举办西藏"非物质文化遗产"民间活动，并在境外（如德国汉堡）举行以西藏文化为主题的交流活动。

五、西藏特色文化产业服务平台建设

要推进西藏文化产业服务平台构建，就要遵从推进由政府投资公共服务平台建设和由企业投资企业服务平台建设并行的原则，尤其是在生产性文化产业服务业和消费性文化产业服务业方面，实现这两个平台的优势互补。建立西藏文化产业信息服务平台体系，其必要性主要体现在4个方面。

（1）优化西藏文化产业服务平台

近年来，国内文化软实力建设进入产业增长集约化、公共服务均等化、区域发展特色化的新阶段。这一新形势需要建立符合提升西藏文化软实力需要，既能够适应文化产业区域战略，又能够辐射全国，连接全球文化市场的西藏文化产业服务平台。

(2) 促进西藏各产业支持和资源综合利用

我国文化产业发展与传统产业相比还处于初期阶段，十分有必要建设统筹协调和运营管理/维护公共服务平台，从而促进其对整个西藏文化产业转型升级的推动作用。西藏人力资源、文化资源一直未得到有效的规划管理，信息化水平由于地理条件限制和教育资源匮乏，也一直未跟上信息科技发展脚步，由政府投资建设公共信息服务平台十分有必要。

(3) 提升产业的竞争力和盈利能力

对于文化产业来说，其主要的盈利模式在于文化特色和传播路径。由于西藏旅游企业普遍规模小且较分散，人才紧缺和市场资源供给不足在一定程度上限制了文化产业的发展。因此，构建西藏文化产业服务平台能够很好地整合文化企业和市场资源，拓宽传播渠道，扩大影响力，从而提升西藏文化产业集聚区整体竞争力和盈利能力。

(4) 推动政府部门职能的转变和经营管理水平的提升

建设西藏文化产业公共服务平台可以促进政府机构职能权责的转变和经营管理水平的进步。政府不但可以使用此平台为西藏大中小企业提供公共服务，提高专项投资和财政补贴的有效利用和政策法规的实施效用，可以从其中获得行业发展和市场变化的即时信息，还可以使政府部门接下来制定的管理政策和制度办法变得更加具有科学性、合理性和针对性。

基于上述分析和前期、中期的调研成果，对于西藏文化产业服务平台体系的建设，下面进行详细阐述。

(一) 西藏文化产业服务平台建设战略思考

1. 西藏文化产业服务平台建设可行性分析

西藏丰富而独特的自然和文化资源、自上而下的政策支持，以及西藏稳定的发展速度和经济增长水平都为西藏文化产业服务平台体系构建提供了坚实的经济基础和资金保障。

(1) 丰富而独特的自然和文化资源

藏族文化具有浓厚的地域色彩，全区各级文物保护单位251处。宗教文化、民居、民族服饰、传统饮食及歌舞等文化艺术都有鲜明的民族地域特色；高原典型冰川、雪峰、湖泊众多。利用西藏自治区得天独厚的地域特色和文化资源，打造科学、完善的文化产业服务平台体系，将为西藏带来了巨大的社会效益、经济效益和生态效益。

（2）自上而下的政策支持

党的十七大报告指出，"要坚持社会主义先进文化前进方向，兴起社会主义文化建设新高潮，激发全民族文化创造活力，提高国家文化软实力"。这为西藏文化产业信息服务平台建设提供了政策支持。

自治区党委、政府也高度重视西藏文化工作。2016年西藏全区文化工作会议指出，应推进文化产业转变升级成为西藏支柱产业，西藏文化产业要以民族文化为方向，以藏羌彝文化产业的发展为立足点，建立起具有地区特色的文化产业发展战略和格局；统筹推动藏中南地区西藏文化产业聚集地、藏东"三江"文化产业聚集地、藏西神山圣湖文化产业集聚区、藏北羌塘文化产业集聚区建设，打造以文化旅游、民族手工艺等为重点的特色产业文化高地。

（3）稳定的经济增长速度

"十二五"以来，西藏已初步形成了多方位投资、多种所有制共同发展和多种类文化产业日新月异发展的文化产业市场规模。2016年，西藏文化企业有4000余家，主打藏文化元素，西藏生产总值增长11.5%，全社会固定资产投资增长20%，地区资金投入突破1600亿元。西藏能够正确对待发挥优势和补齐短板的关系，坚持市场主导、政府引导、突出重点、服务群众，突出西藏特色，着重发展特色产业，将资源优势转变为经济优势。

2. 西藏文化产业服务平台建设的问题分析

西藏在进行文化产业服务平台建设中，虽然有上述优势，但也不可避免地存在一些问题。

（1）政府部门和各企业对平台建设认识不全面

文化已经成为理论界研究的热点，但是关于服务平台体系构建的研究则严重缺乏。虽然在政策制度文件、行业论坛和媒体报道中，关于服务平台建设已经得到了足够的重视和支持，政府部门也曾明确表示，在产业公共服务体系建设上应该进行更多财政投入，但对于什么是文化产业服务平台体系，如何建设适合西藏文化产业服务平台体系等问题，仍然只是停留在表面上，尚未形成明确的实施方案、规范化的管理制度和保障性收益体系。

(2) 服务平台建设缺乏整体规划和统一布局

目前,服务平台建设涉及教育、科技、文化等部门,但由于受行政管理体制制约,各个部门都有平台建设职能,因此导致投资分散,使用效率不高,不同程度地存在重复建设和共享不足现象。因此,有必要规划建设由政府主导的、统一的文化产业公共服务平台,对西藏文化产业服务平台的发展目标、建设内容及支持项目做出明确规划和统筹安排。

(3) 文化产业金融服务发展滞后

服务平台建设资金来源渠道较为单一。西藏文化产业金融服务体系目前还处在建设发展的初期阶段,尚未建立起文化产业产权交易平台、科学无形资产评价机制和文化产业融资担保机制。而且现在已有的中介服务机构大多属于政府主导型,保留了政府对市场的干预和管制,本质上与中介服务机构应有功能相去甚远,从而成为文化产业发展障碍。

(4) 未建立起完善的、信息化水平较高的信息服务平台

在项目前期,我们对西藏文化产业信息服务平台现状进行了调研分析,发现西藏现有信息服务平台存在栏目设置繁杂冗余、文化产业专门栏目缺失、服务型栏目较少等问题,其内容仅仅停留在资源陈列和新闻报道层面。这一方面不能满足藏文化艺术工作者、各地游客等日益增长的对西藏文化产业信息服务的需求,在很大程度上抑制了西藏特色文化的弘扬和传播;另一方面,由于当前新兴科技迅速发展和各类媒体平台广泛使用,人们获取信息的方式越来越多样,路径越来越短,对科技的接受程度越来越高。

(二) 西藏文化产业服务平台建设关键要素

1. 西藏文化产业服务平台建设原则

为了能够更好地推动西藏文化产业活力和可持续发展能力,构建文化产业服务平台体系时要遵循5个原则。

(1) 政府宏观调控和市场自由发展相融合

在服务平台体系的构建中,政府要投入一定的前期财政支持,制定科学合理鼓励政策,充分发挥产业规划和推进方案引导作用,充分利用市场机制,吸引社会力量参与建设。要明确产业发展目标,加强科学技术创新,突出扶持重点,彰显西藏民族特色,促进西藏文化产业快速、健康、可持续发展。

(2) 地区需求和国家全局战略相融合

服务平台体系的构建既要充分满足西藏优势产业发展需要，又要符合我国服务平台建设全局战略规划和空间布局，发挥国家和地方资源优势互补作用，要形成既具有地方特色又与国家战略保持高度统一的管理联动机制。

(3) 经济效益、社会效益和生态效益相融合

从经济效益上看，要提高文化软实力，提高科学技术水平，优化产业结构；从社会效益上看，要提高人民的生活水平，增加区域就业机会，完善区域基础设施；从生态效益上看，要提高环境质量，保护自然生态，保护生物多样性等。构建文化产业服务平台体系初期应该确保其公共服务性质，下一步计划如何实现平台和企业自我发展能力，以维持长期运营，并且考虑给予多方参与者应得的收益，保证经济效益、社会效益和生态效益相互结合，做到全面发展。

(4) 突出重点与统筹规划相融合

服务平台体系构建应该有一套尽可能完善的、统筹全局的推进方案，确定平台建设目标和计划，确保平台布局、类型、数量和资源利用率合理性。但从实践角度来看，应该初步着重完成其最核心、不可或缺、基础性的那部分服务，构建基本服务平台体系框架，然后依据政策导向和发展需求总体计划，再逐渐完善已有服务平台的其他功能。

(5) 整合资源与满足需求相融合

在服务平台构建前要与服务平台服务对象进行充分沟通和交流，以确定实际需求和潜在需求；在进一步规划构建平台中期，要重视平台评价工作（包括用户满意度和实际收益等），对服务平台不断地改进和完善；在服务平台构建后期，应该在已有平台体系的基础上，严格审核并优化参与企业，提高资源高效分配和利用，从而能够真正地满足用户需求，实现自身发展。

2. 西藏文化产业服务平台建设内容

西藏文化产业服务平台体系建设内容包括：发展文化产业交易与投融资平台体系，聚集更多金融资源；推动设计与创意服务平台建设，促进相关产业与文化产业创新融合；发展多元化市场服务平台，包括企业投资商务型平台、政府投资政策型平台；促进西藏文化产业信息化建设、公共服务职能建设，以及运营管理建设、监管和服务机制等。

(1) 西藏文化产业信息服务平台金融服务建设

信息服务平台可作为文化投融资与交易平台,在文化产业资源配置中成为核心杠杆,发挥5个方面的作用。①风险管理功能。通过有效金融市场机制,帮助各类文化企业管理层、文化机构进行有效风险管理。②资金融通功能。文化投融资与交易平台以金融工具助推价值交换,以知识产权作为核心资产,让文化企业以合理的成本筹措到需要的资金。③价格信号功能。通过有效的金融手段,向实体经济提供明确金融信号,实现对各种文化产品、文化资源价值发现,帮助管理者做出明智的决定。④资源配置功能。它让金融机构监督文化企业使用资金,并且通过共同分担和重新包装方式改变风险,使用规范化市场运作、产权交易等方式,把资源分配到回报率较高的文化产业项目上。⑤国际化平台功能。在跨国范围内实现文化产权价值交换,推动国际化资本流通,让西藏周边国家和地区人民共享财富。

(2) 助推跨界融合的设计服务

西藏文化产业信息服务平台作为西藏文化产业服务建设的前沿领域,能够推进文化设计与创意服务等新型文化服务业发展,促进西藏文化产业与相关产业、实体经济交融,开展多元化设计服务。根据西藏文化产业特色化需求,围绕重点经济行业,培育和集聚设计力量,成为联系区域、全国乃至全球网络文化创业创意枢纽,是发挥文化产业服务平台作用的前沿领域。

(3) 打造服务市场的双平台格局

为加强西藏文化市场服务平台建设,推动企业投资的商务型服务平台、政府投资的政策性服务平台"双平台"并举,实现其在消费性文化服务业、生产性文化服务业方面的优势互补。西藏文化产业信息服务平台要重视建设文化产业服务平台新模式、新业态,特别是大力发展与网络技术相交融的平台型文化企业。平台型文化企业善于把在线、在地、在场3类文化生产方式与专业服务+硬件+软件进行横向与纵向的贯通,把文化消费者、文化企业的隔阂逐步消除,成为"平企合一"(企业自主经营和平台服务功能充分结合)的新型业态。

(4) 西藏文化产业服务平台信息化建设

为保证产业服务平台健康可持续发展,应该建立信息化公共信息服务平台及投资、建设和运营资金科学合理机制。首先,政府应该鼓励大型文化企业对信息服务平台进行投资建设，它应是以信息通信技术为基础，为文化产业提供信息生产、传播、存储、检索、获取和利用的综合性服务，是以网络技术、数据库技术等为基础，为文化产业提供信息服务为目的的建设。其次，要推进文化和高新科技融合。在文化产业，知识产权（Intellectual Properly，IP）继续发挥着超强的"吸金"和"吸睛"效应。西藏文化产业服务平台体系建设中，高新科技元素加入无疑会起到加速和推动作用。

（5）西藏文化产业信息服务平台公共服务职能建设

探索建立平台资源分配利用和共享制度。对于公共服务平台，应该建立行之有效的监督管理制度。对于政府投资支持的公共服务平台，应通过面向全区企业进行公开招标，选择信誉水平高、服务质量好的企业作为运营管理主要责任方。企业要在政府部门总体规划和引导下，具体落实文化产业服务平台建设职责。在平台构建运营管理进程中，政府职能部门应通过服务审查机构对平台用户进行满意度调查，特别是文化产业聚集地企业满意度调查。

（6）西藏文化产业信息服务平台运营管理建设、监管和服务机制

首先，应加强服务平台运营管理。对于公共服务平台，建立类似公司制经营管理模式；对于企业服务平台，通过定期审查之后，政府可以采取购买服务的途径，给予企业经营资金帮助。其次，应建立产业服务平台监管机制。再次，建立信息化公共平台的绩效考核与鼓励政策，要以服务质量、服务效果和经济、社会及生态效益作为平台运营责任方考核项目建立公开招标制度，严格筛选负责平台运营的企业，通过考核和激励政策对其进行审核奖励。

六、西藏特色文化产业发展对策

（一）西藏特色文化产业发展不足之处

1. 传统思维打造特色文化产业

西藏丰富的民族资源是人类非物质文化遗产的宝库。2006年至今，西藏已有百余个非物质文化遗产代表性项目。得天独厚的历史、地理、文化背景使其在"一带一路"建设中具有重要的战略地位，但目前固有的思路会阻碍其抓住机遇，减缓产业发展。

目前,西藏共有41家自治区级文化产业示范基地,各类型文化企业已达到4860家,但仅有两家国家级文化产业示范基地,国家级文化产业示范园更是缺乏。目前,在文化企业中,大部分以传统文化和自然资源为基础,形成多种产品共同经营模式,少有采取专一化战略的文化企业,少有进行科技创意的文化企业。

在西藏特色文化产业中,仅有少数如唐卡、藏医药等文化产业项目融入"互联网+"元素,而藏餐、藏香等文化产业仍停留在普通生产经销层面。

2. 文化品牌核心竞争力缺乏

缺乏战略高度布局规划是西藏文化产业一直以来的发展瓶颈。而缺乏总体布局和合理规划又导致高端文化内容及文化服务在整个文化产业中所占比例较小。因此,在一定程度上,目前西藏文化产业发展仍然处于"加工"阶段。传统产业所占比例较大,导致西藏文化产品样式单一、产品科技含量较低、产品核心竞争力较弱,限制了西藏特色文化产品多样性、层次性和衍生链条发展。因此,西藏特色文化产业呈现出缺乏核心竞争力品牌的局面。

3. 文化产业布局不合理,区域发展不平衡

西藏先天条件呈现出不足情况,例如地区经济环境发展受地域、气候等众多因素影响,商业氛围不足,经营理念陈旧,与沿海东部地区存在差距。因此,西藏文化产品在地域上的分布呈现出差异化特征。例如,拉萨、日喀则等地区是西藏文化产品门类较多、市场较为繁荣、发展较好的地区,同时,林芝和那曲等地区文化产品市场发展相对稳定,其余地区文化产品发展则相对不尽如人意。并且,西藏特色文化产业链在一定程度上属于松散状态,从而导致开发、生产、销售等环节中产生一系列问题,甚至影响整个西藏特色文化产业发展壮大。

4. 跨省、跨境贸易合作路径单一

西藏仍然存在经济社会发育程度低、文化资源分布空间分散、生产力水平低下、文化产业集成化程度低,以及规模化、专业化程度低的劣势,经济发展水平、文化产业发展现状都与周边国家、省市存在着较大的差距。融合周边国家、省市文化产业协同发展,能够实现西藏乃至周边省市、国家文化产业的共同发展。

5. 文化产业未充分应用高新技术,专业人才匮乏

西藏特色文化产业发展,人才是内在驱动力,而人才问题正是目前阻碍西藏特色文化产业发展的关键问题。在"一带一路"倡议背景下，更需跨专业、复合型新人才，而这无疑加剧了人才问题造成的阻碍。目前，主要问题包括文化产业人才结构不合理、教育水平偏低等。相比其他城市，西藏文化产业人员结构失衡，存在较大的人才缺口。人才专业丰富度差，不能满足西藏文化产业多门类、多渠道、多层次发展格局。此外，部分地区存在极为严重的人才匮乏问题。

（二）西藏特色文化产业发展对策

1. 优化政府职能，培育互联网意识

首先，优化西藏政府在文化产业发展中的管理机制。找准西藏政府在文化产业发展中的定位，要做到既不缺位，也不越位。其次，完善文化改革发展领导小组，积极部署文化改革发展任务，审议实施文化企业考核机制、薪酬管理办法和深化文化市场综合执法改革。

西藏特色文化产业在面临改革之际，应紧紧抓住互联网思维来发展特色文化产业。首先，建立面向农村网络销售平台，同时配套发展物流园区、城乡配送等板块，努力打通乡村互联网交易的"最后一公里"，实现线上线下一体化发展。其次，在明确西藏特色文化产业基础上，实现具有竞争力产业高集群化，同时，还要加强西藏特色文化产业与其他产业有效整合。再次，互联网思维一个要点便是创新，西藏特色文化产业发展要求以创新思维为内在驱动力。创新不仅是形式上的推陈出新，更是内容上的创新发展。

2. 对接"一带一路"倡议，打造西藏特色文化品牌

在"一带一路"倡议背景下，发挥西藏特色优势，壮大地方产业，打造西藏特色文化品牌显得尤为重要。首先，在国外选址设置西藏文化中心，搭建国际文化贸易平台，积极促进西藏特色文化品牌在国外的推广与传播。其次，西藏应充分利用"一带一路"契机，融合互联网、大文化概念，充分利用好西藏特色文化在向西、向南进出口贸易上的优势渠道，紧跟文化丝绸之路方向，拓展国际文化贸易之路和海外文化市场，将文化丝绸之路的精髓融入西藏文化产业发展中。再次，打造精品文化品牌，推动西藏特色文化进军海外文化市场。此外，要与外来文化进行交流，充分利用一带一路带来的战略机遇，提升诸如西藏国际旅游文化博览会等展洽会的国际化程度，深化与周边国家的合作贸易，增进同相关国家的友好交

流。最后，着力于实现西藏特色文化品牌产业化、贸易化。

3. 创新特色文化产业发展模式

在"互联网+"战略和"一带一路"倡议双重背景下，西藏应结合自身民族优势及文化底蕴，创新特色文化产业发展模式，优化文化产业布局，构建全产业链格局，努力推进体育产业、文化旅游产业、动漫产业等的发展，促进特色文化产业各领域的协调发展。

第一，集中资源发展重点体育产业，带动一般产业发展。政府应大力支持自治区内登山业的发展，投资建设自治区内登山体系，加大宣传力度；同时，整合现有的体育产地建筑产业，统筹规划，提高对体育场馆开发利用的力度，大力发展会展经济；建立西藏体育经济人才中心，促进体育经济业发展。

第二，有机结合西藏的文化产业与旅游产业，形成西藏特色文化旅游发展模式。打造"高原雪域"特色文化，将文化旅游创意融合到建设当中，突出城市特色；在工业化过程中，提炼工业文化元素，建设企业独特文化博物馆，用旅游推动文化进步，用文化促进产业发展；完善文化旅游产业基础设施建设，构建景区交通、住宿与公共服务一体化环境。

第三，充分利用自治区市场机遇与民族资源，探索特色动漫产业发展道路。以新兴技术融合民族文化，将西藏人民的日常生活作为创意素材，提炼西藏民族文化价值，运用新科学技术呈现西藏特色民族文化；广纳专业性人才，组建包括管理人才、技术人才、创作人才及行销人才的核心团队。

4. 拓宽合作路径，共建特色文化产业

西藏文化产业呈现出"以核心区为主导，从两翼拓展，多集群支撑发展"的产业布局形态。除了利用特色文化资源进行省内文化建设外，还要拓宽合作路径，吸收和借鉴各对口支援省市的先进技术和经验，融合周边省市优质文化资源，拓展跨境经贸文化产业合作，多措并举打造跨境跨省开放发展窗口。

以西藏特色文化产业为基础，利用政府协调与吸引周边省市优质文化产业资源。通过文化产业链形式聚集周边省市优质文化资源，吸引新疆、青海、四川、云南等省的文化资源在西藏省内转化。

西藏在拓展与"一带一路"沿线国家文化产业合作时，需要拓展文化、经贸、交通、农业、矿产资源开发等领域的合作，探索建立跨境劳务合作联络沟通机制，加强双方警务合作，推动双方合作框架协议的有效落实。

5. 数字技术与文化产业融合发展

第一，数字技术与文化产业深度融合将提升文化产品价值和品质，使科技创新对文化发展的支撑作用最大化，进而促进西藏特色文化产业的优化与发展。

新技术优化西藏特色文化产业服务平台。西藏特色文化产业服务平台建设以信息通信技术为基础，为文化产业提供信息的生产、传播、存储、检索、获取和利用等综合性服务，以网络技术、数据库技术、多媒体技术等为基础，为文化产业提供信息服务的建设。

第二，高科技打造西藏文化创意产品，结合前沿数字技术，实现文化产业创新。在文化产品的层面，本着"传统文化为体，数字技术为用"的原则，借助文化资源数字化等思想，利用3D打印、全息投影等先进技术生成兼具内涵和活力的文化创意产品。除立足于文化本身外，还可基于知识产权，推动文化创意衍生产品的生产。

在文化企业层面，借助大数据、云计算、物联网等数字技术，推动传统交流平台（博览会、展览馆、博物馆等）智能化，实现从以传统文化产业和自然资源为基础的企业向科技服务型及科技引导型的"智慧型"文化企业的转型，最终达到增强企业市场适应力、行业竞争力甚至国际竞争力的目的。

第三，全媒体传播西藏特色文化。在"一带一路"倡议背景下，明确自身传播形势和任务，利用媒介融合实现多角度、多途径、广受众的西藏特色文化传播，提高产业影响力，加速发展。

从传播内容角度，增加碎片化宣传内容，鼓励用户生成内容。从传播技术的角度，利用多种媒介形式，依托国内外丰富的网络媒体、社交平台，传播西藏特色文化，实现与受众的互动交流。利用微博、微信等平台，结合文字、图片、表情包等来宣传西藏特色文化及开放合作态度。从传播终端的角度，针对不同的网络终端，利用不同的工具形成有针对性特色宣传。如利用App提供语言翻译、旅游服务等，进行西藏特色文化宣传。还可利用html 5、微信小程序等进行更具互动性和新颖性的宣传，以提升宣传效果。

在全媒体环境中，利用媒介融合及富媒体产品，从传播内容、传播技术、传播终端三方面着手，使传播效果最大化，真正实现西藏特色文化产业"走出去"。

资金配置与西藏文化产业发展的路径及对策研究[①]

王小娟 万映红[②]

一、研究目的和意义

近年来，文化产业因发展空间广阔、潜力巨大而被称为"朝阳产业"和"绿色产业"。同时，随着文化产业的经济价值及魅力的逐渐显现，其对国家经济发展的重要作用得以体现。西藏自治区具有丰富的文化资源、古老的宗教文化、神奇瑰丽的自然生态文化及绚丽的民族民间文化等，西藏文化产业的发展对西藏经济具有重要的推动作用。中央第五次西藏工作座谈会、西藏自治区第八次党代会等重要会议均指出："响应全国深化文化体制改革的号召，全力以赴发展文化产业，打造具有西藏特色的文化产业经济，使其逐步成为西藏经济发展的新的特色支柱产业。"在国家的大力投入下，西藏文化产业取得了较好的成绩。然而，由于西藏文化产业起步较晚，发展基础还较为薄弱，在发展过程中难免存在一些急需解决的问题。只有解决这些问题，才能更好地发挥西藏文化产业对西藏经济的带动作用。

目前，理论界关于文化产业发展的研究也逐渐增多。资金投入是产业发展的基础，然而，学术界关于文化产业资金投入及配置的研究较少，而

[①] 本研究报告是王小娟副教授承担西藏文化传承发展协同创新中心（西藏民族大学）2015年招标课题"资金配置与西藏文化产业发展的路径及对策研究"（项目号：XT15022）的结项研究成果，是在课题组2015年8月对西藏文化产业进行调查与研究的基础上形成的。本次调研得到了西藏自治区文化厅的大力支持，在此一并表示诚挚的谢意，但文责自负。

[②] 作者简介：王小娟（1981— ），女，博士研究生，西藏民族大学财经学院副教授，研究方向为西藏文化产业、西藏区域经济等；万映红（1962— ），女，博士研究生，西安交通大学管理学院副教授，研究方向为信息系统及电子商务、客户关系管理等。本课题负责人为王小娟，课题参与成员为万映红、王娟丽、刘妤、赵毅、马琳。本报告由王小娟主笔完成，由万映红修改定稿。

从资金配置角度研究西藏文化产业发展的相关问题更少。大多数学者通过定性研究探讨西藏文化产业的管理体制及财政政策等问题，鲜有采用定量方法探讨西藏文化产业发展过程中的资金配置问题。在有限的文化产业资金投入情况下，为了促进西藏文化产业的快速发展，急需结合西藏的实际，通过实证研究对西藏文化产业的资金进行科学的优化配置，从而促进西藏文化产业及西藏经济更快更好地发展。

鉴于此，本课题针对西藏文化产业发展过程中资金配置的问题展开研究。在相关研究的基础上，主要通过发放问卷、开展座谈会、深入西藏文化产业政府机构及相关文化类企业进行调研，对西藏文化产业发展相关行业的主管部门和代表，以及企业和企业从业人员等进行访谈，采用比较研究和实证研究的方法，对西藏文化产业发展中资金配置的现状及存在问题进行分析，重点就西藏文化产业发展过程中资金配置的社会效益和经济效益进行剖析，从而提出以效益为导向的西藏文化产业资金配置的路径及对策。希望研究结论能够为西藏文化产业的投资主体进行合理的资金配置提供实践指导，同时，为西藏自治区政府文化产业发展中资金合理配置的相关策略制定提供参考。

二、资金配置与西藏文化产业发展的现状及问题分析

随着国家对文化产业的大力投入，为了贯彻执行党中央、国务院、西藏自治区人民政府制定的文化产业政策，在资金配置上，西藏自治区党委、政府给予文化产业以大力支持。为加快发展西藏的特色文化产业，西藏出台了"文化产业发展规划"，绘制西藏自治区文化产业蓝图。在《西藏自治区2011—2020文化产业发展规划纲要》中，明确提出西藏自治区经济发展的重中之重是扶持文化产业发展。在规划纲要中提出历时10年实现这个目标，分3个阶段完成：① 2011—2013年，用时3年完成对西藏地区的特色文化资源的梳理开发利用工作；② 2014—2016年，使西藏文化产业发展初具规模，将其打造为快速促进西藏经济发展的中坚力量；③ 2017—2020年，在全面发展西藏文化产业的阶段中将西藏文化产业与整个西藏经济融合为一体，带动整个西藏经济的发展。

（一）西藏文化产业资金投入规模

1. 西藏文化产业资金投入的总量规模

为贯彻执行党中央、国务院、西藏自治区人民政府制定的文化产业的政策，在资金上，西藏自治区党委、政府全力支持。如2013年文化产业支出为225070万元，2014年达到341021万元，2014年比2013年增长了约52%。又如，2015年西藏文化体育与传媒财政支出347304万元[①]，相对于我国其他地方文化产业投入增长值（20%）来说，增加了许多。在具体实施的过程中，西藏自治区对文化产业的投入更多，每年约为1亿元，其中，自治区文化产业每年投入5000万元，地市每年投入几百万元到1000万元不等，而县区根据实际发展情况，每年资金投入80万元到200万元。[②]以上数据说明了西藏文化产业资金投入的规模。这些数据足以说明国家和自治区政府对西藏文化产业发展的支持力度。

除此之外，西藏自治区财政厅划拨专项扶持资金，支持对象为区内外进入文化产业发展领域的，具有自主创新能力、市场竞争力，以及社会效益和经济效益的文化企业或自治区重点支持的文化产业项目。表1显示了2013年西藏自治区第一批文化产业发展专项资金扶持项目情况。

表1 2013年度西藏自治区第一批文化产业发展专项资金扶持项目

序号	项目名称	项目单位名称	财政补助方式	财政补助金额(万元)
1	大型原生态歌舞剧《寻找香巴拉》	西藏第三极文化传播有限公司	—	80
2	萨迪唐卡文化传承	萨迪县旅游开发有限公司	—	80
3	中高端哈达开发	西藏圣缘文化发展有限公司		120

---

① 参见《西藏统计年鉴（2016）》。
② 数据来源：2015年8月对西藏文化厅副厅长尼玛次仁的访谈。

续表1

序号	项目名称	项目单位名称	财政补助方式	财政补助金额(万元)
4	拉孜藏刀研发与销售项目	拉孜旅游文化发展有限公司	—	300
5	西藏金属锻铜文化产业园区建设	西藏罗占民族手工艺发展有限公司	—	60
6	电视剧《昌都解放》拍摄	昌都地区财政局	项目补助	100
7	电影《金珠玛米》	昌都地区财政局	项目补助	400
8	《热巴鼓韵》大型歌舞剧创作	昌都文化局、昌都财政局、丁青县政府	项目补助	90
9	聂拉木民间艺术文化发展有限项目	聂拉木希夏邦玛农牧民旅游专业合作社	项目补助	40
10	西藏影视文化开发创作交流工程	西藏云之类影视文化有限公司	项目补助	100
11	中国西藏文化旅游创意园区（公共服务平台建设）	拉萨市布达拉旅游文化集团有限公司	项目补助	100
		合计		1470

资料来源：根据中国经济网整理。

从表1可见，2013年西藏主要项目补助1470万元，侧重于影视、演艺和歌剧、西藏特色文化产品（唐卡和哈达），以及文化旅游创意园区的项目补助。另外，国家对从事西藏文化产业发展的企业提供专项资金支持，并采取股权投资和无偿使用的方法。针对文化企业的政策支持主要包括贷款贴息、项目补助、转制补助、补充国家资本金、保险补助5种方式，以促进西藏文化产业和经济快速发展。

2. 西藏文化产业的机构规模

关于西藏文化产业的机构规模，根据《西藏统计年鉴（2016）》的数据，

得出2000—2015年西藏文化产业机构数量及其变化情况。（如图1所示）

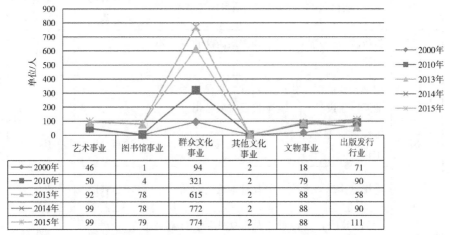

图1 2000—2015西藏文化产业机构数量及其变化

从图1可知，在2000—2015年间，除了其他文化事业机构数量始终不变外，总体而言，西藏文化产业机构数量保持持续增长的态势，这也说明了西藏自治区对文化产业机构数的投入力度和对文化产业发展的重视程度。

3. 西藏文化产业的人员规模

关于西藏文化产业的从业人员，根据《西藏统计年鉴（2015）》给出的数据，得出2000—2015年西藏文化产业从业人员数及其变化情况。（如图2所示）

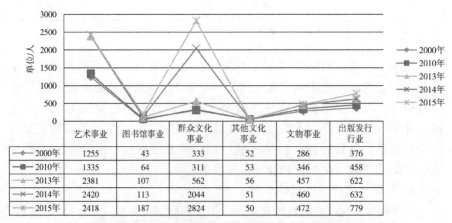

图2 2000—2015年西藏文化产业从业人员数及其变化

从图2可知2000—2015年西藏文化产业从业人员数的变化情况。其中，艺术事业从业人员数最多，随后为群众文化事业、出版发行行业、文物事业从业人员数，而其他文化事业的从业人员较少。从图2中可知，在2000—2015年间，除了其他文化事业从业人员数基本保持不变外，总体而言，西藏文化产业从业人员数始终保持持续增长的态势。这也说明了西藏自治区对发展西藏文化产业在人力资本上的重视程度。

（二）西藏文化产业发展取得的成效

在党和政府对西藏文化产业的大力支持和投入下，西藏文化产业发展趋势良好，并取得一定的成效。主要体现在5个方面。

1. 文化产业的财政预算及资金投入逐年增加

目前，为了促进西藏文化产业的发展，对西藏文化产业的财政预算及资金投入逐年提高，这为推动西藏文化产业发展打下了坚实的物质基础。根据《西藏统计年鉴（2013）》中针对西藏自治区2012年财政预算执行情况和2013年财政预算草案的报告中所落实的，推动文化大繁荣大发展。全区文化体育与传媒支出237398万元，比上年增加80944万元，增长51.7%。落实文化发展资金10300万元，推动西藏文化产业又好又快发展，促进实现西藏由文化资源大区向文化发展强区的战略转型目标。落实资金6842万元，全面实施博物馆、图书馆、群众艺术馆、基层文化馆站免费开放政策，支持实施2368个农家书屋和1787个寺庙书屋全覆盖。安排资金2.49亿元，支持广电事业发展，进一步提高节目质量，推进西新工程建设。落实资金2.02亿元，支持重点文物、寺庙及历史遗迹维修保护。[①] 从以上西藏文化产业资金投入情况可知，西藏文化产业发展的财政预算在逐年提高。这为西藏文化产业的发展打下了坚实的物质基础。

2. 唐卡产业及相关民族手工艺发展形式多样

藏族唐卡艺术是源于松赞干布时期的一种新颖的绘画艺术，主要寄托着藏族人民对佛祖无可比拟的情感和对雪域家乡的无限热爱，同时，唐卡也反映了西藏的文明、历史和发展。近年来，西藏的唐卡及相关产业得到大力发展。唐卡产业的推动主要借助于唐卡艺术博览会、研讨会和论坛等形式进行。同时，组织区内文化企业参加相关的文化产业博览会，如西

---

① 参见《西藏统计年鉴（2013）》。

安、北京、厦门等地的文化产业博览会,这些文化产业博览会的举行都大力推动了唐卡产业及民族手工艺的发展。

3. 西藏文化产业展会及旅游文化节丰富多彩

举办大型展会及论坛,使西藏的民族文化得到弘扬,加深人们对西藏文化的了解。举办西藏文化产业与媒体发展论坛、中国西藏文化论坛,以及在德国汉堡举办西藏主题的文化交流活动等;举办西藏旅游博览会,日喀则"拉孜堆谐"登上央视春晚并成功走向国际市场,建立国内品牌、树立国际影响;举办各类旅游文化节,包括首届尼木县吞弥旅游文化节、西藏首届奇石根雕书法艺术展、林芝桃花文化旅游节、珠峰文化节、象雄文化旅游节、中国西藏雅砻文化节、贡布节、藏历年、门巴萨玛文化旅游节、宪塘赛马节、雪顿节等。这些活动充分展示了西藏地区丰厚的文化底蕴及文化内涵,使西藏的民族文化得到弘扬,受到了国内外广泛好评,同时也加深了人们对西藏文化及藏文化产业的了解。

4. 西藏文化产业示范基地及旅游创意园区蓬勃发展

西藏城市基础文化设施及文化产业示范基地建设发展势头较好,以拉萨为中心辐射其他地市,大大推动了西藏特色演艺事业的发展。目前,西藏已建成了拉萨市民族文化艺术宫、自治区藏戏艺术研究中心、山南地区大剧院等一批标志性的城市基础文化设施,西藏文化产业示范基地逐渐形成规模。此外,建成多个自治区级文化产业示范基地,如唐古拉风演艺中心、拉萨娘热民俗风情园等。截止到2014年4月,区级文化产业示范基地及产业园区数量已达17家,为2015年达到20家打下了坚实的基础。[①]同时,西藏文化旅游创意园区的建成也对西藏文化产业的发展具有重要的推动作用。创意园区的建设涵盖了西藏建筑特色、民族文化、民俗风情、藏药文化等特色资源。这些具有特色资源的创意园区建设对发展西藏的特色产业文化、促进西藏第三产业的转型升级,以及推动西藏经济社会跨越式发展具有重要的作用。

5. 群众文化娱乐消费支出平稳增加

带动文化产业形成强大的凝聚力和产出力的根本在于消费者对文化产品和服务的满足。只有消费者满意,才会对文化产业发展产生较强的

---

① 参见《西藏积极发展壮大文化产业 坚定不移打造文化强区》,载《西藏日报》(http://www.gov.cn/gzdt/2013-01/06/content_2305513.htm)。

促进作用。① 图 3 显示了西藏城镇家庭人均文化娱乐服务全年消费性支出。

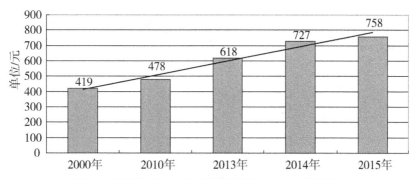

图 3 西藏城镇家庭人均文化娱乐服务全年消费性支出

从图 3 可知，西藏城镇家庭人均文化娱乐服务全年消费性支出逐年增加。其中，2000—2010 年间，西藏城镇家庭人均文化娱乐服务全年消费性支出从 419 元左右增加到了 478 元左右，年均增加 1.41%，这 10 年间增速较慢；2010—2015 年这 5 年间，西藏城镇家庭人均文化娱乐服务全年消费性支出从 478 元增加到 758 元，年均增长 11.72%，较 2000—2010 年这 10 年有较明显的增加。

图 3 的数据表明，西藏城镇家庭人均文化娱乐服务全年消费性支出较之前增加较快，说明西藏文化产业发展的前景较好。但相对于全国而言，西藏人均消费支出还是偏低。因此，如果要进一步发展西藏的文化产业，就需要进一步采取相关措施加大西藏人均文化教育娱乐服务全年消费性支出，从而促进西藏文化产业市场的繁荣。

（三）资金配置与西藏文化产业发展中存在的问题分析

通过各方大力支持，目前西藏文化产业得到了较快的发展，并取得了一些成效，但与内地其他省市（区）相比，仍存在较大的差距。主要有 6 个问题。

---

① 参见林秀梅、张亚丽《我国文化产业发展影响因素的动态分析——基于 VAR 模型》，载《税务与经济》2014 年第 2 期。

1. 对西藏文化产业投入较多，但其产生的社会影响力不足

借助中国文化文物统计年鉴数据，利用熵权法对能够反映文化产业发展的各项指标，如文化产业增加值占 GDP 比重、文化产业增加值、固定资产产值率、文化产业增加值占第三产业增加值比重等对全国各省市的文化产业经济效益进行评价，结果如图 4 所示。

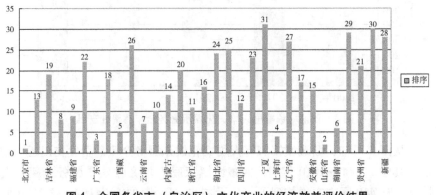

图 4　全国各省市（自治区）文化产业的经济效益评价结果

从图 4 反映的结果可知，北京的文化产业经济效益最好；随后，依次是山东省、广东省和上海市及西藏。相对于北京、上海等地而言，西藏文化产业发展过程中经济效益排名第五，发展趋势较好。可能的原因在于西藏旅游业的发展对西藏文化产业的带动作用，还在于国家对西藏文化产业投入的增加。在各项指标中，国家对西藏百元固定资产实现增加值这个指标排在第一，并且高出第二位很多，而在西藏的各项指标中，文化产业增加值、人均营业收入两个指标都排在最后。① 由此可知，在西藏文化产业投入较多的情况下，西藏文化产业表现出较好的经济效益。

然而，西藏文化产业的社会影响力明显不足。在 2014 年两会上，江苏省作家协会主席范小青委员提到，"发展文化产业也不能只以其增加值占 GDP 的多少来论好与不好，文化产业决不能只重经济效益，否则会付

---

① 参见于泽、朱学义《基于熵权法的文化产业社会效益评价实证研究》，载《出版科学》2014 年第 22 卷第 3 期，第 54～62 页。

出比经济发展代价还要大的代价"①。目前，西藏除了少量的文化产业作品，如实景剧《文成公主》、西藏一些节庆日"雪顿节"及重点支持的大型原生态歌舞剧《寻找香巴拉》、电影《金珠玛米》、电视剧《昌都解放》等引起一定的社会关注外，西藏文化产业的社会影响力相对全国来说还不够。

2. 西藏文化产业以政府主导的事业单位投资为主，小微企业投融资较难

西藏出台了一系列支持文化产业发展的相关政策，鼓励银行业金融机构加大对文化企业的金融支持力度。如2011年年底区党委宣传部与国家开发银行签订的《支持西藏自治区文化产业发展合作备忘录》。2012年11月26日，自治区党委宣传部与国家开发银行西藏分行共同制订了落实该备忘录的工作方案，推进自治区文化产业投融资体制与信用体系建设，促进文化产业又好又快发展。西藏文化产业的资金配置主要通过"政府财政支出—西藏财政厅—宣传部—文化厅—各个地市"逐级申报的方式进行，在西藏文化厅和西藏自治区党委宣传部统筹安排的情况下，资金主要用于文化产业发展的指导和引导、文化产业的基地建设、文化市场的监管、园区规划及技术人员培训等方面。②

然而，西藏文化产业与全国文化产业的发展速度和规模相比，还存在一定的差距，在实际发展中，受到资金瓶颈的制约，尤其是与西藏文化产业相关的小微企业存在融资难的问题。一些从事西藏文化产业发展的小微企业缺少资金，而另外一些西藏文化产业部门手里有资金却无处投。因此，西藏文化产业投资基金对小微企业来说，处于有项目但资金稀缺的境地，对西藏相关文化产业部门来说，又存在一定的资金无处可投的"富余"，即"有钱投不出去"和"局部过热"的情况；同时，还存在投错方向等问题。③

---

① 参见任松筠《文化只重GDP，会让精神蒙雾霾》，载《新华日报》2014年3月5日（http://www.ce.cn/culture/gd/201403/05/t20140305_2417381.shtml）。

② 数据来源：2015年8月对西藏文化厅副厅长尼玛次仁的访谈。

③ 参见张玉玲《文化产业投资基金："有钱投不出"症结何在?》，载《光明日报》2013年3月7日。

3. 西藏文化产业项目重分配、轻管理，主管部门联动机制不强

首先，西藏文化产业项目重分配、轻管理。随着近几年西藏文化产业的迅速发展，一些争着申请相关资金，上马新的热点项目的现象较多。同时，作为西藏的一些资金管控的财政部门，存在"重分配、轻管理、重支出、轻效益"的现象。主要表现为虽将资金分配下去，却不管资金使用的效率以及效益如何，很少有部门去考证资金分配的是否科学与合理，是否存有资金分配过剩或是不足等。因此，西藏文化产业资金的分配、管理存在明显不足。

其次，西藏文化产业主管部门的联动机制不强。与全国其他地方一样，西藏文化产业的发展一般由西藏自治区文化厅和各地市文化局主管。比如，文化娱乐业可能由西藏文化部门主管，书报刊业由新闻出版局主管，影视录像业由广播影视局主管，文化旅游业由旅游局主管，艺术品业由工商局主管，艺术教育由教育厅主管等。这种行政主管的方式容易导致西藏文化产业的管理部门行政分割，使其无法协调各行业统一发展，也使得文化产业链条难以形成。因此，联动机制的不足导致了相关文化企业没有充分的自主权，企业竞争能力差，也导致文化资源浪费等问题较为突出。

4. 西藏文化产业发展缺乏监管，也缺乏系统的评估体系和评价指标体系

社会效益和经济效益的共同发展是各行业发展的主导理念。文化产业在发展中侧重经济效益的同时，也需要侧重社会效益。但是通过到现场调查发现，政府对西藏文化的发展投资力度较大，监管却不给力。专项扶持资金政府机构缺少监督机制，一些专项资金拨付到各个文化企业以后，西藏地区并没有相关的主管部门来监督扶持资金的具体用途，没有关心扶持资金是否达到预期的经济效益和社会效益，没有对是否用在了它该用的地方等问题的持续跟进。因此，对于专项扶持资金，西藏的相关文化产业部门不但要合理投入，还要进行有效监督和管理。只有西藏文化产业部门的财政扶持资金得到了合理运用，能够切实地帮助西藏文化产业中小企业健康发展，才能更好地推动西藏文化产业健康有序地发展。

另外，西藏文化产业发展并没有一套成熟的评价体系及评价系统。目前，国家对文化产业经济效益的评价大多采用销售额、利润、交税等几个指标进行简单的比较,而对社会效益主要通过新增就业人数、环境保护两个指标来衡量,好一点的地区则对引导资金资助或扶持的项目采用绩效评价的方式。然而,就西藏文化产业而言,目前还没有相关评价指标和体系进行衡量,大多数西藏文化产业发展部门基本上都采用自评方式。如将经济效益作为绩效自评指标之一,但是并没有给出统一、具体的文化产业经济效益评价的相关指标,有些整体评价并不具有可比性。因此,对西藏文化产业的发展而言,有限的资金没有分好、管好、用好的现象也在不同程度上制约了西藏文化产业的发展。

5. 西藏文化产业缺乏专业技术人才,尤其是文化经营和文化创意人才

文化产业的发展急需具备创新意识和创新能力,既懂艺术又懂技术,同时具有商业管理才能的高素质复合型人才。目前,西藏文化产业类专业人才极为欠缺,而对少量的文化产业人才培养主要通过企业和高校联合培养的方式。在唐卡绘画人才方面,目前,对唐卡专业的理论人才培养只有西藏大学有,西藏其他高校均没有涉及。现在西藏虽着手在自治区内一些职业院校开展西藏民族手工艺技能人才的培养,但缺乏相关学科针对文化经营和文化创意人才的培养。因此,急需投入人才培养资金,进行对人才资金的合理配置,加强西藏高校对西藏文化产业经营类和文化创意类人才的培养。

同时,由于西藏的文化产业处于起步阶段,对文化市场的发育程度还比较低,因此文化产业从业人员的文化水平以及理论基础较为薄弱,而且,对高科技的应用和技术人才的引进也还不够。目前,虽然西藏有3000多名技师和画师,也有些文化产业从业人员是"70后"和"80后",但是大部分并不是正规院校培养出来的,而是通过师徒传帮带培养产生的。[①] 因此,需要通过对西藏文化产业人才合理的资金投入和人才引进机制,加强对西藏文化产业专业人才,尤其是文化创意人才及文化经营的培养,以此提高西藏文化产业从业人员的专业技术水平和理论修养,从而促进西藏文化产业向更高层次发展。

---

① 数据来源:2015年8月对西藏文化厅副厅长尼玛次仁的访谈。

6. 对西藏文化产业的宣传投入不足，降低了西藏文化产业的影响力

目前西藏地区逐渐开展西藏"非遗"民间活动，创建"西藏印象"文化交流基地，中国西藏文化周，举办西藏文化产业与媒体发展论坛、中国西藏文化论坛，以及在德国汉堡举办西藏主题的文化交流活动；举办各类旅游文化节，包括首届尼木县吞弥旅游文化节、林芝桃花文化旅游节、西藏首届奇石根雕书法艺术展、珠峰文化节、中国西藏雅砻文化节、象雄文化旅游节、贡布节、门巴萨玛文化旅游节、藏历年、宪塘赛马节、雪顿节等，充分展示了西藏地区丰厚的文化底蕴及文化内涵，向外界展示了西藏高原地区特有的神秘面纱。然而，对宣传西藏文化产业方面的投入还远远不够。西藏文化产业的弘扬主要表现为文化产业的理论研究，而西藏文化产业的理论研究主要表现在出版业的发展。西藏文化出版业中学术论著发行量自 2000 年以来变化较大，从 2000 年的 21000 册增加到 2011 年的 60000 册。① 而科技期刊总数、论文集种数以及科技报纸种数基本没有变化，说明这 3 个方面的发展偏弱。为了更好地宣传和弘扬西藏文化，加深人民群众对西藏文化的了解，西藏在科技期刊总数、论文集种数，以及科技报纸种数上都必须有所突破，以此加快西藏文化产业发展。

除此之外，西藏文化产业发展过程中还存在相关的技术标准体系欠缺、西藏文化产品品牌意识差及对文化产业的发展存在认识上的误区等问题。

综上，在文化产业日趋繁荣发展的今天，充足稳定的资金来源及合理有效的资金配置将是文化产业稳步创新健康发展的关键。那么，如何实现西藏文化产业资金的有效配置？如何将文化产业资金配置到相关地区或是文化行业、企业以及文化项目上？而对文化产业发展的效益评价，为文化产业进行合理的资金配置提供了依据。同样，对西藏文化产业效益的评价，为全面掌握西藏文化产业现阶段的发展状况，以及在西藏文化产业发展过程中进行有效的资金配置提供保证。因此，研究通过对西藏文化产业的效益评价来探讨西藏文化产业的资金配置问题，在当今国家的大力支持及西藏文化产业飞速发展的时代背景下，这确实是非常有意义并且迫切需要解决的一个课题。

---

① 参见《西藏统计年鉴（2016）》。

三、西藏文化产业发展的效益评价与分析

根据经济效益和社会效益的关系可知,社会效益是文化产业发展的首要原则,而经济效益是保证这一最高原则实现的必不可少的条件。西藏文化产业的社会效益和经济效益如何,目前学术界对此并没有相关的定量研究。本研究首先通过调查问卷的数据分析,对西藏文化产业的社会效益进行分析;另外,通过统计年鉴数据分析西藏文化产业发展的经济效益。

(一) 西藏文化产业发展的社会效益分析

文化产业社会效益是文化服务设施的数量、辐射范围、文化产品的质量被大众认同和接受的程度。目前,尚没有科学完善的指标可以直接评价,所以本研究对西藏文化产业社会效益的评价分析将在前人对文化产业社会效益评价基础上,对问卷调查数据进行分析。

1. 调查问卷设计及数据收集

文化产业的社会效益主要指文化产业的发展给社会带来的正面影响。其主要表现为,诸如电视剧、图书、动漫产品、图书馆、文化设施、博物馆等与文化有关的产品的生产或项目的实施,给人们留下好的印象,形成好的口碑等。通过此问卷调查,主要是从老百姓的直观感觉来了解西藏文化产业发展的现状以及西藏文化产业在百姓心中的地位如何,即通过民众的评价来分析西藏文化产业的社会效益情况。其中,问卷采用李克特五级量表,即"1:非常不同意;2:不同意;3:不确定;4:同意;5:非常同意"。

数据收集主要采取网上调查和实地调查的方式进行,试图从西藏当地百姓、从事西藏文化产业相关行业工作人员及相关专业学生的直观感觉中来了解西藏文化产业产生的社会效益。网上调研数据主要通过在朋友之间随机发送进行数据收集,实地调查主要是在当地进行,本课题共发放 220 份问卷,最终收到有效答卷 185 份,问卷回收率为 84.09%。

2. 描述性统计分析

首先,本研究通过被调查对象的性别、年龄、民族、籍贯、所从事工

作的行业、家庭人均收入以及是否进行文化消费等作为被调查对象的基本情况，具体数据的描述性统计见表2。

表2 调查对象基本情况的描述性统计

题项	类别	样本数	百分比	累计百分比
性别	男	64	34.59%	34.59%
	女	121	65.41%	100.00%
年龄	20岁以下	64	34.60%	34.60%
	20～29岁	117	63.20%	97.80%
	30～39岁	3	1.60%	99.50%
	40岁及以上	1	0.50%	100.00%
民族	藏族	86	46.50%	46.50%
	汉族	86	46.50%	93.00%
	其他民族	14	7.00%	100.00%
文化程度	初中及以下	1	0.50%	0.50%
	高中/中专	6	3.20%	3.80%
	大专	3	1.60%	5.40%
	本科	168	90.80%	96.20%
	硕士及以上	7	3.80%	100.00%
是否在文化产业部门工作	是	63	35.10%	35.10%
	否	122	64.90%	100.00%
家庭所在地区属性	城市	46	24.90%	24.90%
	县城	39	21.10%	46.00%
	乡镇	15	8.10%	54.10%
	农村	68	36.80%	90.90%
	牧区	10	5.40%	96.30%
	其他地区	7	3.70%	100.00%
家庭人均月收入	2000元以下	44	23.80%	23.80%
	2000～4000元	78	42.20%	65.90%
	4001～6000元	34	18.40%	84.30%
	6001～8000元	12	6.50%	90.80%
	8000元以上	17	9.20%	100.00%

续表2

题项	类别	样本数	百分比	累计百分比
家庭收入在西藏水平	低等水平	24	13.00%	13.00%
	较低水平	52	28.10%	41.10%
	中等水平	102	55.10%	96.20%
	较高水平	4	2.20%	98.40%
	高等水平	3	1.60%	100.00%
是否会进行文化产业消费	经常消费	18	9.70%	9.70%
	偶尔消费	153	82.70%	92.40%
	从不消费	14	7.60%	100.00%

从表2中可以看出，调查对象以20～29岁的青年居多，本科生为主，藏族和汉族都有，样本涉及西藏各个主要地区，其中，拉萨、林芝和日喀则的样本数量居多。家庭收入处于中等水平的居多，经常进行文化产品或活动消费的18人，偶尔消费的153人，从不消费的14人。可见，绝大部分人并不是经常进行文化产品或活动消费，偶尔消费的占绝大多数，而且以中等消费为主。

另外，样本中在西藏文化产业部门工作的有63人。在这63人中，属于广播电视服务的有12人，新闻出版发行业10人，文化信息传输服务2人，文化艺术服务19人，文化休闲娱乐服务10人，手工艺美术品生产1人，文化创意和设计服务5人，文化用品生产2人，其他2人。这说明西藏文化产业各个行业基本都有所涉及，因此，问卷收集的数据基本能够满足本研究的数据要求。

3. 信度与效度分析

调查问卷的信度、效度分析主要针对资金配置与西藏文化产业发展的社会效益调查题项展开。在研究中，采用因子分析法对西藏文化产业发展的社会效益的潜变量进行效度检测。

（1）信度分析

信度检验，主要通过计算每个变量的内部一致性指数 Cronbach's α（>0.7，也有学者指出大于0.5也可以）、题项—总体相关系数（CITC >

0.35）来测度。① 本研究对西藏文化产业资金配置社会效益的相关变量及题项进行信度检验，结果如表3所示。

表3 信度分析结果

变量	题项	题项—总体相关系数	删除此题后的α值	Cronbach's α值	C.R值	AVE值
西藏文化产业社会效益变量1	SB11	0.529	0.858	0.843	0.861	0.571
	SB12	0.462	0.860			
	SB13	0.522	0.859			
	SB14	0.538	0.858			
	SB15	0.629	0.857			
	SB16	0.594	0.857			
	SB17	0.508	0.859			
西藏文化产业社会效益变量2	SB21	0.602	0.857	0.863	0.871	0.531
	SB22	0.610	0.857			
	SB23	0.579	0.858			
	SB24	0.601	0.857			
	SB25	0.526	0.859			
	SB26	0.534	0.859			
西藏文化产业社会效益变量3	SB31	0.608	0.857	0.759	0.908	0.525
	SB32	0.596	0.857			
	SB33	0.587	0.857			
	SB34	0.234	0.885			
	SB35	0.581	0.858			
	SB36	0.633	0.856			
	SB37	0.514	0.859			
	SB38	0.569	0.858			
	SB39	0.638	0.857			

① 参见侯杰泰、温忠麟、成子娟《结构方程模型及其应用》，教育科学出版社2004年版。

从表 3 中的数据可以看出,所有的题项—总体相关系数均大于 0.35。同时,西藏文化产业社会效益各潜变量的内部一致性系数 Cronbach' α 的值分别为 0.843、0.863、0.759,均大于 0.7,组合信度 C.R 分别为 0.861、0.871、0.908,均大于 0.7。由此可见,西藏文化产业各变量所属的题项之间具有较好的内部一致性,即信度较好。

(2) 效度分析

首先,进行样本充分性测试系数检测和巴特莱特球体检验,判断是否可以进行因子分析。本研究中,KMO = 0.921,显著性概率为 0.000,说明非常适合进行因子分析。因子分析结果如表 4 所示。

表 4 西藏文化产业社会效益的因子分析结果

题项	描述性统计分析		因子载荷		
	均值	标准差	因子 1	因子 2	因子 3
SB11	3.454	0.978	0.713	0.366	0.214
SB12	3.265	0.841	0.699	0.281	0.090
SB13	3.465	0.891	0.742	0.254	0.164
SB14	3.632	0.947	0.726	0.235	0.261
SB15	3.746	0.912	0.653	0.145	0.434
SB16	3.649	0.973	0.678	0.146	0.314
SB17	3.849	0.961	0.581	0.182	0.478
SB21	3.923	0.927	0.141	0.693	0.275
SB22	4.164	0.916	0.184	0.799	0.167
SB23	3.763	0.977	0.265	0.752	0.282
SB24	4.221	0.915	0.192	0.786	0.187
SB25	3.652	0.951	0.366	0.677	0.176
SB26	3.401	0.866	0.243	0.653	0.245
SB31	3.709	0.995	0.281	0.158	0.706
SB32	3.963	0.917	0.181	0.243	0.775

续表4

题项	描述性统计分析		因子载荷		
	均值	标准差	因子1	因子2	因子3
SB33	3.833	0.926	0.156	0.168	0.750
SB34	4.011	0.998	0.135	0.179	0.648
SB35	3.924	0.906	0.139	0.322	0.754
SB36	3.849	0.972	0.247	0.193	0.780
SB37	3.827	0.886	0.163	0.253	0.686
SB38	3.897	0.912	0.231	0.179	0.704
SB39	3.908	0.877	0.345	0.246	0.708

因子提取方法：主成分分析法。

因子旋转方法：极大方差法。

同时，根据特征根大于1，各因子载荷大于0.5的要求，提取出了3个公共因子，累积解释变差为73.82%，说明该多指标项的潜变量符合结构效度的要求。并按照各题项所隐含的具体内容，分别将3个因子命名为"西藏文化产业的吸引力""西藏文化产业的支持度"及"西藏文化产业的影响力"。

从表4中数据可看出，各题项在其所归属的潜变量上的因子载荷大于0.5，并按照预期分布于西藏文化产业的吸引力、支持度和影响力3个因子，且各题项的因子载荷在3个公共因子间均具有较好的区分度。可见，关于资金配置与西藏文化产业社会效益问卷的效度较好。

综合以上检验结果可知，本研究关于资金配置与西藏文化产业社会效益量表具有较好的信度和效度。

4. 西藏文化产业发展的社会效益

（1）民众对西藏文化产业认识的基本情况

①对西藏文化产业的了解程度。在作答的问卷中有对西藏文化产业了解程度的调查。结果显示，完全不了解的有3人，不了解的有36人，一般了解的有103人，了解的有39人，非常了解的有4人。具体情况如图5所示。

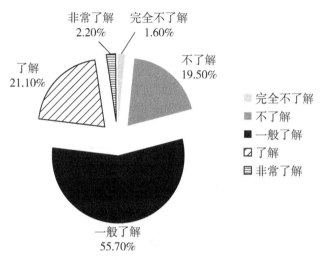

图 5　民众对西藏文化产业的了解程度

从图 5 可知，对西藏文化产业表示完全不了解的占 1.60%，不了解的占 19.50%，一般了解的占 55.70%，了解的占 21.10%，非常了解的占 2.20%，可能这部分人都是在文化产业相关部门从事工作的。这组数据可以说明大部分民众对西藏文化产业有一定的了解，但离全民了解熟知还有一定的距离。

②民众了解西藏文化产业的渠道。（如图 6 所示）

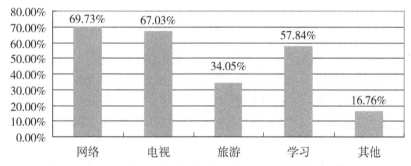

图 6　民众了解西藏文化产业的渠道

从图 6 可知，人们对西藏文化产业的了解首先是通过网络（占 69.73%），其次是电视（占 67.03%）和学习（占 57.84%），通过旅游了解西藏文化的占34.05%，其他方式占16.76%。可见，加大电视覆盖率和网络覆盖率、丰富网络上文化产业内容是让人们了解文化产业的主渠道。同时，学习也是了解西藏文化产业的主要方式，西藏相关高校通过设立文化产业专业来给学生讲授文化产业的相关知识，使学生更加了解西藏的文化产业发展。还有一部分民众通过旅游了解西藏的文化产业，这部分民众占34.05%，因此，加快西藏旅游业的发展对增强民众对西藏文化产业的了解具有积极的意义。

③民众文化消费占日常消费的比重。（如图7所示）

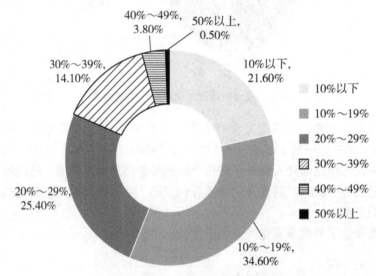

图7 民众文化消费占日常消费的比重

从图7可知，民众文化消费占日常消费的比重10%～19%的人数最多，占到总人数的34.60%；接下来，是民众文化消费占日常消费的比重20%～29%的人数，占到总人数的25.40%；其次，是民众文化消费占日常消费的比重10%以下的人数，占到总人数的21.60%；再次，就是民众文化消费占日常消费比重40%～49%以下的人数，占到总人数的3.80%；还有，民众文化消费占日常消费比重30%～39%的人数，占到总人数的14.10%。其中，民众文化消费占日常消费的比重50%以上的人数最少，占到总人数的0.5%。

④西藏文化产品及其项目的适合度情况。(如图8所示)

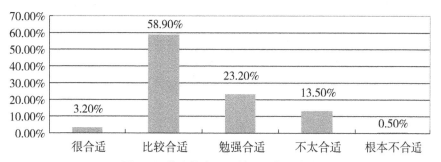

图8　西藏文化产品及其项目的适合度

从图8可知，民众认为西藏文化产品及其项目比较适合的占比最大，为58.90%，勉强适合的占23.20%，不太适合的占13.50%。认为西藏文化产业及其项目很适合或认为根本不适合的比重都比较小，分别占3.20%和0.50%。因此，大部分民众认为西藏文化产品及其项目还是比较适合的，应该进一步加大相关产品及其项目的产量和规模。

⑤民众对西藏文化产业投入力度的认识情况。(如图9所示)

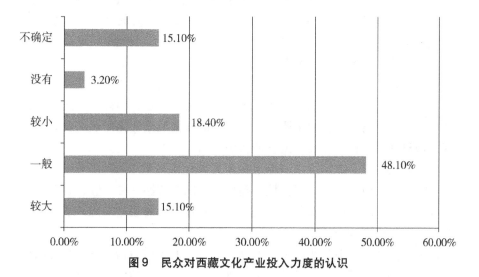

图9　民众对西藏文化产业投入力度的认识

从图9可知，48.10%的民众认为国家对西藏文化产业投入的力度一般，18.40%的民众认为西藏文化产业的投入力度较小，15.10%的民众认为西藏文化产业投入的力度较大，15.10%民众对国家对西藏文化产业的投入力度不确定，认为政府对西藏文化产业没有投入的占3.20%。

从以上数据可知，民众认为国家对西藏文化产业资金投入的力度一般，因此，需要进一步加强国家对西藏文化产业的资金投入力度，从而进一步丰富人民群众的文化生活。

⑥民众认为西藏文化产业发展的整体情况。（如图10所示）

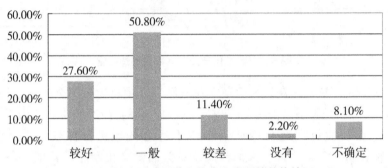

图10 民众认为西藏文化产业发展的整体情况

从图10可知，27.60%的民众认为所在地区西藏文化产业发展较好，50.80%的民众认为西藏文化产业发展一般，11.40%的民众认为西藏文化产业发展较差，而认为西藏文化产业没有发展的民众占到2.20%，对所在地区西藏文化产业发展情况并不确定的民众占8.10%。

根据以上关于民众对于西藏文化产业发展情况的基本认知数据分析可知，目前，民众认为西藏文化产业发展水平较为一般，因此，在发展西藏文化产业上，需要各方力量团结一致，共同加快西藏文化产业的发展，改善民众对西藏文化产业发展的整体认识。

（2）西藏文化产业发展的社会效益整体情况分析

根据前人研究及数据可得性，指标构建的系统性、独立性、客观性等原则，本研究中对西藏文化产业的社会效益评价主要通过文化产业的吸引力、社会支持度和影响力3个指标进行衡量。

①西藏文化产业的吸引力。西藏文化产业的吸引力指标由民众对西藏文化产业的关注度、文化产业资金配置与利用的适当性、对西藏文化产业发展战略的认同度、西藏文化产业项目建设的稳定性、对西藏文化产业发展的信心、对所在城市的归属感，以及个人到西藏文化产业发展好的城市

工作和生活的意愿7个问题项构成。具体通过数据分析，得到西藏文化产业的吸引力分析，如图11所示。

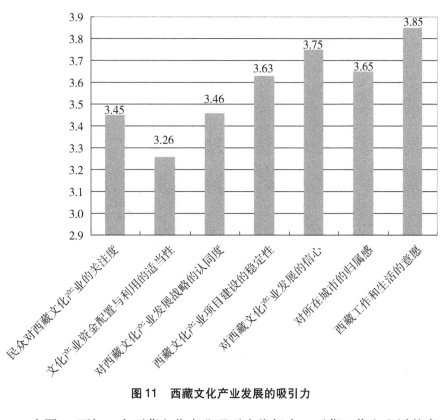

图11 西藏文化产业发展的吸引力

由图11可知，在西藏文化产业吸引力指标中，西藏工作和生活的意愿得分最高，说明大部分调查对象都有去西藏工作和生活的意向；其次是对西藏文化产业发展的信心、对所在城市的归属感及西藏文化产业项目建设的稳定性，得分最低的是文化产业资金配置与利用的适当性。

以上数据说明了民众认为西藏文化产业的项目建设稳步向前，对西藏文化产业发展的前景充满信心，对西藏主要城市具有一定的归属感。然而，西藏文化产业发展中的资金还需更合理地配置和利用。

②西藏文化产业的社会支持度。西藏文化产业的社会支持度主要通过艺术表演团体国内演出观众人次、西藏宗教寺庙参观人次、艺术表演场馆观众人次、西藏文化博物馆的参观人次、公共图书馆参加讲座人次、公共

图书馆参加培训人次这6个主要指标衡量。通过调查数据分析，西藏文化产业的社会支持度各指标的具体对比如图12所示。

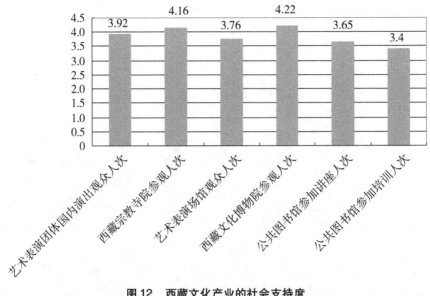

图12　西藏文化产业的社会支持度

由图12可知，在西藏文化产业的社会支持度各指标中，西藏文化博物馆和西藏宗教寺院是参观人次最多的两类地方，这可能与西藏文化产业的神秘性及宗教文化的丰富性有很大的关系；其次是艺术表演团体的国内演出的观众人次；最少的是公共图书馆参加讲座人次和公共图书馆参加培训人次。

由图12可知，民众对西藏宗教文化、历史文化和艺术表演的支持度较高。因此，需进一步深入挖掘和丰富西藏的宗教文化和历史文化，增强艺术表演的品质，以增加群众观看次数，提高西藏公共图书馆的利用率，从而最终提高西藏文化产业的社会支持度。

③西藏文化产业的影响力。西藏文化产业的影响力主要通过文化产业发展对西藏其他产业的带动效应来体现。在相关学者研究的基础上[1]，本

---

[1]　如于泽《我国文化产业发展效益效率评价及资金配置对策研究》（中国矿业大学2014年博士学位论文）。

研究主要通过西藏文化产业发展对其他产业的带动效应、对西藏经济发展的促进作用、使人和自然更加和谐、使文化产业的教化功能得以发挥、提高群众的文化素质、维护西藏的稳定与安全、传递社会正能量、增强西藏在全国的影响力、对西藏整体发展贡献巨大 9 个指标衡量。各指标的具体对比如图 13 所示。

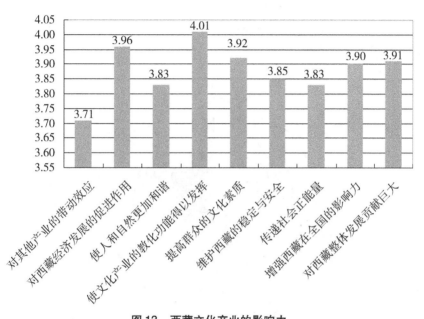

图 13　西藏文化产业的影响力

从图 13 可知，在西藏文化产业影响力的各个指标中，文化产业的文化教化功能得以发挥的得分最高，说明西藏文化产业影响力指标中最强的指标是西藏文化产业使文化教化功能得以发挥；居第二位的是西藏文化产业对西藏经济发展的促进作用，说明西藏文化产业对西藏经济具有重要的促进作用；居第三、第四位的分别是提高群众的文化素质、对西藏整体社会发展贡献大等，说明了西藏文化产业对提高群众文化素质，促进西藏社会整体发展，增强西藏在全国的影响力，维护了西藏的稳定与安全，使人和自然更加和谐，传递社会正能量，可以对其他产业产生带动效应。

以上数据显示，西藏文化产业的影响力涉及西藏社会发展和西藏经济的各个主要方面，对西藏经济发展具有重要的推动作用。

（3）西藏各主要地区文化产业发展的社会效益

西藏各主要地区文化产业发展的社会效益主要通过民众对西藏拉萨、日喀则、林芝、那曲、山南、昌都、阿里主要地区文化产业发展的社会效益的调查问卷数据的得分获得。

在185份答卷中，民众对西藏各主要地区文化产业发展的社会效益评价如图14所示。

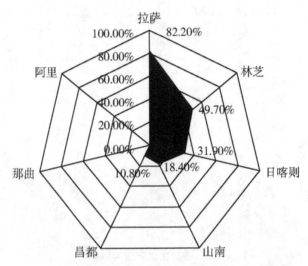

图14 西藏各主要地区文化产业发展的社会效益比较

从图14可知，大部分民众认为西藏文化产业社会效益较好的3个地区是拉萨、林芝和日喀则。其中，82.20%的民众认为拉萨的文化产业社会效益较好，49.70%的民众认为林芝的文化产业社会效益较好，31.90%的民众认为日喀则的文化产业社会效益较好，随后依次是山南和昌都地区，而民众普遍认为文化产业发展不好的地区是那曲和阿里。因此，除了大力发展拉萨、林芝和日喀则的文化产业外，国家还需要助推山南、昌都、那曲和阿里地区的文化产业发展。

另外，对西藏各地区的社会效益打分值对比如图15所示。

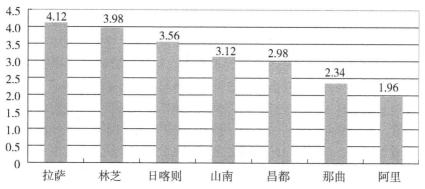

图15　西藏各主要地区文化产业社会效益结果

从图15数据可知，西藏各主要地区文化产业的得分值最高的是拉萨（平均分为4.12分），得分最低的是阿里地区（平均分1.96分）。根据调查问卷数据分析结果，社会效益排名由高到低依次为拉萨、林芝、日喀则、山南、昌都、那曲、阿里。

（4）西藏文化产业各主要行业发展的社会效益

根据文化产业十大行业的分类，通过相关问题项，让调查者根据自己的了解来对西藏文化产业各主要行业发展情况进行评价。评价结果如图16所示。

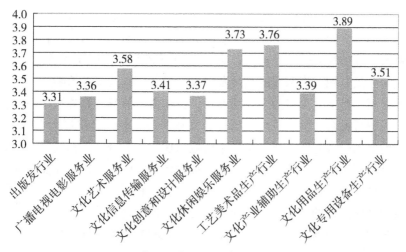

图16　西藏文化产业各行业的社会效益分析

图16的调查数据结果显示，均值得分最少的是出版发行业（3.31分），说明西藏出版发行业发展较为落后，不能够产生很好的社会效益；西藏文化产业中产生的社会效益最好的行业是文化用品生产行业，其次是工艺美术品生产行业，再次是文化休闲娱乐服务业。这个研究结果与于泽在《我国文化产业发展效益效率评价及资金配置对策研究》中所研究的我国文化产业各行业的社会效益结果略有差异。于泽的研究显示，最好的行业是文化信息传输服务行业，其次是文化休闲娱乐服务行业，最后是文化创意、设计服务行业。从图16可知，西藏文化休闲娱乐服务业处于社会效益第三位，然而，由于西藏文化产业发展过程中缺乏具有专业技能的文化产业人才，在社会效益评价方面，文化创意、设计服务业及文化信息传输服务业相对较弱。因此，应加大对西藏文化产业专业人才的培养和引进，尤其是文化创意、设计服务业和文化信息服务业人才的培养。本研究的结果也说明了民众对西藏文化产业各行业社会效益的评价还是比较客观的。

总体而言，第三点第（一）部分内容通过调查问卷数据的统计分析对西藏文化产业发展的整体社会效益情况进行分析，并从区域和行业两个角度评价、分析了西藏文化产业的社会效益。由于西藏文化产业相关数据的收集和可得性的限制，所建立的西藏文化产业社会效益评价指标尚不够全面系统。从调查的结果和实证的结果来看，所得结果比较符合西藏文化产业发展实际，具体研究结论主要包括4个方面。

首先，西藏文化产业发展的整体情况一般，并未得到社会的认可。网络和电视是人们对西藏文化产业了解的主渠道，而文化出版业和广播电视电影服务业的社会效益比较低，更应重视西藏出版业和网络平台的建设，尤其是西藏有线电视网线的铺设及对高质量、高科技服务的跟进。调查还发现，青年是文化项目的主要消费者，民众文化消费占日常消费的比重较低，大部分民众认为西藏文化项目和文化产品比较适合基层大众的需要，但是政府的投入力度一般，所以主要应抓住青年消费群体和基层大众的消费心理，开发新的文化项目和产品，加大政府对西藏文化产业在建项目的投入力度，在资金配置上可以倾向于青年项目和青年文化产业一类，增加民众对文化产业的消费，提高西藏文化产业的社会效益。

其次，社会效益评价中的西藏文化产业的社会支持度、吸引力和影响力3个指标较好地表现了西藏文化产业发展的社会效益现状。社会效益排在前面的地区是拉萨、林芝和日喀则。西藏文化产业中产生社会效益最好的行业是文化用品生产行业，其次是工艺美术品生产行业，再次是文化休闲娱乐服务业。

再次，通过调查和定量评价，对西藏文化产业十大行业的社会效益有了初步的排序，可为西藏文化产业各主要行业的协调发展提供参考依据。

最后，从对西藏各地区文化产业的社会效益情况看，调查数据分析结果和西藏文化产业发展的现实基本一致，这也说明了问卷调查的有效性，而且也说明了评价的指标和方法的科学性。

（二）西藏文化产业发展的经济效益分析

1. 分析思路及方法

（1）分析思路

现有的文献对文化产业经济效益分析大多从文化产业的增加值、主营业务收入、营业利润、利润总额等指标来判断。本研究在已有研究的基础上，从西藏文化产业发展情况和数据的可获得性对西藏文化产业经济效益进行分析。本文数据根据《西藏统计年鉴（2016）》和《中国文化文物统计年鉴（2016）》查取或通过计算获得，而对于难以获得的数据，则根据西藏文化产业的实际情况，选取一些相关指标进行代替。

基于此，经济效益分析和评价思路是：首先，从区域的角度，对西藏各主要地区的文化产业发展的经济效益进行评价，以发现各地区的文化产业经济效益水平，为地区文化产业的均衡发展提供参考；其次，从行业的角度，根据国家2016年文化产业新的分类标准的50个中类行业对西藏文化产业的经济效益进行评价，为西藏文化产业结构调整提供参考依据。

另外，在遵循文化产业指标构建原则的基础上，本研究根据财务指标对西藏文化产业的经济效益评价指标进行构建。一方面由于西藏现实条件的局限性，非财务数据获取较难及财务指标数据的可获得性，另一方面由于文化产业发展中的财务状况、业务活动、就业人员和补充指标被认为是度量文化产业的四大指标,① 因此,结合现实情况,在前人研究的基础上,本文采用西藏文化产业发展过程中资金配置的财务指标作为经济效益评价的依据和基础。

（2）分析方法

目前,学者关于文化产业经济效益没有成熟的评价体系,而且,对于评价体系中各指标权重的确定主要包括主观和客观两种方法。主观确定权重的方法主要有德尔菲法、层次分析法等。而客观赋权法是根据各指标间的相关关系或各项指标数值的变异程度来确定权重,避免人为因素带来的偏差,如主成分分析法、因子分析法、熵权法等指标权重的计算方法。本课题在综合前人相关研究的基础上②,选择采用熵权法对西藏文化产业各指标的权重进行计算。

①熵权法的定义及性质。熵权法是一种客观的赋权方法。它是利用各指标熵值所提供的信息量的大小来决定指标权重的方法。其出发点是根据某同一指标数据值之间的差异程度来反映其指标的重要程度,如果各被评价对象的某项指标表现出来的数据差异很大,则反映该指标对评价系统所起的作用很大。

熵权法的性质主要包括3个方面。一是当各被评价对象在某指标上的值相差较大时,熵值较小,熵权较大。这说明该指标向决策者提供了有用的信息,同时还告诉决策者各对象在该指标上有明显差异；反之,应去除熵权为零的指标。二是指标熵值越小时,熵权越大,表明相对应的评价指标信息量越大,该指标就越重要；反之,该指标越不重要,从而可以客观地得出评价指标权重的大小。三是熵权并不是表示决策评价问题中某项指标实际意义上的重要性系数,而是在给定评价对象集后,各种评价指标值确定的情况下,各指标在竞争意义上的相对激烈程度。

②熵权法对指标权重进行确定的步骤。利用熵权法确定指标权重的步骤如图17所示。

---

① 参见蒋多《四大指标度量文化产业》,载《中国美术馆》2005年第3期,第84~86页。
② 如谢啸《安徽省文化产业投融资效率研究》,安徽大学2012年硕士学位论文。

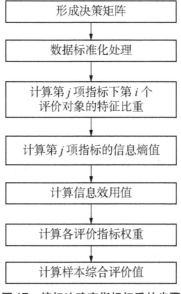

图17 熵权法确定指标权重的步骤

2. 西藏文化产业发展的经济效益

(1) 西藏各主要地区文化产业的经济效益评价

①评价指标选取及权重的确定。根据新的文化及相关产业分类标准,以及西藏文化产业相关数据的可获得性,将西藏文化产业的相关经济效益指标进行整理,根据指标构建原则,在参考相关文献①的基础上,采用7个指标（a. 文化产业增加值；b. 文化产业增加值占GDP比重；c. 文化产业增加值占第三产业增加值比重；d. 百元固定资产实现增加值；e. 人均营业收入额；f. 人均创利税额；g. 总资产周转率）构建西藏文化产业发展的经济效益评价指标体系,并运用熵权法计算指标权重。具体见表5。

---

① 如王琳《文化产业的发展与预测》（天津社会科学院出版社2005年版）及王富强、徐静珍、薛晓光《关于文化产业综合评价体系的探讨》（《河北日报》2009年11月18日）。

表5 西藏各主要地区文化产业发展的经济效益评价指标及其权重

具体指标	指标权重	排序
文化产业增加值	6.87%	5
文化产业增加值占GDP比重	14.43%	2
文化产业增加值占第三产业增加值比重	11.26%	3
百元固定资产实现增加值（亿元）	25.32%	1
人均营业收入额	5.24%	6
人均创利税额	2.10%	7
总资产周转率	8.28%	4

数据来源：表中指标数据根据《中国文化及相关产业统计年鉴（2014）》《西藏统计年鉴（2014）》计算所得。

从表5可以看出，在西藏文化产业发展的各项指标中，文化产业增加值、人均营业收入额和人均创利税额3个指标排在最后。而百元固定资产实现增加值这个指标排在第一位，并且高出第二位很多，说明其对西藏文化产业经济效益的影响程度高，也充分说明了西藏对固定资产（包括地区所固有的自然文化资源）的利用效果比较好，这与西藏的文化产业发展的特质有关。而实际上，百元固定资产实现增加值对西藏文化产业的经济效益确实是最重要的，与西藏的实际情况也很相符。可见，指标的选取与评价方法的运用是科学可行的。但是，在实现文化产业增加值、人均营业收入额和人均创利税额方面还需提高。

②西藏文化产业经济效益评价结果分析。由于数据限制，西藏各主要地区的文化产业经济效益评价仅用2014年数据，一些评价方法因受数据限制而无法采用，本研究仍采用熵权法进行评价。具体评价结果见表6。

表6 西藏各主要地区文化产业经济效益评价结果

西藏各主要地区	得分	排序
拉萨	6.72	1
日喀则	3.34	2
林芝	2.80	3
昌都	2.43	5
山南	2.06	6
那曲	2.62	4
阿里	1.58	7

以上评价结果显示，拉萨的文化产业经济效益最好，文化产业经济效益最差的是阿里。西藏各地区文化产业经济效益的排名依次为拉萨、日喀则、林芝、那曲、昌都、山南、阿里。

(2) 西藏文化产业各主要行业的经济效益评价

①评价指标选取。由于西藏文化产业相关数据和行业本身发展的限制，对西藏文化产业各行业的经济效益评价指标选取只能根据现有数据进行确定。最终，本研究提炼出的西藏文化产业各主要行业经济效益评价指标体系。(见表7) 这样难免存在指标不全面或代表性不强的情况，相信随着西藏文化产业相关统计数据的逐年完善，在对西藏文化产业各行业经济效益评价方面的研究会越来越完善。

表7 西藏文化产业各行业经济效益评价指标及权重

指标	指标权重	排序
人均利润	0.080	6
人均营业收入	0.203	3
资金利税率	0.082	5
营业收入	0.210	2
营业利润	0.224	1
固定资产利润率	0.146	4

从表7可知，西藏文化产业营业利润的权重最大，其次是营业收入、人均营业收入。这3个指标对于西藏文化产业的经济效益来说也是非常重

要的。在实际发展中,要注意提高这几个指标的数值,还要不断从多个方面促进其共同协调发展,这样才能增加营业利润和营业收入。

②西藏文化产业各行业经济效益评价结果。由于数据不足,不能够对西藏文化产业十大行业50个种类的文化产业经济效应进行评价,仅运用熵权法评价得到西藏文化产业十大行业经济效益排序结果。(见表8)

表8 西藏文化产业十大行业的经济效益评价结果

行业名称	得分	排序
新闻出版发行行业	0.778	10
广播电视电影服务	0.924	9
文化艺术服务	2.021	4
文化信息传输服务	1.827	5
文化创意和设计服务	1.751	6
文化休闲娱乐服务	2.637	2
工艺美术品的生产	2.386	3
文化产品生产的辅助生产	1.643	7
文化用品的生产	2.824	1
文化专用设备的生产	1.160	8

在西藏文化产业的10个类别中,文化行业发展经济效益最好的是文化用品的生产和文化休闲娱乐服务,最差的是广播电视电影服务和新闻出版发行行业。广播电视电影服务经济效益差主要因为固定资产利润率低及营业利润太低,资金利税率指标也有待提高。因此,西藏应该在文化用品生产和文化休闲娱乐服务高经济效益的基础上,提高文化创意和设计服务的经济效益,同时加大西藏广播电视电影服务和新闻出版发行行业的经济效益。

另外,随着经济收入的增加,人们现在更注重高雅艺术的消费,购买工艺美术品也比以前多,因而带动了西藏工艺美术品生产行业经济效益的提高。然而,西藏文化艺术服务及文化创意和设计服务在西藏文化产业中的排名比较靠后,而文化产业发展的核心是要创意和设计,文化创意和设计服务业是文化产业持续发展的关键。而且,西藏文化产品生产的辅助生产及文化专用设备的生产在西藏文化产业各行业经济效益都不高,这和西藏缺乏文化生产相关技术人员有很大的关系。

总体而言，本研究从区域、行业分别对西藏文化产业各主要区域、文化产业各行业（新分类标准）的经济效益进行评价。评价结果是，西藏文化产业经济效益地区排名由高到低依次为拉萨、日喀则、林芝、那曲、昌都、山南、阿里。西藏文化产业的十大类别的文化产业经济效益评价的排序情况是文化用品的生产、文化休闲娱乐服务、工艺美术品的生产、文化艺术服务、文化信息传输服务、文化创意和设计服务、文化产品生产的辅助生产、文化专用设备的生产、广播电视电影服务、新闻出版发行行业。

（三）西藏文化产业发展的综合效益分析

文化产业的效益由社会效益和经济效益构成，然而，并没有提到文化产业的综合效益，从研究的全面性考虑，下面对文化产业的综合效益进行简单分析，综合效益计算也很简单，既然社会效益和经济效益都很重要，那么，综合效益的计算如下：[①]

$$综合效益 = （社会效益 + 经济效益）/2$$

1. 西藏各主要地区文化产业的综合效益分析

根据西藏各主要地区文化产业的社会效益和经济效益，计算其平均值，得到西藏文化产业综合效益排序结果。（见表9）

表9 西藏文化产业综合效益排序结果

主要地区	社会效益	社会效益排序	经济效益	经济效益排序	综合效益	综合排序
拉萨	4.12	1	6.72	1	5.42	1
日喀则	3.56	3	3.34	2	3.45	2
林芝	3.98	2	2.80	3	3.39	3
昌都	2.98	5	2.43	5	2.71	4
山南	3.12	4	2.06	6	2.59	5
那曲	2.34	6	2.62	4	2.48	6
阿里	1.96	7	1.58	7	1.77	7

---

① 参见杨亚洁《社会主义文化产业社会效益与经济效益相统一研究》，西南交通大学2014年硕士学位毕业论文。

从表9的综合效益看，综合效益的排序结果与社会效益、经济效益的排序均不一致，略有差别，说明综合效益取决于西藏文化产业发展社会效益和经济效益的综合结果。西藏各主要地区文化产业的综合效益由高到低依次为拉萨、日喀则、林芝、昌都、山南、那曲、阿里。综合效益结果说明了西藏文化产业发展的地区差异。

另外，西藏各主要地区的社会效益、经济效益、综合效益对比如图18所示。

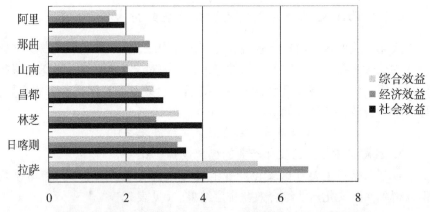

图18 西藏各主要地区社会效益、经济效益、综合效益的对比

从图18可知，相对综合效益而言，拉萨的社会效益偏低，经济效益偏高；日喀则及那曲的综合效益、经济效益和社会效益基本均衡发展；林芝、昌都、山南和阿里地区的社会效益发展较好，普遍高于综合效益和经济效益。因此，在保持社会效益和经济效益均衡发展的情况下，相比较而言，日喀则和那曲地区的文化产业发展模式值得借鉴。

2. 西藏文化产业各主要行业综合效益分析

西藏文化产业的特殊性决定了在文化产业发展中要以社会效益为首，经济效益与社会效益协调发展。因此，我们将西藏文化产业社会效益与经济效益的平均值作为综合效益，通过计算，得出十大行业的社会效益、经济效益与综合效益的对比情况。（见表10）

表10 西藏文化产业各行业社会效益、经济效益与综合效益的对比情况

行业名称	社会效益得分	社会效益排序	经济效益得分	经济效益排序	综合效益得分	综合效益排序
新闻出版发行行业	3.31	10	0.778	10	2.044	10
广播电视电影服务	3.36	9	0.924	9	2.142	9
文化艺术服务	3.58	4	2.021	4	2.801	4
文化信息传输服务	3.41	6	1.827	5	2.619	5
文化创意和设计服务	3.37	8	1.751	6	2.561	6
文化休闲娱乐服务	3.73	3	2.637	2	3.184	2
工艺美术品的生产	3.76	2	2.386	3	3.073	3
文化产品生产的辅助生产	3.39	7	1.643	7	2.517	7
文化用品的生产	3.89	1	2.824	1	3.357	1
文化专用设备的生产	3.51	5	1.160	8	2.335	8

另外，根据表10得出西藏文化产业的社会效益、经济效益、综合效益的对比情况图。（如图19所示）

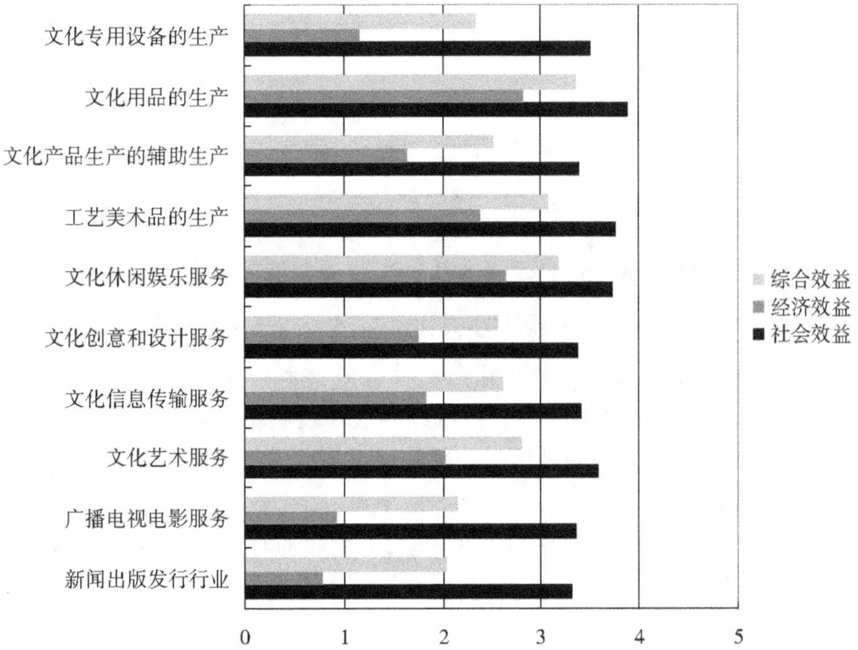

图19 西藏文化产业发展的社会效益、经济效益、综合效益对比情况

如图 19 所示，西藏文化产业十大行业的社会效益高于综合效益和经济效益。其中，新闻出版发行行业、广播电视电影服务、文化产品生产的辅助生产及文化专用设备的生产行业，社会效益远远高于其经济效益和综合效益。

3. 西藏文化产业效益对西藏经济增长的作用分析

西藏文化产业的发展效益对西藏经济增长发挥着重要的作用。在发展西藏文化产业过程中，一定要使西藏文化产业的社会效益与经济效益相互协调发展，以此促进西藏文化产业综合效益的提高。本部分将通过西藏各主要地区文化产业的社会效益与经济效益来测度其对西藏经济增长的作用。（如图 20 所示）

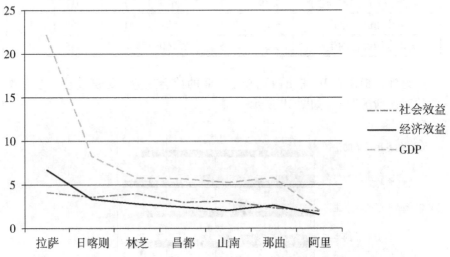

图 20　西藏各主要地区文化产业的社会效益、经济效益与西藏 GDP 的关系

从图 20 可以看出，西藏文化产业的社会效益和经济效益与西藏经济发展具有正相关关系。西藏文化产业社会效益和经济效益高的地区，其 GDP 也高，而西藏文化产业社会效益和经济效益低的地区，其 GDP 也比较低。因此，要促进西藏地区经济的快速发展，大力发展西藏的文化产业是一个重要的途径。

同时，通过利用 Eviews 计算西藏文化产业的社会效益和经济效益对 GDP 的作用估计结果。（见表 11）

表 11　西藏文化产业的社会效益和经济效益对 GDP 的作用估计结果

变量	系数	标准误	t 统计量	显著性
社会效益 LN	0.424172	0.178732	2.435472	0.0121
经济效益 LN	0.507243	0.132464	3.012480	0.0014
常数	17.86073	0.374683	12.46743	0.0000
指拟合优质	0.764387	F 统计量		99.457416
调整后的 R^2	0.756482	P 值（F 统计量）		0.000000

根据表 11 的变量值，得出模型如下：

INGDP = 0.424172LNSHXY + 0.507243LNJJXY + 17.86073
　　　　（2.44）　　　　　　（3.01）　　　　　（12.47）
$R^2 = 0.764$　　$F = 99.457$　　Pro（F）= 0.000

同时，从上述数据可看出，模型拟合度较高，统计量都通过了检验。从该模型可以看出西藏文化产业的发展效益对西藏经济增长的作用。其中，西藏文化产业社会效益增加 1 个单位，将带动西藏 0.424 个单位 GDP 的增长；西藏文化产业经济效益增加 1 个单位，将带动西藏 0.507 个单位 GDP 的增长。通过对该数据进行分析还可以发现，西藏文化产业经济效益对西藏经济增长的贡献要大于西藏文化产业的社会效益对经济增长的贡献。然而，从可持续发展的角度看，西藏文化产业发展的社会效益是西藏文化产业可持续发展的重要表现。因此，必须在发展西藏文化产业时兼顾经济效益和社会效益；当两者发生矛盾时，应遵循西藏文化产业发展的社会效益为重的原则。

总体而言，通过对西藏各主要地区的文化产业，以及文化产业各主要行业的经济效益与社会效益进行对比分析。其中，西藏各主要地区文化产业发展的经济效益和社会效益排在前十位的地区基本趋于一致。日喀则和林芝，以及昌都与山南的社会效益和经济效益评价略微有所差异。西藏文化产业十大行业的经济效益和社会效益除了文化创意和设计服务，以及文化专用设备生产、文化休闲娱乐服务不是完全一致外，其余行业的经济效益和社会效益排名基本相同。这也说明西藏文化产业发展还没有完全达到社会效益与经济效益协调统一发展。首先，新闻出版发行行业和广播电视电影服务行业一定要重视其社会效益以及经济效益的提高；其次，文化专用设备生产行业一定要重视其经济效益；再次，文化创意和设计服务一定要提高其社会效益。对于西藏文化产业经济效益和社会效益不好的行业，需要认真思考和定位文化产品或服务是否具有高质量、高品位，是否满足了社会大众的需要，获得社会大众的认可等问题，以促进其综合效益的提升。

四、以效益为导向的西藏文化产业资金配置路径分析

资金是每个文化企业生存与发展的关键，资金配置的优劣直接影响到文化企业的基本运作、科技创新及可持续发展的问题。忽视资金配置问题，就有可能会导致资金无法满足企业自身生存发展需要，甚至还可能导致财务风险的产生。因此，在对西藏文化产业效益评价的基础上，本研究提出了西藏文化产业发展中资金配置的路径和对策。

（一）西藏文化产业发展中资金配置的目标及原则

1. 西藏文化产业发展的资金配置目标

本研究资金配置实现的目标主要包括：一是文化产业发展的目标，文化产业要做大做强，必然需要资金的支持；二是区域文化产业发展平衡目标，各区域由于文化产业资源不同，文化产业发展亦不同，为了使文化产业能实现大繁荣、大发展，必须对相对薄弱的有自然文化资源区域进行资金的扶持，使之快速发展。总之，资金配置目标要实现效率与公平。效率表现为经济增长实现最大化或一定时期内资源空间配置的最优化；公平表现为区域间实现配置平衡，产业的各行业间实现配置平衡。但是，这种平衡并不是平均主义，而是在效益导向下实现公平。资金配置目标具体包括：①短期与长期平衡；②兼顾时期性和重点性；③资金配置风险与收益实现平衡；④以市场为主导，实现供需平衡；⑤资金配置领域与区域实现平衡；⑥资金配置区域与行业的针对性。

2. 西藏文化产业发展的资金配置原则

在对西藏文化产业进行资金配置时，由于各地区拥有的文化资源不同，因此，不能搞平均主义、面面俱到，搞分散型、照顾型的资金补助，而应该规范资金配置行为，采取确定重点、合理统筹、集中使用的

方式，促进资金合理配置，使有限的资金发挥最大的效益，并通过控制资金配置，达到实现西藏文化产业的社会效益和经济效益相统一的目的。① 所以，在资金配置时必须遵循一定的原则和依据，不能盲目对资金进行分配，在以国家政策、法律、法规为基本原则的情况下，必须遵循4个原则。

（1）效率效益优先原则

资金配置的原则必须是在最低的资金下或是在相同的资金额度内，创造出尽可能多的经济效益和社会效益，实现效益和效率最大化，这是资金配置遵循的最重要的原则——效率效益优先原则。

（2）有侧重地照顾一般原则

有侧重地照顾一般原则主要包括3点。①协调原则。资金配置必须兼顾各方利益，在协调基础上进行配置，不能出现偏重偏轻现象，否则不利于文化产业的协调稳定长期发展。②实用原则。所制分配方案必须具有实用性，不能只为分配资金而分配资金，要做到资金分配切实、科学、实用。③发展原则。文化产业也属于相对长时间才能见效的，所以在资金配置时要考虑到发展的前景，不能因一时的效益不佳而对其减少资金的配置或停止资金的配置，这将不利于文化产业的平衡与长期发展。

（3）适度、及时原则

资金配置必须在需要资金的关键时间点上及时配置到位到量，这样才能够保障企业或项目的正常运营，不至于出现资金链断裂，而影响发展进度。同时，一次资金分配要适度，不能过多，也不能过少。

（4）助优扶强原则

将文化产业资金"用到刀刃上"，让有限的资金发挥重要作用，必须突出助优扶强，不是"撒撒胡椒面"。② 即是说，西藏文化产业的发展，要优先支持具备条件的行业骨干企业，充分发挥优势骨干企业的主体作用，让一部分企业先做强并做大，再来带动其他企业，最终实现一起发展壮大。

---

① 参见田宪臣《文化的双重效益及其实现机制》，载《黄河科技大学学报》2013年第3期，第59～63页。

② 参见于燮康《坚持市场导向突出助优扶强将科技资金"用到刀刃上"》，载《电子工业专用设备》2014年第3期，第19～22页。

(二) 西藏文化产业资金配置优化系数的确定

1. 确定资金配置类型系数 c_{oj}

设有 n 个单元（地区、行业） x_i（$i=1, 2, \cdots, n$），总文化产业资金为 G，根据评价结果的四象限分布，将资金配置分为Ⅰ、Ⅱ、Ⅲ、Ⅳ类，即分别为：

第Ⅰ类：高社会效益、高经济效益。
第Ⅱ类：高社会效益、低经济效益。
第Ⅲ类：低社会效益、高经济效益。
第Ⅳ类：低社会效益、低经济效益。

在此，第Ⅱ类和第Ⅲ类可根据实际需要进行互换类别，或将两类直接归为一类。本研究按照4类分，实际应用时可以根据需要调整，系数计算过程一样。每类配置资金初始系数 c_{oj} 值分别为 0.4、0.3、0.2、0.1（此值也可以根据实际需要进行调整，如分成3类，可以设为 0.5、0.3、0.2）。

一笔文化产业资金或财政资金也可以在实际需要时以比较简单的优化分配方案进行分配，以效益效率评价为基础，将资金分成若干类型，按照效益效率评价结果按比例进行分配。文化产业资金分配比例见表12。

表12　西藏文化产业资金的分配比例及类型

初始系数 c_{oj}	发展效益	分配类型
0.4	前20%	一类资金：奖励型
0.3	30%~50%	二类资金：支持型
0.2	60%~80%	三类资金：发展型
0.1	90%~100%	四类资金：扶持型

根据表12所示，可把西藏文化产业的资金划分为4种类型：①奖励型资金。此类资金配置给西藏文化产业发展效益在20%的地区、行业或项目。②支持型资金。此类型资金配置给西藏文化产业发展效益30%~50%的地区、行业或项目。③发展型资金。此类型资金配置给西藏文化产业发展效益在60%~80%的地区、行业或项目。④扶持型资金。此类型

资金配置给文化产业发展效益在90%～100%的地区、行业或项目。这4种类型的确定，也可以按照效益效率四象限的分布情况，根据西藏文化产业发展的实际需求进行确定。

除此之外，还有一类属于对西藏文化产业的特批型资金。此类型的资金是根据西藏文化产业发展的实际需要，政府决定要快速发展的项目，或是属于创新型的文化产业项目需要资金支持，而且立马要推向市场，并且经过对市场的预测及可行性分析，确实能够给西藏经济带来经济效益和社会效益的。另外，西藏文化产业在发展过程中配置此类资金时需根据项目的发展进度实行阶段性的评价，再根据运行结果进行资金的追加或停拨。

2. 确定每类单元比例数 b_j

由于对不同数量的单元每次的评价结果都会不同，因此，4个象限里的单元数都是变化的，必须计算每个象限内的单元数量占总评价对象单元数的比例，即：

$$b_j = \frac{x_i}{\sum_{i=1}^{n} x_i}$$

3. 确定资金配置系数 c_j

根据资金配置类型系数和每类内单元比例系数，计算资金配置系数，即：

$$c_j = \frac{c_{oj} \times b_j}{\sum_{j=1}^{4} c_{oj} \times b_j}$$

4. 确定每个单元的配置资金 Z_i

设每类内的单元数为 m_j，则每个单元得到的配置资金是：

$$Z_i = \frac{G \times c_j}{m_j}$$

（三）西藏文化产业资金优化配置模型的构建

建立文化产业资金配置优化模型的目的在于在一定的经费约束条件下，通过资金的优化分配，使一定的文化产业资金支持的文化产业项目、公司、地区在社会效益和经济效益几个方面获得最大。根据研究目的，本文构建以效益为导向的西藏文化产业资金优化配置模型如下：

$$MaxZ = w_s \times \sum_{i=1}^{n} s_i(x_i) + w_e \times \sum_{i=1}^{n} e_i(x_i)$$

$$s.t \begin{cases} \sum_{i=1}^{n} f_i(x_i) = F_{总} \\ f_i(x_i) \geq 0, \quad i = 1,2,\cdots,n \end{cases}$$

其中，x_i 表示所有项目或公司或地区数，s_i 表示第 i 个项目的社会效益，w_s 为社会效益权重，e_i 为第 i 个项目的经济效益，w_e 为经济效益权重，f_i 为第 i 个项目分配到的资金，$F_{总}$ 为总的文化产业资金。对于文化产业来说，坚持社会效益与经济效益并重，这里权重可以各自取 0.5，那么，在此模型中就可以将权重去掉，但是考虑到有些项目根据其发展时期不同，可能会出现社会效益和经济效益权重不一的情况，所以还是在模型中运用了权重。一般一项资金为保证个别项目或是各地区最基本的经费保障 f_0，剩余的 $F = F_{总} - nf_0$，才是进行优化分配的资金。

（四）西藏文化产业资金配置路径分析

本研究主要是通过对西藏文化产业效益的评价结果来寻求资金配置的优化路径，通过评价西藏不同地区及不同行业的效益来预测其发展趋势及路径。这里将社会效益和经济效益作为效益评价分析和比较的两个关键因子，对西藏主要地区或行业的平均值作为划分 4 个象限的标准，达到或高于平均值的视为效率合格，低于平均值的视为不合格，按此对西藏文化产业主要地区和行业的资金配置路径进行改进和优化。

1. 西藏文化产业主要地区资金配置路径优化

根据西藏文化产业社会效益和经济效益的划分标准，将西藏 7 个主要地区文化产业社会效益和经济效益划分成 4 个象限。（如图 21 所示）

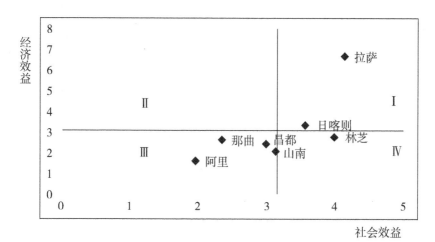

图21 西藏文化产业主要地区资金配置改进路径

根据图中各省所处的不同象限，提出以下资金配置改进路径建议：

第Ⅰ象限是"红星示范区"，是高社会效益和高经济效益的地区。该地区的西藏文化产业的社会效益和经济效益都超过平均水平。这个象限内共有两个地区，分别是拉萨和日喀则。这两个地区在资金配置上继续保持或进一步优化，日喀则虽然在这个合格范围内，但经济效益在这个范围内还是较低的，尤其还要进一步加强资金优化配置。

第Ⅱ象限是"蓝星区"，是低社会效益、高经济效益的地区。西藏7个主要地区文化产业发展基本没有呈现出低社会效益、高经济效益。

第Ⅲ象限是"黄星区"，是低社会效益、低经济效益的地区。有阿里、那曲、昌都和山南。相对而言，阿里地区的经济效益和社会效益最低，那曲的经济效益最高，山南的社会效益最高。由于经济效益影响大于社会效益对经济的影响，因此，资金配置先考虑经济效益较高的地区。按照此规律，资金配置优先改进经济效益的地区有那曲、昌都、山南和阿里地区。社会效益最低的是阿里地区，最高的是山南，同样，资金配置优先改进社会效益的依次是山南、昌都、那曲和阿里。这些社会效益和经济效益都比较低的地区在资金配置时按照此优化路径进行，最终实现西藏文化产业发展的双效益的提高。

第Ⅳ象限与第Ⅱ象限一样，同是"蓝星区"，属于高社会效益、低经济效益的地区。从图21可知，有一个地区属于高社会效益、低经济效益的地区，即林芝。林芝文化产业的发展主要是要将资金配置到经济效益上，通过提高7个指标（a. 文化产业增加值；b. 文化产业增加值占GDP比重；c. 文化产业增加值占第三产业增加值比重；d. 百元固定资产实现增加值；e. 人均营业收入额；f. 人均创利税额；g. 总资产周转率），尽快提高其经济效益，从而达到第Ⅰ象限红星区。

2. 西藏文化产业主要行业资金配置路径优化

根据划分标准，首先将10个行业情况划分4个象限。（如图22所示）

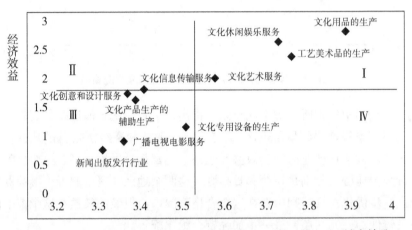

图22 西藏十大行业技术效率与规模效率

第Ⅰ象限属于高社会效益、高经济效益的行业。其中，有4个行业，包括西藏文化产业中的文化用品的生产、文化休闲娱乐服务、工艺美术品的生产及文化艺术服务，是西藏文化产业其他6个行业的示范行业。应使后续资金配置继续保持和进一步提高，以实现社会效益和经济效益。现在，这4个行业虽然超过西藏文化产业其他行业的平均值，但还没有达到最佳配置状态，还有一定的发展空间。

第Ⅱ象限属于低社会效益、高经济效益的行业，有一个行业，即西藏文化信息传输服务行业。由于此行业的经济效益相对较高，因此，西藏文化信息传输服务行业在资金配置时要先提高社会效益，通过提升信息传输服务行业在西藏的贡献度、影响力和吸引力等来实现社会效益的提升。

第Ⅲ象限属于低社会效益、低经济效益行业，在这一象限的有5个行业，即文化创意和设计服务、文化产品生产的辅助生产、文化专用设备的生产、广播电视电影服务及新闻出版发行行业。在这5个行业中，新闻出版发行行业的经济效益和社会效益最低，文化创意和设计服务的经济效益最高，而文化专用设备的生产的社会效益最高。由于经济效益对于西藏经济的作用大于社会效益的作用，因此，资金配置首先侧重经济效益的提升，按照西藏文化创意和设计服务、文化产品生产的辅助生产、文化专用设备的生产、广播电视电影服务、新闻出版发行行业的顺序进行；资金配置进行社会效益提升的顺序依次为文化专用设备的生产、文化产品生产的辅助生产、文化创意和设计服务、广播电视电影服务以及新闻出版发行行业。

五、资金配置与西藏文化产业发展路径及对策

西藏文化产业要发展，要实现文化产业的资金优化配置，在有限的资金投入下，就必须允许西藏文化产业发展较好的部分地区、行业及企业先做强做大，从而影响和带动其他地区、行业及企业，最终实现西藏文化产业的整体发展，成为西藏文化经济发展的支柱性产业。对此，结合本课题的研究分析，提出以下发展路径及对策。

（一）有侧重地增加资金的投入，优化西藏文化产业的资金配置结构

由于不同地区、不同行业及不同项目的文化产业发展水平不同，因此，政府资金在对西藏文化产业发展的投放上，应尽量投向经济效益和社会效益好的地区、行业、企业或者项目。同时，各地区均衡发展也很重要。考虑到西藏地区文化产业的均衡发展，政府资金也要投放到发展比较薄弱的领域。

首先，对于西藏文化产业的发展来说，在区域发展上，政府应继续支持拉萨、日喀则和林芝等地区的文化产业经济效益和社会效益的发展；同时，资金配置优先改进经济效益的地区有那曲、昌都、山南和阿里；资金配置优先改进社会效益的地区依次是山南、昌都、那曲和阿里。这些社会效益和经济效益都比较低的地区在进行资金配置时，按照此优化路径

进行。

其次，对西藏文化产业的各主要行业发展，首先应使文化用品的生产、文化休闲娱乐服务、工艺美术品的生产及文化艺术服务的经济效益和社会效益进一步提高。同时，对于经济效益较高而社会效益较低的西藏文化信息传输行业，可通过提升信息传输行业在西藏的贡献度、影响力和吸引力等来实现社会效益的提升。其余行业的资金配置路径是：对经济效益的提升，按照文化创意和设计服务、文化产品生产的辅助生产、文化专用设备的生产、广播电视电影服务、新闻出版发行行业的顺序进行；资金配置进行社会效益提升的顺序依次为文化专用设备的生产、文化产品生产的辅助生产、文化创意和设计服务、广播电视电影服务以及新闻出版发行行业。

再次，针对不同的项目，资金投入也要有所侧重。一方面，加大西藏文化产业基础设施建设项目的资金投入。文化基础设施建设是发展西藏文化产业的先决条件，因此，必须加大对西藏文化基础设施的建设。目前，西藏文化基础设施建设投资较为薄弱，对公共文化服务基础设施建设，如图书馆、博物馆、艺术馆、乡镇综合文化站、文化馆、文化中心等的投入比较少，并不能满足人民群众的消费需求。因此，西藏需重视对公共文化服务及营利性基础设施的投资，建立健全西藏文化服务设施功能，提高西藏文化产业基础设施建设水平，以此提升西藏文化产业发展的内在动力。另一方面，在调研中发现，西藏文化产业示范基地、示范园区等对西藏文化产业的发展有重要的影响，因此，国家要继续重视对示范基地和示范园区的建设和发展。除增加示范园区和基地的资金投入外，可给予相关费用的减免和相关政策的支持，如贷款贴息、效益效率奖励、保险费补助、项目补助等，确保西藏此类文化产业项目的落地，以促进西藏文化产业基地和园区建设，促进西藏文化产业发展。

（二）拓宽资金渠道，增加西藏文化产业的资金配置来源

首先，除了政府资金的投入外，对于西藏文化产业中经济效益好的地区、行业的项目或发展成熟阶段的文化企业或项目，可以分配给一些非政府资金持有者进行投入，如金融资金、社会资金、基金、外资等的持有机构或个人。这样能够实现经济效益、社会效益的协调发展，并在提高资金整体使用效率的基础上，发挥西藏文化产业发展中各主体的优势和最大效益。

其次，鼓励和完善西藏文化产业的民间投资，建立和完善有关的文化商会或协会，为西藏文化产业的资金供需双方提供信息服务；同时，可为西藏文化产业发展的民间投资的文化商会或协会组织管理机构提供资金配置方向的引导，搭建投资平台，构建相关的资金配置服务信息体系；对有发展前途的西藏文化产业项目，可实行股份制建设，通过投资服务平台了解和公布西藏文化产业效益、效率发展情况，以便为从事西藏文化产业发展的投资者提供决策参考。

再次，可通过发行西藏文化产业的相关彩票进行筹资。这除了能拓宽资金来源渠道，还能进行西藏的文化产业传播。通过发行文化彩票，可以对西藏的文化产业进行宣传，让民众通过精致的彩票来了解西藏丰富多彩的文化资源和文化产品，从而提高民众的文化素养，同时也可带动西藏地区居民的文化消费。

另外，在资金配套方面，对于经济效益高的企业、行业及地区的项目可以考虑市场化融资。政府可重点针对社会效益高而经济效益难以发挥的项目进行投资，或通过财政补助的形式进行市场化，以促进西藏文化产业发展中社会效益和经济效益的进一步提升。

（三）完善文化产业效益评价体系，为资金配置部门提供指导

首先，需要进一步完善西藏文化产业的效益评价指标体系。由于数据所限，本研究初步提出了关于西藏文化产业发展过程中的社会效益和经济效益的评价指标体系，但是，此指标体系是否符合西藏文化产业发展的实际，还有待进一步检验。在综合国家对于文化产业效益评价指标体系及本研究提出的关于西藏文化产业社会效益和经济效益评价指标体系的基础上，西藏文化产业相关的主管部门及文化产业的资金主管部门需进一步完善西藏文化产业发展的社会效益、经济效益评价指标体系，以促进西藏文化产业的协调发展，使其在西藏经济发展中起到重要的作用。

其次，实现西藏文化产业的分层次评价。由于文化产业效益评价指标比较多，所用的指标未必适合任何地区、行业或企业。因此，西藏相关文化产业发展部门或文化产业专项资金主管部门要对所支持的西藏文化产业发展项目或受资企业实行分层次评价。通过分层次评价，指标有所侧重，才能使西藏文化产业资金的使用效益最大化，实现西藏文化产业整体效益

的发展。

再次，创新评价方法。采用评价方法要视具体评价对象进行选取，并根据实际情况进行优选，确保对同一评价范围内的评价对象采用同一种评价方法。因此，选用科学的评价方法对做好评价具有重要的意义。采用定性和定量相结合、静态与动态相结合的方法，有些评价可以做定量分析，有些评价必须进行定性分析，有些只用静态评价就可以说明问题，有些必须通过几年的动态情况才能说明问题。

（四）设立评价和监督机构，为西藏文化产业资金合理配置提供保障

首先，要保障资金的合理有效配置，必须要有相应的评价机构和监督机构。目前，西藏的财政部门缺少一个相对独立的文化产业资金配置的评价机构及监督机构。目前，大多数地区将资金配置到相关地区、行业、企业或项目后，对资金的使用情况及产业的发展过程和结果缺乏认真的评价和监督。这样将会造成大量资金不能够有效利用，甚至有些地区、企业或项目把文化产业资金挪作他用的情况。对此，西藏文化产业主管部门需要成立相关的文化产业监督和评价机构，对西藏文化产业的发展情况进行全面评价。同时，可通过监督机构加强对西藏文化产业资金实行全程监管，对西藏文化产业的资金进行阶梯式投入，实行阶段性配置。结合西藏文化产业社会效益、经济效益及效率的评价结果，对投放的资金进行监控和阶段评审，根据西藏文化产业的发展实际情况随时进行增资或撤资，确保有限的文化产业资金"用在刀刃上"，促进资金的合理分配，使西藏文化产业健康、有序地发展。

（五）扩大产业规模及创新技术，增强西藏文化产业资金配置效率

通过调查研究发现，目前，西藏文化产业规模普遍较小，而且大多数地区的企业使用传统工艺从事文化产品生产。因此，西藏文化产业的发展在规模上和技术创新上还有待加强，尤其体现在文化创意和设计服务、文化产品生产的辅助生产、文化专用设备生产、广播电视电影服务及新闻出版发行行业。这些行业科技含量和技术效率低下，社会效益和经济效益也较低。如西藏唐卡产业在面向市场发展的过程中，面对高端和低端两种市

场，技术创新显得尤为重要。通过技术创新，可解决高端市场的创意设计问题和印制过程中的技术问题；通过技术创新进行规范化和标准化生产，也可满足西藏的画师和造像师、当地百姓、寺庙定制和旅游市场的需要。因此，西藏的文化产业必须向技术创新方面配以大额资金，提高文化产业的科技含量，以科技的手段将西藏文化充分展示出来，从而增加西藏文化产业的社会效益和经济效益，实现西藏文化产业资金配置的效率。

（六）引进和培养文化产业专业人才，促进西藏专项资金合理配置

首先，人力资本水平对实现西藏文化产业增加值具有重要影响。无论是西藏文化产业的战略和政策的制定，还是西藏文化产品的研发、生产、销售、服务等一系列环节都离不开人的参与。因此，引进和培养具有高级专业知识和技能、懂经营、会管理的人才对推动西藏文化产业发展中资金有效利用具有重要作用。其次，西藏文化产业创意人才和经营人才较为欠缺。为解决此问题，必须加强西藏文化产业艺术设计和经营人才，以及市场营销专业等跨专业人才的引进和联合培养。一方面，通过西藏高校和企业进行文化产业相关专业与市场营销专业的联合培养；另一方面，需要制订完善的西藏高校文化产业人才支持与培育计划，建立文化产业人才培养教育培训基地，以此来培养既懂技术又懂文化产业管理的人才。再次，重视对西藏文化产业人才的引进和选拔，需要建立相关人才库，并给予专项资金支持。同时，对引进的西藏高层次文化产业人才要给予相关优惠政策待遇，如参与利益分配、无形资产入股，或设立专项人才支持资金，以此促进西藏文化产业经营人才和创意人才的产出。

六、结语

本文针对"资金配置与西藏文化产业发展的路径及对策研究"这一课题，通过理论分析和实证研究，在对西藏文化产业资金配置现状及存在的问题进行分析的基础上，结合西藏文化产业发展的效益评价与分析，提出了以效益为导向的西藏文化产业发展的路径及对策。研究结论可为西藏自治区政府文化产业发展中资金合理配置方案的制订提供参考，也可为西藏文化产业的投资主体进行合理的资金配置提供实践指导。

本研究的分析结论是在对西藏文化产业进行实证分析的基础上得出的，但由于文化产业的相关数据缺乏等，仍然存在许多不足和有待完善之处。如：对于西藏文化产业的分类标准问题；样本量偏少，虽对普通民众、文化产业相关从业人员及相关专业学生进行了调查，但学生样本居多，并未涉及外地旅游者；还有，本研究中所涉及的西藏文化产业社会效益评价主要依据调查问卷的数据分析，显得较为单薄。经济效益的评价指标主要来自西藏的统计年鉴数据。这些数据分析能否综合、全面地反映西藏文化产业的发展状况，对西藏文化产业发展的社会效益及经济效益评价是否具有普适性，还有待在实践中进行检验。

未来的研究对西藏文化产业研究的范围有待进一步细化，针对西藏各地区及文化产业十大行业的50个小类展开更细致的研究。同时，文化旅游作为西藏文化产业的支柱产业，未来研究应涉及外地旅游者这个样本群体，从而得出更有参考价值的研究结果，进一步增加研究的可信度和实践性。最后，西藏文化产业的效益评价指标需进一步完善，并扩大样本范围，从定性和定量角度实现交叉性研究，即针对西藏文化产业同一区域的不同文化行业、同一文化行业的不同区域发展效益效率情况和资金配置情况进行研究。这些不足还有待在后续的相关研究中去完善，从而提出更加切实可行的路径及对策。

西藏新型城镇化过程中城市治理研究[①]

杨 玲 刘红旭 邢永民[②]

  城镇化可以被看成是一个城镇治理制度建设的过程。从公共治理的角度来说,城镇治理是一个由政府、企业和社会组织所形成的治理网络,按照参与、沟通、协商合作的机制来解决城镇发展中的公共问题,提供公共服务,增进公共利益的过程。[③] 在这个过程中,建构一个让城市(镇)居民心情舒畅、安居乐业的社会环境、产业结构和公共服务体系,形成城市(镇)的竞争力,保持城市健康、可持续发展的状态。[④]

  西藏自治区大力推进新型城镇化建设,并出台了《西藏自治区新型城镇化规划(2014—2020年)》,紧扣西藏经济社会发展,按照"中国特色、西藏特点"的新型城镇化要求,对全区的空间结构、人口流动、可持续发展、城乡统筹、体制机制和规划设施进行了战略布局。但是,如何实现城市的良性治理,深化改革、扩大开放,实现社会的长治久安、经济发展,这就需要我们经过实地调研与对面板数据的梳理,从西藏自治区新型城镇化过程中的城市治理的现状入手,找出其治理需求,探寻治理对策,并提出保障与供给措施。

[①] 本研究报告是杨玲副教授和刘红旭博士承担的西藏文化传承发展协同创新中心(西藏民族大学)2016年自设委托课题"西藏新型城镇化过程中的城市治理研究"(项目号:XT201607)的结项研究成果。

[②] 作者简介:杨玲,女,厦门大学公共事务学院副教授,西藏民族大学管理学院副院长,研究方向为地方政府治理、政治制度与思想;刘红旭,男,西藏民族大学法学院副教授,研究方向为社区治理、西藏社会工作;邢永民,男,西藏民族大学讲师,研究方向为西藏旅游社会学、人文地理。

[③] 参见薛澜《中国城镇化过程中的公共治理问题》,载《中国井冈山干部学院学报》2013年第4期。

[④] 参见陈丽莎《推进新型城镇化:城市发展与治理关系的协调》,载《河北经贸大学学报》2015年第4期。

一、西藏新型城镇化过程中城市治理的背景

加快城镇发展,创新城市治理机制与体制,加强党委领导,发挥政府主导作用,推进西藏全面建成小康社会,是落实中央提出西藏跨越式发展总体要求,解决现阶段西藏自治区国民经济和社会发展中一系列深层矛盾的重要突破口,也是缩小城乡差距的推进器。

(一) 历史文化背景

西藏城市的规模体量小、数量少、区域分布不平衡、功能形态不完善等特点大多是长期历史原因形成的。西藏与内地的交流、交往在历史上从未中断过,即使在吐蕃王朝之后,青藏高原发生过很多次战争,与中央政权的关系有紧有松,但主流趋势是,中央政权对西藏的影响一直在加深和扩大,凝聚力和向心力随着经济、文化全方位的交融而全面加强,西藏的城市发展也与内地城市的发展呈同一化。

总的看来,西藏历史上的每一次动荡与战乱都对社会经济造成了巨大的破坏,相应城市的发展受阻,甚至停顿、后退、衰落。但是,每当西藏政局稳定,经济便开始恢复,城市建设也会出现新的高潮,城市获得新一轮的重建和发展。

尤其是在1951年西藏和平解放后,西藏的城市发展进入一个新的阶段。就城市性质而言,从代表社会上层利益的封建城市转向为代表全体藏族民众的社会主义新型城市;就城市的产业结构来看,从传统的农牧城市一步一步转变成现代化城市;从城市化的进程和发展水平来看,西藏的城市化水平在这一阶段高于历史上任何一个时期。

此外,西藏特殊的宗教信仰,以及历史上已经形成的宗教和政治之间密不可分的关系使得西藏城市发展受宗教的影响较大。随着藏传佛教的传入,原先注重防御功能的城市边界意向逐渐弱化,人们更加倾向于以寺院为中心的信仰空间,宗教首领所居住的寺庙成为政府机关处理日常公共事务所在之地。城市外围依山水、就地势而建的转经道成为城市的边界,这道边界作为藏族人民精神层面的设防,界定和约束着西藏城市生活的空间范围。以拉萨市为例,布达拉宫和大昭寺既是拉萨重要的宗教场所,也是拉萨城市的中心,并由此衍生出手工业、商业、餐饮业

等的繁荣,成为最早的城市居民聚居地。

(二)政策背景

2014年出台的《国家新型城镇化规划(2014—2020年)》标志着中国城镇化发展发生了重大转型。该规划的发展目标是2020年中国的常住人口城镇化率为60%左右。根据官方资料统计分析,随着全面改革的深化和中国经济的持续发展,预计2010—2030年是中国城镇化快速发展时期。2030年中国总人口约14.45亿人,城镇化率将达到70%,居住在城市和城镇的人口将超过10亿人。①

在新型城镇化的大政策背景之下,未来西藏的城镇发展将会出现新的变化,相应的城市治理的内容、思路都会与以往不同。尤其是城镇发展的动力机制、空间规划与布局、公共服务供给与需求、生态环境等方面都将成为西藏城市治理的重要主题。相对应国家政策,在西藏现有的城镇发展基础之上,自治区2014年发布了《西藏自治区新型城镇化规划(2014—2020年)》②,指出要构建"一圈两翼三点两线"的城镇化空间格局。

(三)城镇化进程加速

2016年以来,在中央大的宏观政策调整下,中国城镇化的进程显然整体在全面加速。据相关研究测算,2015—2030年,中国人口将由13.75亿增加到14.45亿;城镇化率由48.23%增长到70.12%;城镇人口将由6.63亿增加到10.53亿,净增3.88亿城镇人口,平均每年净增2586.67万人。③

2015年年初,西藏推进新型城镇化工作会议举行,自治区党委和政府的主要负责人都做了重要讲话,部署了未来一个时期的新型城镇化建设工作,进一步强调了要"明确目标、因地制宜、扎实有序"地推进西藏自治区的城镇化进程。西藏城镇化的加速前进,背后有强大的国家财政支

---

① The United Nations Development Programme. *China National Human Development Report* 2013. Beijing: China Translation & Publishing Corporation, 2013 (参见联合国开发计划署《2013中国人类发展报告》,中国对外翻译出版公司2013年版)。

② http://www.xdrc.gov.cn:8082/。

③ 参见孙东琪、陈明星、陈玉福、叶尔肯·吾扎提《2015—2030年中国新型城镇化发展及其资金需求预测》,载《地理学报》2016年第6期。

持,也有西藏经济发展吸引了大量的投资者进藏创业兴业的原因。

(四) 公众对公共服务的需求日益增长

随着经济与社会的发展,西藏自治区的人民群众对公共服务的需求也日益增加。到 2014 年,西藏自治区城镇居民家庭平均每人全年在生活服务方面现金支出 891 元,交通通信费用支出 1730 元,教育文化娱乐支出 727 元,医疗保健支出 499 元,其他用品服务支出 548 元。①

表1 1995—2014 年西藏自治区城镇居民物质文化消费水平提高情况

项目	1995 年	2000 年	2010 年	2013 年	2014 年
城镇居民家庭人均可支配（元）	4000	6448	14980	20023	22016
职工年平均工资（元）	7382	14976	54397	64409	68059
全区居民消费水平（元）	1202	1823	4326	6275	7205
城镇居民消费水平（元）	3981	4737	11028	14001	15009
城市每百户拥有电视机（台）	102	120	129	128	127

数据来源:根据 2015 年《西藏自治区统计年鉴》自制。

如何满足西藏自治区公众对公共服务日益增长的需求,是西藏自治区新型城镇化过程中城市治理的一个重要背景,也是一个重大挑战。西藏城镇居民增量主要来自农牧民和入藏打工的内地农民工,这两者都具有较强的流动性;此外,还有一些不在户籍的创业者。各类城镇居民都有生活、发展的公共服务需求、社会保障需求,但是这些需求又有差异性。这不但会导致西藏自治区城市中公众对公共服务的需求大幅增加,而且会导致均等化问题异常复杂,更是城市治理的一个不可忽视的背景。

(五) "公共治理"相关理论的兴起与运用

1. 治理理论

20 世纪 80 年代末,世界银行在分析非洲的社会经济和社会发展,以及政局时,第一次提出"治理危机"(crisis of governance)。从此,"治理"一词在政治发展与国家建设研究中广泛运用。"治理"与"统治"不

---

① 数据来源:2015 年《西藏自治区统计年鉴》。

同，它是一种内涵更加丰富的政治和社会活动。在运行上，它包括正式的政府治理机制，也包含非正式和非政府的治理机制。随着治理范围的扩大，不同的人和各类组织、机构、团体都可以在这些机制中来实现各自的利益和愿望。

多中心治理理论是治理理论的一个重要分支，其核心是在公共事务中治理的主体是多元的，政府和市场共同参与，多种治理手段同时应用。这是一种崭新的治理思路。这样，在公共领域处理公共事务，能够保证政府主导，动员、集中"公共"的优势，还能发挥市场的竞争特点，为我们多元合作、协同处理公共事务提供了一种新的可能。

2. 社会资本

哈佛大学帕特南最早将社会资本运用到公共治理研究领域。在他看来，社会资本具有社会组织的一般特征——社会信任、规范和网络，它们可通过协作达到共赢。① 在城市治理的过程中，社会资本的作用显而易见。信任、规范和网络是社会资本的核心要素，它们之间相互影响、相互促进。通常在城镇治理中，以信任为前提，以法律、政策和各种制度为规范，通过社会关系网络平台实现公共利益。这样，行政效率会比单一的靠政令推动大大提高。社会资本为城市治理提供了一种新的思路和可能。目前，在西藏新型城镇化进程中，在对城镇进行治理时，对社会资本的认识不足。我们要加强对社会资本的认识，使其在城市治理进程中发挥更大的作用。

3. 政策工具

政策工具最早兴起于 20 世纪 80 年代以后的西方发达国家，是公共管理学理论研究的一个新的学科分支，也是当代公共管理实践中的新突破。② 在中国，政策工具的研究虽然还处于起步发展阶段，但已经为地方政府的有效治理提供了新的思路，一些新政策工具的运用也给公共政策实践带来明显成效。③ 如今，合理利用自然资源、保护环境、实现经济社会可持续发展已经成为社会共识和我国各级政府的施政理念。在此背景下，

---

① 参见［美］林南著，张磊译《社会资本——关于社会结构与行动的理论》，上海人民出版社 2005 年版，第 18 页。

② 参见卢霞《政府工具研究的新进展——对萨拉蒙〈政府工具——新治理指南〉的评介》，载《福建行政学院福建经济管理干部学院学报》2005 年第 2 期。

③ 参见陈振明等《政府工具导论》，北京大学出版社 2009 年版，第 317 页。

西藏地方政府要有效实现治理，可以运用政策工具理论，顺应改革深化、经济市场化、利益多元化的发展趋势，正确选择、综合运用一系列政策工具，以顺利实现政策目标。

二、西藏新型城镇化中城市治理现状

习近平总书记在中央第六次西藏工作座谈会上指出，实现西藏和4省藏区长治久安，必须常抓不懈、久久为功，谋长久之策，行固本之举。"要把基础性工作做深做实做细，坚持依法治理、主动治理、综合治理、源头治理相结合。"① 西藏自治区的城市治理既有普通城市治理的一般规律，更多的是因地制宜、模式创新、相机发展，有自己特殊的治理规律和任务。

根据2014年发布的《西藏自治区新型城镇化规划（2014—2020年）》中"一圈两翼"城市带的布局，本课题组利用2016年暑期，选定西藏城镇化战略中的轴心地带（"一源两地"）为样本，② 进行抽样调查、发放问卷和深度访谈。结合实地调研与西藏自治区的相关面上数据和情况，总结新型城镇化过程中的城市治理现状如下。

（一）外部生态环境治理与历史文化传承基本实现

西藏由于特殊的自然环境与历史积淀，对人类活动，尤其是现代工业社会生活方式的承载能力十分有限。这就决定了在西藏的新型城镇化进程中，尤其是在对城市的治理中，首先要关注自然生态环境的保护与可持续发展，尽可能在有限的适于人类活动的土地上，创造更好的社会经济效应。这其实对传统模式的经济增长、城市发展都提出了新的挑战。

而且，在新型城镇化的过程中，城镇建设中能源利用的结构改善、城镇环保设施的使用也可以部分地缓解西藏的资源环境压力。例如，在能源利用方面，西藏自治区传统的农牧民生活燃料主要是牛粪、柴草，甚至沙

---

① 参见《中央第六次西藏工作座谈会在北京召开》，载人民网西藏频道（http://xz.people.com.cn/n/2015/0826/c138901-26128758.html）。

② 本研究中选取的样本，"一源"是藏文化的发源地（山南），"两地"指卫藏地区，也就是前后藏（拉萨和日喀则）。

生槐、红柳等。这样,人口增加,生态环境愈加脆弱。城镇化之后,政府一方面通过新农村建设改变农牧民利用能源的习惯,另一方面通过城镇治理、公共服务的改善,推进清洁能源使用。中央和自治区政府发展光电产业,严格限制高耗能企业,在推广清洁能源使用的同时,使得西藏的生态环境日益好转。总之,在西藏的城市治理中,以绿色生态的生产方式、生活方式和消费方式,推动城镇低碳绿色发展,严格执行节能、节水、节地、节材等强制性标准。

此外,课题组在拉萨、日喀则、山南等地调研,看到各城区与城镇都十分重视发掘本地的历史文化资源,注重文化传承。在旧城改造中,保护历史文化遗产、民族文化风格和传统风貌,促进功能提升与文化文物保护相结合。把历史文化传承与生态保护结合,推动地方特色文化发展,保存城市文化记忆。"一源两地"城镇化的空间特征较为明显,越是新建的社区,在空间特征上越是醒目,而越是成熟的社区,在空间特征表现上越是淡化。例如,山南地区的昌珠镇克松社区、门中岗社区都具有此类空间特征。

(二)城镇功能单一,集聚周边农牧民能力有待提高

西藏的土地使用主要有以农为主的农牧区、以牧业为主的农牧区和纯牧业区3种类型,总体上还是以农牧业为主。这样,西藏新型城镇化的过程其实就是一个农牧区人口如何非农化进程,因而西藏的城镇就有一个集聚农牧人口的功能。"十二五"期间,中央与西藏政府为加快西藏新型城镇化的进程,对城镇的基础建设投入加大,实施了大量的农牧民安居工程,使大量农牧民安居乐业。但是,我们在调研中发现,由于农牧民传统的生产生活方式,导致各地安居工程的住房有空置现象。

此外,我们还发现,除作为山南市府、日喀则市府所在地的泽当镇、桑珠孜区,以及中部地区部分县城所在的城镇有一定规模的特色加工业发展之外,西藏绝大多数城镇的功能都十分单一,主要作为镇一级行政管理机构的所在地而存在,以为镇辖区域范围内的居民提供教育、医疗卫生、社会保障、治安管理等公共服务为主,同时兼有小规模商贸流通的职能。除此之外,西藏还有少量位于边境地区的城镇,如樟木镇(聂拉木县)、下司马镇(亚东县)、吉隆、普兰等,主要与尼泊尔、印度等南亚邻国开展边境贸易,对外贸易的职能十分明显。

这些方面导致了西藏城镇集聚周边农牧民能力有待提高，更提醒我们在西藏新型城镇化建设方面不能盲目冒进。首先要明确政府的责任，清楚定位，提升公共服务供给的能力。本次调研发现，日喀则地区的桑珠孜区城南街道的德勒社区无论在硬件设施配备还是在软件建设力度上，以及公共服务功能方面，都具有较为系统化和规范化的特征。社区有公共文化活动场所、体育健身场馆、政务服务大厅、党员活动室、舞蹈排练室、图书室、电子阅览室、心理咨询室等各类较为齐备的社区服务部门或场所。这也应该是未来西藏城镇化公共服务提高的一个方向。

（三）城镇居民的就业特征和生活方式单一

到目前为止，西藏自治区各城镇中居民的就业还主要集中在公共事务的相关领域。直到2013年，西藏自治区的公共管理和社会组织承担了全区43%的就业人口，接近一半，再加上教育部门16%，卫生、社保和社会福利6%，水利、环境和公共设施等1%，电力、燃气及水生产4%，科学研究、技术服务等3%，金融业4%，总计77%。（如图1所示）也就是说，有77%左右的城镇居民的就业主要依靠政府解决。城镇政府在居民就业方面压力巨大。

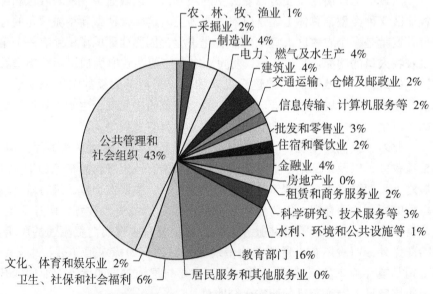

图1　西藏自治区各行业从业人员比例（2013年）

在具体调研中,以"一源两地"的城镇居民为观察样本,从其就业特征和生活方式看,发现以下特征。其一,城镇的等级越高,中心地位越优越,则其居民就业特征越以第二、第三产业为主,以非农为主。而城镇的等级越低,就业特征越表现为典型的亦工亦农,但仍以农为主。比如,山南地区的昌珠镇就表现出亦工亦农的特征。其二,城镇居民的居住环境和生活方式随着城镇级别的高低而不同,呈现出空间的分离和近疏的关系,即城镇级别越高,城镇化水平越高,反之亦然。比如山南市,城镇化表现出明显的空间分离和亲疏现象。在山南市政府所在地——泽当镇乃东区,非农人口主要集中在城镇的中心区域与腹心地带,并与市政机关的空间关系极为紧密。但具有城乡二元结构性质的城镇多远离镇级中心地区,生活方式既有传统时代农牧生活方式,也有现代时尚的城市生活节奏。其三,城镇化进程的加速,使得西藏自治区的居民的生活能源结构发生了巨大的变化。(见表2)

表2 2010年、2000年西藏自治区居民生活能源结构[①]

能源	2010年				2000年	
	城市	镇	乡村	自治区	城市	自治区
燃气	91.63%	46.20%	10.06%	27.86%	72.95%	15.49%
电	2.82%	7.29%	0.62%	2.12%	2.25%	2.65%
煤炭	1.16%	2.50%	0.82%	1.17%	1.46%	0.79%
柴草	2.38%	20.30%	44.37%	34.22%	21.84%	44.20%
其他	2.01%	23.72%	44.14%	34.63%	1.50%	36.86%

此外,随着新型城镇化的进程,传统藏族城市的空间格局也会被打破。在调研中发现,从拉萨到日喀则、山南,老城区社会生活空间内的基础设施和空间结构的更新较慢,藏族居民传统公共空间正在减少。大面积机动车道的修建、大规模的商业旅游开发等侵占了围绕宗教建筑的开阔空间,客观上也改变了城镇居民的日常生活。(如图3、图4所示)

---

① 参见李秋秋、王传胜《西藏城镇化及其环境效应研究》,载《中国软科学》2014年第12期。

图3 泽当镇卫星图①

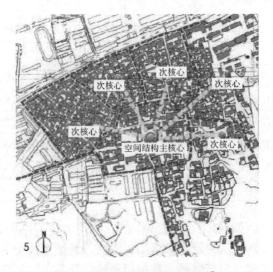

图4 泽当镇空间结构分析图②

---

① 参见焦自云、汪永平《从聚落到城市——西藏泽当城市形成探源》，载《华中建筑》2010年第28卷第5期，第108~111页。
② 参见焦自云、汪永平《从聚落到城市——西藏泽当城市形成探源》，载《华中建筑》2010年第28卷第5期，第108~111页。

（四）公共事务观念相对落后

课题组在调研中，在和政府部门座谈，以及在街头发放问卷时与各个城镇居民的访谈中，发现西藏地区的城镇，从公共事务的管理者到城镇的普通居民，对公共空间、公共物品、公共服务等公共事务的整体观念都相对落后。

西藏地区公共事务管理者，尤其基层地方政府的工作人员长期坚持在一线，在维护社会稳定和国家安全的前提背景下，既要完成上级政府下达的各种任务，要发展区域经济、提供城镇居民基本公共服务，还要应对可能出现的突发性事件，工作压力较大，主动学习和了解先进城市治理理念的时间与意愿有限，观念相对落后。

在调研中，笔者访谈某镇副镇长，问道："比如说，当地政府部门有一件事是公共服务方面的，要进行决策。城镇化有4个因素要选择，我们会考虑这几个因素：尊重当地居民意愿、提高政府工作效率、提高经济发展、为了完成上级交代的任务。做一件事的时候，这几个因素在你心中是怎么排序的？"副镇长答道："主要是经济发展；接下来是政府的办事效率，不，还是尊重老百姓的意愿吧；再就是完成上一级交代的任务；提高政府工作效率还是放在最后。"

除了当地居民、个体经商户之外，政府部门工作人员对"城镇化""城市治理"这些概念和内容也不甚了解，甚至感到陌生；对"服务、透明、参与、法治、效益"等善治观念模糊；对政策过程中不同阶段政策工具的运用的了解更是有限，整体观念相对落后。

此外，藏传佛教本身的哲学体系是出世的，用遥远的西天佛国天堂来对受众进行引导，强调安知天命、未来世修行积累福德，相信因果循环，不鼓励个体抗争。因此，藏族群众参与公共事务的意识相对薄弱，城镇居民的现代公共事务观念比沿海地区相对较差。

（五）网格化管理有待进一步完善

网格化管理是"具有西藏特点"的社会治理模式创新，强化了服务管理功能，有效地提升了基层社会服务管理水平。据统计，仅2013年，西藏自治区通过网格单元共受理矛盾纠纷3358件,成功调处3234件,调处成功率达96%。①

调研中发现,拉萨市的城市治理的网格化经验丰富。拉萨市从实际出发,为有效常态化治理和应对突发事件,探索出了村居社区网格化服务管理、单位社区网格化管理、街面防控警务网格化服务管理、派出所网格化服务管理和寺庙网格化服务管理5种网格化管理模式。

网格化管理在西藏的城市治理中成效显著,夯实了城乡发展稳定的根基,但是也形成一定的路径依赖,面对出现的新情况、新问题,管理者常用惯性思维,用网格化管理,缺乏积极主动拓展网格化管理的新方法,或者思考和运用其他治理工具的能力。且发展水平和规模不同的城镇,网格办公室的工作运行情况差异性巨大,在具体城市治理中的效果也不一样。因此,网格化管理还有待进一步完善与提高。

(六) 城市治理的公众满意度有提升空间

"公众满意度评价"是城市居民对城市治理的过程、产品及效果满意度的综合评价。这种满意度的评价直接影响公众对城市政府的信任和支持这些输入性的变量,同时也为城市政府调整、完善相关政策提供了可靠的反馈机制。②

本课题组在研究设计西藏城市居民的公众满意度调查问卷上,紧扣西藏城镇的公共议题。从城市治理到城市服务,再到城市发展,内隐于城市治理满意度的发展逻辑,主导了本研究的指标体系。本问卷由内到外、从外及里,10个指标的34个问题组成了问卷的指标体系。

---

① 参见人民网西藏频道 (http://xz.people.com.cn/n/2014/1103/c138901-22790655.html)。
② 参见何增科《城市治理评估的初步思考》,载《华中科技大学学报(社会科学版)》2015年第4期,第6~7页。

西藏城市治理公众满意度
- 教育满意度（硬件设施、质量、公平3个问题）
- 就业满意度（信息、培训、中介、岗位4个问题）
- 医疗卫生满意度（设施、水平、传染病防治3个问题）
- 住房和社会保障满意度（经适房、养老保险、医疗保险3个问题）
- 公共安全满意度（社区、城镇治安、110、消防4个问题）
- 基础设施满意度（道路、电信、公厕、停车场4个问题）
- 文体休闲满意度（设施、活动管理、宗教场所3个问题）
- 环境保护满意度（空气质量、道路清洁、水质、垃圾4个问题）
- 公共交通满意度（公共交通线路、公共交通质量、交通拥挤、交通便利性4个问题）
- 政府效能满意度（机关的办事效率、工作作风2个问题）

满意度的测量是抽象社会指标，测量的方式是里克特量表。每个问题的满意度从"很不满意"（赋值为1）到"非常满意"（赋值为5），并在量表的最后一列为每个问题设置"不了解"（赋值为0）一项，以求达到选项的完备性并缓解被访者的情绪。除此之外，我们还对公共政策的制定和政府的行政绩效进行了测量，同样采用的是里克特量表的形式。不同的是，希望被访者对给出的说法打分，表明同意与否及其程度。若将这两种说法的评价同样计入指标体系，那就意味着针对政府效能的满意度指标有7个问题。我们认为它匹配于西藏城市社区治理中公共行政占据的分量。

本调查采取非随机抽样与随机抽样相结合的方式，是本研究的权宜之计。经费、地理位置、语言等都是在藏调研不得不综合考虑的问题。抽样的第一步，我们以判断抽样的方式选择了拉萨、山南和日喀则为一级抽样框。《西藏自治区2010年第六次全国人口普查主要数据公报》显示，拉萨、山南和日喀则三市人口占据西藏自治区全区常住人口的53%。[1] 首府拉萨人口集中，其城市管理与社会治理具有很强的代表性。山南距离拉萨不足200千米，是藏文化的发祥之地，经济社会发展水平在西藏处于中上

---

[1] 参见西藏自治区统计局《西藏自治区2010年第六次全国人口普查主要数据公报》，见国家统计局网站（http://www.stats.gov.cn/tjsj/tjgb/rkpcgb/dfrkpcgb/201202/t20120228_30406.html.2012-02-28）。

水平。日喀则是后藏地区,地势平坦,有"西藏粮仓"之称。第二步,根据三市不同的状况进行不同的抽样方式。拉萨市以地图上的社区分布为依据,简单随机抽取了冲赛康社区、鲁固社区、吉崩岗社区、热木其社区、木如社区、俄杰塘社区、夏萨苏社区、仙足岛社区、甲玛林卡社区共计9个社区。日喀则市首府所在地桑珠孜区和山南市首府所在地乃东区相对较小,所以我们在桑珠孜区选择了嘎玉林社区和德勒社区,乃东区选择了泽当镇。第三步,在获得地方政府和社区同意后,由教师和汉藏族同学组成的调研小组以调查问卷为主,辅以访谈与观察。问卷测量的内容包括被访者对教育、就业、医疗卫生、住房和社会保障、公共安全、基础设施、文体休闲、环境保护、公共交通和政府效能的满意度。访谈的内容主要集中在社区的概况(人口、面积等)、社区的主要工作、社区与上级部门和居民的互动情况、社区建设的具体做法等。本次调查共发放问卷320份,回收313份,有效问卷299份(拉萨市100份、日喀则市151份、山南市48份),回收率97.8%,有效率95.5%。

调查的基本情况是,表3是被访对象的基本情况,显示了样本中被访对象的性别、年龄、文化程度、居住情况、家庭月收入和职业的分布情况。样本中,女性多于男性,年龄在19~39岁阶段占较大比例,以本地居民为主,自由职业者占最大比例。被访者的文化程度以高中、中专、职高和技校为最多,被访者的家庭月收入分组最多的是2000~3999元。表4是西藏城市社区治理满意度百分比,整理被访对象通过里克特量表对每个指标对应问题的评分,由此对一系列问题指标展开分析。

表3 被访对象的基本情况

变量	类别	频数(N)	百分比(%)
性别 ($N=295$)	男	143	48.5
	女	152	51.5
年龄 ($N=297$)	18岁及以下	18	6.1
	19~29岁	104	35.0
	30~39岁	100	33.7
	40~49岁	50	16.8
	50岁以上	25	8.4

续表3

变量	类别	频数（N）	百分比（%）
文化程度 （N=294）	小学及以下	68	23.1
	初中	72	24.5
	高中、中专、职高、技校	86	29.3
	大专	9	3.1
	本科	31	10.5
	双学位、硕士、博士	28	9.5
居住情况 （N=293）	本地居民	168	57.3
	常住人口	104	35.5
	其他	21	7.2
家庭月收入 （N=283）	2000元以下	55	19.4
	2000~3999元	90	31.8
	4000~5999元	75	26.5
	6000~7999元	25	8.8
	8000~9999元	4	1.4
	10000元及以上	7	2.5
	无固定收入	27	9.5
职业 （N=297）	机关、事业单位	61	20.5
	个体工商业者	46	15.5
	企业职员	12	4.0
	自由职业者	73	24.6
	学生	30	10.1
	无业、失业、待业	31	10.4
	离退休	29	9.8
	其他	15	5.1

表4 西藏城市社区治理的满意度百分比

指标		评价						标准差
		不了解(%)	很不满意(%)	不满意(%)	一般(%)	比较满意(%)	很满意(%)	
教育满意度	硬件设施（N=295）	9.5	0.7	1.4	27.8	41.0	19.7	1.362
	教育质量（N=299）	6.7	1.3	3.0	27.1	41.8	20.1	1.263
	教育公平（N=294）	7.8	0.7	3.4	25.5	43.2	19.4	1.300
就业满意度	就业信息（N=294）	17.0	0.7	5.4	24.8	34.0	18.0	1.633
	就业培训（N=294）	17.7	1.7	5.8	26.9	32.7	15.3	1.633
	人才市场中介（N=293）	21.8	1.0	6.1	29.7	25.6	15.7	1.713
	就业岗位（N=292）	17.1	0.7	6.5	25.0	34.6	16.1	1.621
医疗卫生满意度	医疗设施（N=296）	5.4	3.0	8.1	32.8	36.1	14.5	1.231
	医疗水平（N=295）	3.4	3.4	7.1	36.6	36.6	12.9	1.118
	传染病防治（N=297）	7.1	2.7	5.1	31.0	36.0	18.2	1.312
住房和社会保障满意度	医疗保险（N=297）	9.1	1.3	3.4	27.9	34.7	23.6	1.402
	养老保险（N=296）	11.5	1.0	3.4	28.0	33.4	22.6	1.485
	经济适用房（N=291）	13.4	0.7	7.2	29.6	36.1	13.1	1.476
公共安全满意度	小区治安状况（N=295）	1.7	1.7	3.1	28.5	37.3	27.8	1.038
	110反应速度（N=297）	4.4	1.3	2.7	25.9	39.1	26.6	1.179
	消防反应速度（N=291）	4.8	0.3	1.7	27.2	40.0	25.9	2.681
	城镇治安状况（N=299）	2.0	0.7	2.4	26.2	35.4	33.3	1.037
基础设施满意度	道路交通设施（N=299）	1.3	1.7	8.4	34.0	34.3	20.2	1.040
	邮政电信设施（N=299）	2.4	0.7	5.7	33.7	39.7	17.8	1.018
	公共厕所建设（N=295）	1.4	6.1	9.8	30.5	28.5	23.7	1.206
	停车场地建设（N=294）	4.4	4.8	11.9	40.1	26.2	12.6	1.204
文体休闲满意度	文体休闲设施（N=293）	6.8	3.4	6.5	32.1	34.8	16.4	1.308
	活动组织和管理（N=293）	8.2	1.7	5.1	33.4	35.8	15.7	1.316
	宗教活动场所（N=295）	10.8	0.0	2.4	29.5	39.3	18.0	1.398

续表4

指标		评价						标准差
		不了解(%)	很不满意(%)	不满意(%)	一般(%)	比较满意(%)	很满意(%)	
环境保护满意度	空气质量（$N=296$）	0.7	0.3	2.0	27.4	36.5	33.1	0.909
	道路清洁程度（$N=296$）	1.0	3.7	5.7	30.4	25.7	33.4	1.146
	河、湖等水质（$N=295$）	2.0	2.7	5.4	30.8	28.5	30.5	1.153
	垃圾回收和处理（$N=294$）	1.0	4.4	8.5	31.6	24.1	30.3	1.182
公共交通满意度	公交服务质量（$N=293$）	3.8	3.1	6.1	33.8	37.2	16.0	1.154
	公交线路安排（$N=295$）	3.1	4.4	6.4	35.3	33.2	17.6	1.167
	交通拥挤程度（$N=295$）	2.7	6.8	9.2	38.6	29.2	13.6	1.715
	上下班耗时和交通费（$N=290$）	18.3	2.1	6.2	33.4	29.7	10.3	1.577
政府效能感满意度	机关人员办事效率（$N=293$）	9.9	2.4	4.8	31.1	37.2	14.7	1.388
	机关人员作风纪律（$N=268$）	10.8	1.9	3.7	34.7	34.0	14.9	1.405

通过调查，对西藏城市公众满意度分析如下。

1. 教育满意度

图5是在表4的数据基础上得到的教育满意度百分比条形图。我们将硬件设施、教育质量和教育公平3个指标的满意度放在一起比较，由此可以看出，"比较满意"所占比例均较高，其中"不了解"比例最高的是"硬件设施"，"很满意"比例最高的是"教育质量"。经过长期努力，"普九"在西藏的基础教育中取得了很大的进展，提升了西藏基础教育的质量，也获得了被访者较高的满意度。

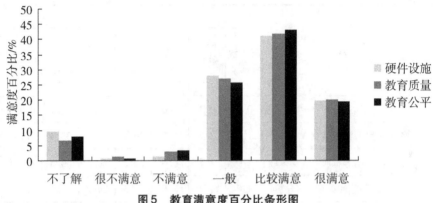

图 5　教育满意度百分比条形图

2. 就业满意度

我们将提供就业信息、就业培训、人才市场中介和就业岗位的满意度指标作为就业满意度的体现。如图6所示，在百分比折线图中可以看出，"不了解"占比例最高的是"人才市场中介"，从总体趋向来看，"人才市场中介"这一就业方式的满意度相对较低。西藏的就业问题一直以来都作为民生建设的一部分而受到党委政府重视。2011年11月12日，履职西藏自治区党委书记近3个月的陈全国在自治区第八次党代会上的报告中，提出"千方百计增加公职人员岗位、购买更多的公益性岗位、增强企业就业吸纳能力、发挥就业援藏优势，教育引导高校毕业生转变就业观念，力争使西藏籍大学生全部实现就业，动态消除零就业家庭"[①]。全面就业，尤其是公务员考试导向的就业政策，可以说由此进入了西藏的千家万户。也正是在这样的背景下，依靠人才市场的就业方式不会进入人们的视野，人才市场中介极低的认知度也就不足为奇了。同样的原因以及可能对不确定事物的偏见，人才市场中介的满意度就比较低了。

---

① 陈全国：《坚定不移走有中国特色西藏特点发展路子　为实现跨越式发展和长治久安而团结奋斗——在中国共产党西藏自治区第八次代表大会上的报告》，载《西藏日报》2011年11月18日，第2版。

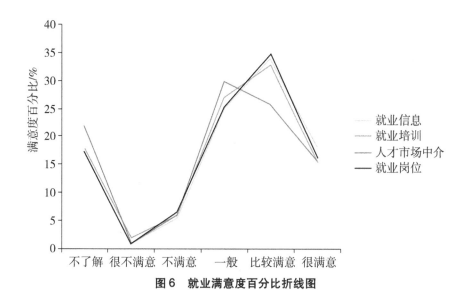

图6 就业满意度百分比折线图

3. 医疗卫生满意度

图7为医疗卫生满意度百分比，对于医疗卫生满意度指标，我们设计了3个问题，分别从医疗设施、医疗水平和传染病防治3个方面进行了解。其中，"传染病防治"的"很满意"比例相对较高，表明被访者对西藏传染病防治工作的较高认可。《2015年西藏自治区国民经济和社会发展统计公报》显示，2015年年末，全区共有卫生机构1463个，实有病床床位14013张、卫生技术人员14335人，每千人病床数和卫生技术人员数分

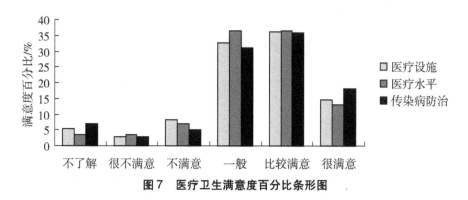

图7 医疗卫生满意度百分比条形图

别达到了 4.34 张和 4.44 人。① 被访者对医疗卫生的满意度,应该说是对上述数据反映的西藏医疗卫生事业发展情况给予的积极评价。

4. 住房和社会保障满意度

对于住房和社会保障满意度指标的测量,我们从医疗保险制度、养老保险制度和经济适用房制度角度进行全面剖析。图8、图9和图10分别是其对应问题的直方图及正态曲线。结合分析,可以看出频率较高的数据均聚集在"3"和"4"之间,这表明了被访者满意度偏向于较高阶层。

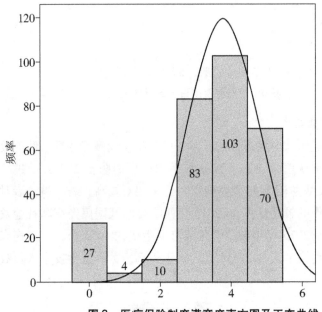

图 8 医疗保险制度满意度直方图及正态曲线

---

① 参见《2015年西藏自治区国民经济和社会发展统计公报》,载中国西藏新闻网(http://www.chinatibetnews.com/xw/201605/t20160513_1227530.html. 2016 - 05 - 13)。

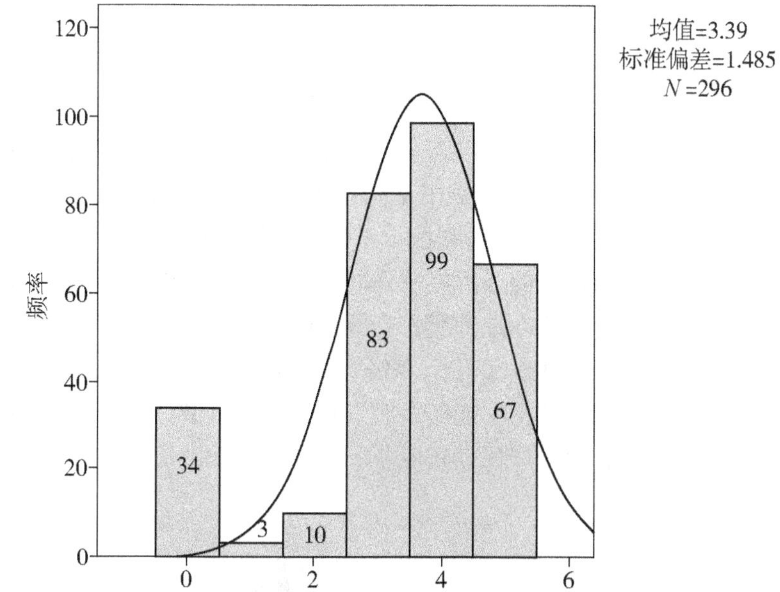

图9 养老保险制度满意度直方图及正态曲线

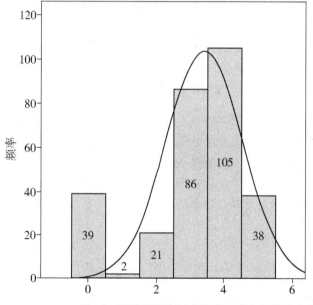

图10 经济适用房制度满意度直方图及正态曲线

5. 公共安全满意度

图 11 为公共安全满意度百分比条形图。我们以小区治安状况、110 反应速度、消防反应速度和城镇治安状况的满意度测量反映被访对象的公共安全满意度。如图 11 所示，"城镇治安状况"的"很满意"所占比例相对较高。时任西藏自治区党委书记陈全国在《人民日报》的署名文章《群众路线是治边稳藏的生命线和根本工作路线》中提到，要坚持把城镇网格化管理作为践行群众路线的好载体。① 具体措施则是推行城镇网格化管理，在拉萨市、地区所在地和所有县城建成了 698 个便民警务站，每个警务站平均覆盖半径 300～500 米，各站点之间联网联勤联动，24 小时全天候执勤巡逻，确保遇到情况能够及时发现、迅速处置。② 高强度网格化管理促成治安现状，提升居民满意度。

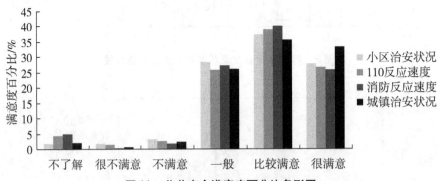

图 11 公共安全满意度百分比条形图

拉萨市的警务改革紧抓"服务群众"和"预防为先"，在全国系统中都属先进。这也增强了拉萨城镇居民的安全感。

在调研中我们发现，拉萨市的警察队伍主动学习民族文化，了解藏族的民族习惯，尊重民族信仰，学习和践行民族政策，维护民族团结，着力打击破坏民族团结、侵害人民群众安全的行为和人。

---

① 参见陈全国《群众路线是治边稳藏的生命线和根本工作路线》，载《人民日报》2013 年 9 月 17 日，第 16 版。

② 参见张国权《关于西藏"110"便民警务站模式及应用探讨》，载《云南警官学院学报》2016 年第 4 期。

6. 基础设施满意度

我们将道路交通设施、邮政电信设施、公共厕所建设和停车场地建设的满意度指标作为被访者对基础设施满意度的体现。从图12的百分比折线图中可以看出，"公共厕所建设"的"很满意"所占比例最高，而"停车场地建设"满意度最低。结合西藏实际，2016年，自治区住建部门制订《西藏自治区人民政府关于大力开展公共厕所革命的意见》实施方案，从根本上改善公共厕所规划不健全、供给数量少、建设品质低和运营管理差等现象。方案的积极实行获得了居民的良好反响。西藏日益增多的汽车保有量和旅游季众多的自驾游车辆的状况使解决停车问题迫在眉睫，而调查中较低的"停车场地建设"满意度正是这一问题的体现。

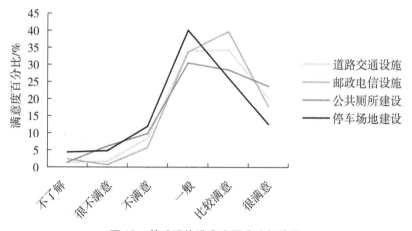

图12 基础设施满意度百分比折线图

7. 文体休闲满意度

图13为文体休闲满意度百分比条形图，以文体休闲设施、活动组织和管理、宗教活动场所为具体对象。其中，"宗教活动场所"不存在"很不满意"的状况，而且其"很满意"比例最高，由此反映了居民中对寺庙建设在内的宗教场所满意度极高。这是中央和地方党委政府保障公民宗教信仰的良好效果。

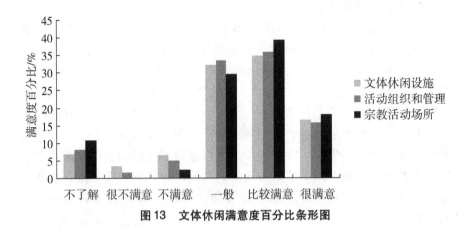

图 13　文体休闲满意度百分比条形图

8. 环境保护满意度

为探究有关城市社区治理中的环境保护满意度,我们从空气质量,道路清洁程度,河、湖等水质,垃圾回收和处理 4 个方面进行详细分析。图 14 环境保护满意度百分比"很不满意"中,"空气质量"所占比例最低,而"垃圾回收和处理"比例最高。"比较满意"中,"空气质量"所占比例最高,"垃圾回收和处理"比例最低。2015 年西藏自治区环境状况新闻发布会中提出,"十三五"期间,全区环境保护工作将以"四个全面"战略布局为统领,牢固树立五大发展理念,深入贯彻习近平总书记"保护好青藏高原生态就是对中华民族生存和发展的最大贡献"重要指示精神,围绕建设国家生态安全屏障、美丽西藏战略目标,全面推进生态保护和污染防治,深化环境监测、监察体制改革,强化环境法治,为全面建成小康社会奠定坚实的生态环境基础。① 优良环境是西藏自治区的特色,但在发展过程中需要更注意各方面问题,例如,被访者满意度不高的垃圾回收和处理问题。

---

① 参见张斌《西藏环境质量持续保持良好》,见中国西藏新闻网(http://www.xzzw.com/xw/xzyw/201606/t20160605_1265306.html.2016 - 06 - 05)。

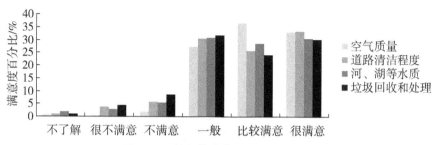

图 14　环境保护满意度百分比条形图

9. 公共交通满意度

图 15 为公共交通满意度百分比折线图，以 4 个相关变量的折线分析居民对公共交通的满意度。"交通拥挤程度"在"很不满意"和"不满意"中均占据最高比例，反映了居民对交通状况的不满现状。这一结论呼应了前面所反映的"停车场地建设"问题，可见西藏城市社区中日益增多的汽车保有量所带来的后续问题亟待解决。

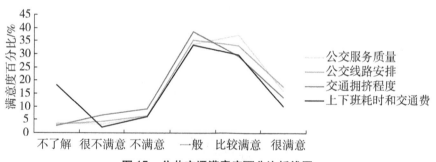

图 15　公共交通满意度百分比折线图

10. 政府效能感满意度

对于"政府效能感满意度"的测量，我们选择机关人员办事效率和机关人员作风纪律两个指标进行分析。如图 16 和图 17 所示，"比较满意"和"很满意"综合比例在"机关人员办事效率"和"机关人员作风纪律"两个指标中均占大部分，由此反映了被访者对政府效能感有较高的认可度。

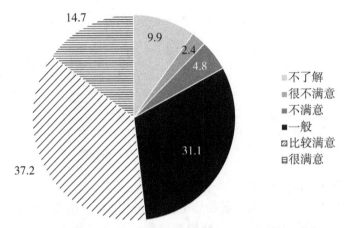

图 16　机关人员办事效率满意度百分比饼图

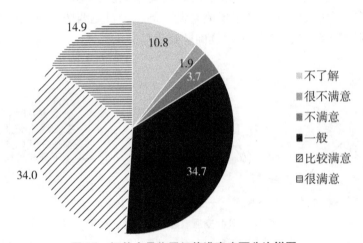

图 17　机关人员作风纪律满意度百分比饼图

　　党委领导、政府负责的社会治理模式决定了包括西藏在内的很多省区的城市治理必须密切关注公共行政的绩效。这既为了避免因涉及公共行政类问题过于集中而给被访者带来回答的各种顾虑，又可以遵循调查问卷层层深入且将有挑战性问题后置的方法策略。我们还在问卷最后专门设计了5道关乎公共行政的题目，要求被访者清楚地表达题目问题的同意程度。数据分析结果分别如图18、图19、图20、图21和图22所示。

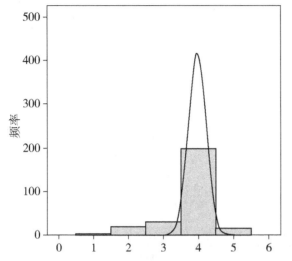

图18 被访者对政府制定政策征求市民意见的同意程度直方图及正态曲线

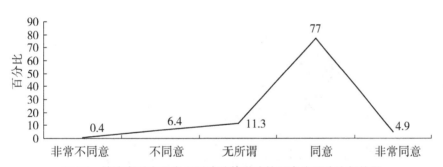

图19 被访者对市民意见影响政策说法的同意度百分比折线图

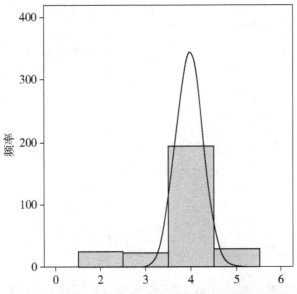

图20 被访者对机关人员服务态度好说法的同意程度
直方图及正态曲线

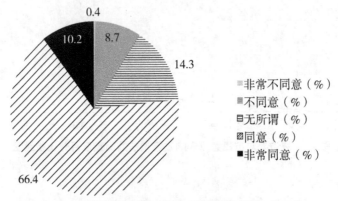

图21 被访者对可通过电子信息技术知晓政策信息
说法的同意度百分比饼图

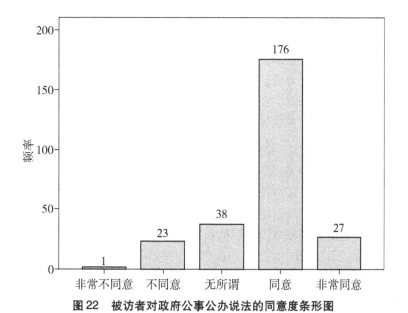

图22 被访者对政府公事公办说法的同意度条形图

由各个图表得出,"同意"所占百分比均较高,"非常不同意"所占比例较小。综合这5个指标可以看出,被访者对政府工作的认可度较高,政府也充分做到了尊重民意,听取民声。

本问卷调查研究设计的十大指标,具有萨缪尔森所谓公共产品的非排他性和非竞争性,也与居民的日常生活紧密相连,显然也是城市治理需要直面的问题。在描述统计的基础上,我们可以从数据的分布看出西藏城市治理的满意度具有3个特点:其一,西藏城市居民对城市社区治理的满意度高低错落,既有政策因素的影响,也有问题本身的属性;其二,政府效能感反映了民众对于公共行政的认知和评价,不确定性表征了制度建设对于治理体系的价值;其三,西藏城市治理的方向是处理好政府与市场的关系,与国家的国家治理体系现代化相适应。

(七)城镇社区居民自治管理有待提高

社区治理是地方治理的主阵地,城市社区治理更多地体现为政府主导,多元主体参与的秩序维护、公共服务提供和社区建设与发展等过程。西藏在新型城镇化的过程中,城镇社区居民更多地由政府主导管理与服务,正如我们课题组在拉萨的俄杰塘社区所做的访谈中,社区工作者对社区工作的认识。

问:我们社区的基本设施建设情况呢?就是那些公共服务的职能。

答:底下有六大功能,综合治理、党建、社保、流动、民政这几大功能。我们按照上级要求,创立了心理咨询师、文艺活动室、图书阅览室、市民学校家长学校,功能可以说是特别多的。

更多的是来自"上级要求",社区居民的自治管理还有待提高。社区居民委员会是社区的基础自治组织,主要功能是联系政府部门和基层民众,上传下达政策、民声民意,既要即时把各级政府的政策传达到城镇居民,为社区内成员做好基础服务工作,还要实现基层社会的自治管理与民主社会化。目前,西藏城市社区的基本社会服务做得比较到位,特别是在拉萨、昌都、日喀则、林芝、山南等较大的城市,基本涵盖了养老、托幼、便民利民、劳动就业服务、扶贫、卫生、优抚、助残、法律援助、婚丧等城镇居民生活的方方面面。

然而,社区居民主动参与社区自治事务相对较为薄弱。拉萨是西藏的首府,更是西藏最现代化的城市,其城镇治理水平,尤其是社区管理水平走在全区前列。有学者在拉萨城关区做的相关社区管理研究中,关于"自治"方面的问卷,回收后,数据统计见表5,44.6%的居民对社区自治持无所谓的态度,而经常参加的只有14.2%。可见,社区居民自治的意愿与实践非常弱。

表5 拉萨社区居民主动参加有关居民自治活动情况[①]

经常参加	偶尔参加	从来没有	参不参加无所谓
14.2%	24.7%	16.5%	44.6%

拉萨市的社区居民自治尚且如此,更何况其他城镇,尤其是在刚刚兴起,正开展基础建设的新社区。社区民众参与自治的意识直接影响着社区居民委员会自治管理的效果。社区的和谐发展需要每一个社区居民的积极参与,这也是改革的基层探索与创新的基础。

---

① 参见蒲柯竹《城市社区居民自治管理研究——以拉萨市城关区为例》,西藏大学2015年硕士学位论文。

三、西藏新型城镇化中城市治理的政策目标与基本原则

政策目标是影响政策工具选择的首要因素。政策目标是政策制定者希望通过政策实施所达到的效果。政策目标来自政策问题,只有首先对问题进行诊断之后,才能找到全面的解决办法,选择有效的政策工具。①

西藏城镇化的客观条件是:地域广阔,山区多,交通不便,基础设施严重不足;经济发展水平低,财力有限;农牧村人口比重过大,分布分散;工业化没有起步或刚刚起步,工业与农牧业之间没有形成良性循环;城乡分割,城镇对农村和牧区的辐射力不足。这样,城镇化的方向应该是在不引起人员大规模流动的前提下,通过在当地兴建城镇基础设施,因地制宜,兴办农牧产品深加工企业,使农牧民逐步向当地城镇集中,从而提高城镇化水平。

此外,如图23所示,在地方政府治理的战略目标的实现中,只有兼顾发展与环保,做共生者和造势者,才能实现外部生态环境治理需求和本地经济发展水平相适应。

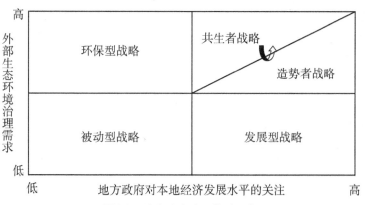

图23 地方政府治理战略目标

因此,西藏新型城镇化过程中城市治理的政策目标是,社会稳定与国家安全,兼顾经济发展与社会利益,促进区域一体化和地区协调,地方政

---

① 参见陈振明主编《政策科学——公共政策分析导论》,中国人民大学出版社2003年版。

府与各利益主体形成合作网络，更好地提供就业、教育、社会保障与医疗保险等基本公共服务。

政策目标明确或恰当与否，在很大程度上影响着政策工具选择的成败。① 西藏城市治理的政策目标的多重性、递进性，对政策工具选择提出了更加严峻的挑战。"在许多情况下，需要同时追求几个目标，为了实现最佳效果，就需要把一系列政策工具结合起来使用。"②

2015年11月《中共中央关于制定国民经济和社会发展第十三个五年规划的建议》针对社会治理领域存在的突出问题，就加强和创新社会治理做了全面部署，明确提出完善"党委领导、政府主导、社会协同、公众参与、法治保障"的社会治理体制。③ 这也是西藏新型城镇化进程中城市治理首要遵循的根本原则。

基于西藏新型城镇化过程中城市治理的基本状况与不同政策工具的特征，本课题认为，西藏城市治理还要有因地因时制宜的3个原则。

（一）"依法"原则

习近平总书记在中央第六次西藏工作座谈会上强调，"依法治藏、富民兴藏、长期建藏、凝聚人心、夯实基础，是党的十八大以后党中央提出的西藏工作重要原则"。西藏地区的城市治理中政治工具选择的首要原则就是"依法"。

城市有一整套复杂的社会体系，包括城市中人与产业的关系、人与基础设施的关系、人与生活环境的关系、人与公共服务体系的关系，以及人与人之间的关系、居民与政府之间的关系等，错综复杂。西藏新型城镇化过程中的城市治理不能仅仅依靠政府官员的工作热情和设想去实现，而应该坚持依法治理，加强法治保障，运用法治思维和法治方式化解社会矛盾。

（二）"有限性"原则

在西藏新型城镇化过程中，无论城市中的原有居民，还是新进入城镇

---

① 参见陈振明等《政府工具导论》，北京大学出版社2009年版，第85页。
② ［瑞典］托马斯·思德纳著，张蔚文、黄祖辉译：《环境与自然资源管理的政策工具》，上海人民出版社2005年版，第310页。
③ 参见http://opinion.people.com.cn/n/2015/1117/c1003-27823192.html。

的农牧民，都有与生俱来的私人领域与私权。这就决定了城市治理必须遵循"有限性"原则，治理仅限于城镇中的公共领域的公共事务，不能任意干涉城镇居民的私人空间。即使发生个别居民的行为威胁到他人或公共利益的情况，治理主体的干预方式在程序和规则束缚下也是有限的。要警惕权力的滥用，权力的行使必须纳入法治建构的"笼子"之中。

（三）"混合性"原则

西藏新型城镇化过程中的城市治理不同于内地其他城市中的单纯规则治理，而是融合了西藏地区经济发展、文化与农牧社会自身特殊性，以及已有的地方治理经验，表现为一种"混合治理"。这种"混合"的两个维度就是法治化的正式治理和藏族传统习惯法基础上的非正式治理。

法治化的正式治理能够有效维护城镇秩序的稳定性和交往规则的公平性，并可以逐渐塑造一种趋于良善的城镇政治文化。藏族传统习惯法基础上的非正式治理则在不违背最基本的法治精神的前提下，积极拓展城镇有效治理的路径，尤其是当一些问题和矛盾还达不到违法的程度时，由这种具备习俗和道德双重属性的民间智慧来治理。但是，当非正式的冲突和矛盾侵害到城镇居民人身、财产权时，就超出非正式治理权限，需要上升到法律层面，通过司法途径解决。

四、西藏新型城镇化过程中城市治理的思路与对策

在调研与分析西藏新型城镇过程中城市治理的现状并总结治理的原则和目标的基础上，本课题组提出如下建议。

（一）治理理念：党领导下的协同治理

西藏在新型城镇化的过程中要转变治理理念，要科学发展，要创新，但是不能盲目，不能简单地照搬。经过思考总结，本课题组提出，在新型城镇化的过程中，西藏城市治理的理念是党领导下的协同治理。西藏的城市治理也需要有"协同治理"意识，但这与其他内地城市的"协同治理"不一样，西藏城市"协同治理"的利益相关者，治理主体的地位是有层次的，是有主有辅的，是在大的城市治理网络之下有不同的小网络，而这些网络的博弈平衡与内地城市治理也是不一样的。

图 24 是一般城市政府的"协同治理"模式，也就是说，"政府或者社会组织通过一定的制度体系中运用权威发挥各自主体作用进行公共事务管理，引导规范公民的社会活动和维持社会秩序，从而满足公众的需求，并最大限度地增进公众利益"①。在西藏的新型城镇化过程中，城市治理首先是要在中国共产党的领导下，在整个治理体系之中发挥权威，保证治理的方向不会跑偏。当然，作为执政党，在社会治理中，也需要转变理念、工作方式和工作态度，以"平等、开放、包容、公正"的心态，获得更多城镇参与治理的主体对党组织的认同。这需求加强协商对话、理解支持。

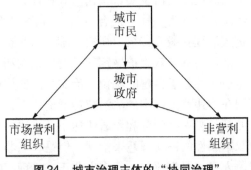

图24 城市治理主体的"协同治理"

1. 党的领导

党对城镇居民，尤其是不在单位体制之内，非党员的城镇居民，团结他们的最主要方式是通过城镇社区居委会的基层党组织，构建平台，开展活动，知民所想，急民所需，发挥基层党员的先锋模范作用，使城镇居民对周围的普通党员产生认可，进而亲近党组织，有问题及时向党组织寻求帮助。党组织也及时从一线基层了解掌握民生、民意动态，带领城镇居民实现公共利益最大化，夯实执政基础。

党对城市企业的领导，在西藏的城镇，除了西藏自治区原生性少数个别企业发展较大、效益较好，很多区外投资形成一定规模的企业集聚在经济开发区。对于这些相对成规模、员工人数较多的企业，党主要通过建立企业党组织机构，让党员在企业中发挥带头作用，影响企业的文化。而对大量散落的城镇的微小企业、家庭作坊、生产合作社，所在社区党组织要

---

① 俞可平主编：《治理与善治》，社会科学文献出版社2000年版。

及时了解企业经营的困难,解析党对西藏的特殊经济政策,帮助企业安心开展运营。

党与城镇中的非政府组织和各种志愿者进行沟通、协调并邀请其参加基层社区的相关公共事务,引导其自愿提供具建设性、可操作性的意见和建议,鼓励其为城镇居民的共同公共利益而努力,积极邀请其参与辖区的各项活动。

总之,在西藏新型城镇化的进程中,城市治理体系中要坚持党的领导。

2. 政府主导

正如"党委领导、政府主导、社会协同、公众参与、法治保障"的社会治理方针里所言,"政府主导"是新型城镇化进程中西藏城市治理的模式与基本特征。当前国内学术界对城市治理的讨论非常激烈,引进大量的西方理论和既有经验。不少城镇,尤其是东部经济发达和沿海地带的城市治理正在借鉴和学习,有"协作治理""协商治理""合作治理"等多种方式。而在这3种治理理念中,城镇的利益相关者,也就是治理的主体的地位层次基本是平等的。目前,这种思路对于西藏的新型城镇化进程中城市治理的背景、现状、需求来说,显然不太适合。西藏的城镇治理,目前只能是政府主导、党委领导。

政府主导,就是城市政府通过公共财政制度和行政管理机构,承担制定城市社区发展规划、筹集城市发展资源、主要供给公共服务等职责,主导城市的管理权力的运行与管理资源的配置;同时,在党的领导下,积极引导基层社区自治机构、社区居民和非政府组织等主体参与城市治理。

西藏的城市化发展缓慢,基本上还处于起步阶段,城镇建设相关的基础设施、基本公共服务(如医疗、卫生、教育)等都需要大量的资金投入。而西藏的民间投融资渠道有限,这些资金主要来源于政府财政转移支付。因此,首先在城镇的建设资金上,主要依靠政府。另外,老城的现代化和扩展,新城区的规划等工作都需要大量复杂的组织、协调工作。这些在西藏主要也由政府完成。此外,一些城市化水平较高的城市,如拉萨、昌都等,经济发达、交通便利,商贸活动活跃,物资流动速度快,僧尼和朝佛人员密集。这样,在城市的公共安全需求之下,更是需要政府加强管理、综合治理,排除问题和隐患。

当然,我们说的政府主导,并不是完全排斥公民社会和非政府组织参与西藏的城市治理。我们只是强调政府在西藏的城市的治理中起主导作用，合理配置城市安全稳定与发展的治理资源。

3. 第三部门的参与治理

第三部门就是非政府组织、非营利组织，包括各种社会团体、行业协会、志愿者组织。随着经济的发展和城市的现代化，第三部门日益在城市治理中发挥作用。政府也可以从第三部门购买公共服务，使得政府公共管理效率提高。

西藏经济市场化的程度有限，社会契约精神相对欠缺、公民社会意识相对薄弱，这些也会使得西藏的非政府组织在城市治理中的作用有限。我们在思考西藏新型城镇化过程中第三部门的定位时，一方面要借鉴先进城市的治理经验，另一方面，在政府主导下，城市部分公共服务领域可以开放，可以从第三部门购买，也鼓励各种中介，如物业公司、家政中介、安保中介等为城镇居民服务。政府与非营利性组织的服务供给可采用订立合同、资金补贴、公私合营、特许经营、政府购买和贷款担保等形式。当然，我们也希望随着西藏城镇化的深化，第三部门在未来的城市治理中发挥更大的作用。

4. 居民参与

城镇居民是城镇的主体，也是最重要的利益相关者。在城市治理的体系中，居民的参与按照主动性的强弱，可分为动员型与自主型；按照参与主体的组织形式，可分为组织与非组织参与；按照参与的制度化情况，可分为制度化与非制度化参与。参与治理的领域有城镇经济参与、城镇社区政治参与、城镇文化参与、城镇社会参与等。

居民参与城镇治理，很多时候是检验与衡量一个国家和社会进步、发展的标准，也是城镇社会变迁的结构性推动力。城镇居民从理性化、组织化和制度化的渠道参与城镇治理，在一定程度上可以缓解"市场失灵"与"政府失效"所带来的种种弊端，优化社会结构。

大多数西藏城镇的居民在城镇的公共事务中是动员型，在集体行动的能力方面有限，政府主导并鼓励城镇居民参与公共事务，拓展见闻，塑造自身现代公民品格，培育居民间协调、互助、沟通、理解等能力，有利于促进社会价值规范体系的进一步整合，也有利于城镇治理的"善治"的实现。

总的来说，在治理理念上，当前西藏城镇治理需要党领导下政府主导，引导城镇企业、第三部门、城镇居民积极参与治理。通过协同管理、协商对话、理解支持，促进更多参与治理的主体对政党组织的认同。

(二) 治理机制：加强激励考核与定期研判机制

城市的治理机制是一个非常复杂的大系统，其中又围绕不同的利益相关者，有不同的层级，有诸多的子系统，每个系统又有自己的运行机制。譬如，党组织有自己的组织机制、领导机制、监督机制、宣传机制；政府有自己的服务机制、政策制定机制、绩效评估机制等；社区有自治机制、动员机制等；企业有经营机制、社会服务机制等。这些机制都已经发展成熟，并且在西藏新型城镇化过程中发挥越来越大的作用。而我们经过前面的研究，认为在当前西藏的治理机制体系下，要加强激励考核与定期研判。

1. 加强激励考核机制

"激励"首先是一个心理学的概念，指心理上的驱动力，可激发人员动机、鼓励人员行为。对城镇治理来说，就是充分调动和激发各级工作人员，尤其是治理的基层工作者等的积极性、主动性，提高其工作效率，最终实现公共治理的目标。因此，激励考核机制的完善与加强，是当前西藏城市治理机制重要的一环。

（1）城镇治理能力的绩效评估

绩效评估是一种直接有用的治理工具，也是中国城市治理领域创新的一个重要方向。它可以强化行政部门的责任意识，提升政府的效率。

①城市治理绩效评估点的选取。前面我们已经分析过，城市治理是一个非常庞大的系统，有很多机制互相作用，我们在做城市治理绩效评估的时候，需要选取评测点，包括政府、司法机构、媒体、非营利组织、城市经济组织、城市居民、城市服务组织、城市消费品等。但是，在西藏新型城镇化过程中，这些点的选取不尽相同，第三方评测机构需要针对西藏的具体情况进行调整。

②城市治理绩效评估的方法。平衡计分卡（the balanced scorecard，简称BSC）是一种要建立"实现战略制导"的绩效管理系统。卡普兰和诺顿并不仅仅把平衡计分卡用于一般营利机构，特别是企业，他们还用它来测量评估非营利事业机关，尤其是政府机关的绩效。平衡计分卡在世界范围内得到广泛的运用。[①] 通过平衡计分卡系统，可以帮助政府机构了解

[①] 参见［美］罗伯特·卡普兰、［美］大卫·诺顿著，刘俊勇、孙薇译《平衡计分卡：化战略为行动》，广东经济出版社2013年版。

在预算的收支之外,通过治理绩效动因的设计与引导,真正地使目标达成、愿景实现。我国各级政府基于以人为本,贯彻科学发展观,构建和谐社会的伟大实践,客观上要求不断提高政府公共管理及服务的绩效,借鉴外国政府治理绩效管理的成功经验,尤其是借鉴平衡计分卡的基本原理优化各级政府的治理绩效管理。

③城市治理能力评价指标体系。通常一个指标体系的第一层次即要素层为总类评价指标,也称为"一级指标";第二层次即指标层指标为单项评价指标,也称为"二级指标"。根据目前中国地方城市的发展特点,有学者认为,中国城市治理现代化的目标,从政府公共产品供给的职能角度,有政府文化教育、社会保障、公共医疗卫生、环境保护、公共事业和公共行政六大要素,还要增加公共文化事业相关统计指标,并整合到教育文化类中。在此基础上,还构建了包括基础设施、文化教育、医疗卫生、社会保障、环境保护、园林绿化 6 个要素、49 个评价指标的区域中心城市治理能力评价体系。①(见表6)

表6 地方城市治理能力评价指标体系

要素层(一级指标)	指标层(二级指标)
基础设施	①城乡社区事务支出占比(%)
	②交通运输支出占比(%)
	③道路长度(千米)
	④道路面积(万平方米)
	⑤人均道路面积(平方米)
	⑥城市排水管道总长度(千米)
	⑦污水处理厂设计规模(万吨/日)
	⑧轨道交通线路长度(千米)
	⑨轨道变通线路条数(条)

---

① 参见王珺、夏宏武《五区域中心城市治理能力评价》,载《开放导报》2015 年第 3 期。

续表6

要素层（一级指标）	指标层（二级指标）
文化教育	⑩教育支出占比（%）
	⑪科学技术支出占比（%）
	⑫文化体育与传媒支出占比（%）
	⑬普通高等院校数量（所）
	⑭普通高等院校教职工数（人）
	⑮普通高等院校在校学生数（人）
	⑯中小学校数量（所）
	⑰中小学校教职工数（人）
	⑱中小学校在校学生数（人）
	⑲群众艺术、文化馆（座）
	⑳公共图书馆（座）
	㉑公共图书馆总藏量（万册件）
	㉒博物馆、纪念馆（座）
医疗卫生	㉓医疗卫生支出占比（%）
	㉔卫生机构数合计（个）
	㉕床位数（张）
	㉖卫生工作人员数（人）
	㉗医疗机构总诊疗人次（万人次）
	㉘入院总人数（万人）
	㉙病床使用率（%）
	㉚病床周转次数（次）
	㉛每千人拥有医生数（人）
	㉜每千人拥有医院病床（张）
社会保障	㉝社会保障与就业支出占比（%）
	㉞社会福利院（个）
	㉟社会福利院床位数（张）

续表6

要素层（一级指标）	指标层（二级指标）
环境保护	㊱节能环保支出占比（%）
	㊲生活垃圾清运量（万吨）
	㊳生活垃圾无害处理量（万吨）
	㊴垃圾无害化处理率（%）
	㊵城市生活污水处理率（%）
	㊶环境保护投资（亿元）
	㊷环境保护投资占GDP比重（%）
园林绿化	㊸农林水事务支出占比（%）
	㊹建成区绿化覆盖率（%）
	㊺园林绿地面积（公顷）
	㊻建成区绿地率（%）
	㊼公园绿地面积（公顷）
	㊽人均公园绿地面积（平方米）
	㊾公园数（个）

在西藏新型城镇化进程中，城镇政府治理能力的评估与测量，在指标选取上，可以借鉴其他国内地方城市，但是必须要事先综合调研，广泛听取意见，结合西藏的现实，可以增减相关指标。

(2) 对城镇社区基层工作者的激励考核

西藏新型城镇化离不开人才的力量，特别是社区基层工作者的努力。尽管这个职业在我国的发展起步伊始就取得了较好的成绩，但是依然面临着重重考验。西藏城镇社区基层工作者管理体系相较其他地方仍有诸多的不足之处和极大的改进空间，尤其是在绩效考核方面，与先进地区差距较大，存在着管理任用不规范、考评机制不合理等问题。只有对他们进行科学合理的考核，并建立相应的激励机制，责权合一，才能提高公共治理的效率，实现城市治理的公共利益。

考核之前，首先要明晰西藏城镇社区基层工作者职责范围。本课题组参考其他城市相关职责，提出西藏的城镇社区基层工作者的基本职责。（见表7）

表7　西藏城镇社区基层工作者基本职责

服务项目	具体职责
党群社团服务	①承办党建工作具体业务，负责为党员群众提供党务政策咨询服务； ②负责工会、共青团、妇联、老年协会等群团组织建设的具体业务； ③负责社区居委会的日常文书处理，档案资料的立卷、归档及提供查阅服务工作； ④做好综合协调、上传下达工作。
社区经济服务	①负责宣传农牧业、林业、养殖等方面的科技知识，并提供信息咨询和技术指导； ②协助做好国土资源管理、城镇规划建设、环境保护等工作； ③经办安全生产管理的具体业务工作； ④负责统计工作的具体业务。
综治平安服务	①协助抓好本社区社会治安综合治理、社会稳定和平安创建工作； ②做好治保、调解、帮教、社区矫正、法律服务、普法宣传等工作。
计生管理服务	负责社区常住人口和流动人口计划生育日常性工作。
流动人口服务	经办流动人口和租赁房屋服务管理工作的具体业务。
社区救助服务	①提供社会救济救助政策咨询服务； ②经办城乡低保（"五保"）、自然灾害救助、城乡贫困家庭医疗救助、城乡居民临时困难救济等工作的具体业务； ③负责做好社会捐赠有关业务工作。
劳动保障服务	①负责为社区群众提供劳动就业、培训，社会保障政策、法律法规的咨询及相关的具体服务工作； ②做好本社区内用人单位劳动保障信息采集工作，协助做好劳动争议的调处工作。
科教文卫服务	①负责做好科技、教育、文体、卫生等方面的日常业务工作； ②协助做好食品药品质量安全管理和消费者权益保护工作。

对西藏城镇社区基层工作人员的考核主要是评德、能、勤、绩、廉等情况，重点考核工作实绩、干部群众评价等情况。绩效考核只是一种管理手段，它的最终目的是激励。我们建议在激励机制上，除了经济激励，如奖金绩效等，还要加强精神激励。人的需求是多层次的，在满足了低层次的需求后，会有更高层次的需求，特别是精神层面的需求。在各种新思潮、新观点的带动下，西藏城镇社区基层工作人员整体文化教育水平不断提高，已逐渐跟上时代潮流。除了日常琐碎的工作之外，他们更需要实现自我价值。

2. 定期研判机制

研判是指在决策前对经济社会运行的综合情况进行分析、研究和判断。城市治理的定期研判机制，城市治理中定期对目标任务完成情况的评估、调整和判断，是城市治理中的一项前瞻性、基础性工作机制。定期研判机制除了可以清楚掌握城市日常工作、政策执行、经济运行、公共管理等情况，还可以防患于未然，对一些突发性事件，事先发现苗头，做出预警，采取对应的措施。

在西藏城镇治理中，需要对各种综合情况做定期研判。做决策时，一定要考虑是否能够实现公共利益，有助于城镇居民的福祉；是否得到城镇治理体系中的利益相关者的支持，得到不同民族的城镇居民的认可；是否是现阶段西藏城镇政府能力范围的事情。此外，还要有研判的日常积累。需要经过各方努力全面搜集辖区的舆情信息，对辖区特殊重点人群、思想状况、经济条件、家庭状况、邻里关系等进行综合分析和研判，进行汇总，全面、准确掌握辖区的治理情况。更要对突出的问题重点解决，防患于未然，消灭问题于萌芽阶段。

最后，要建立结果运用机制，增强研判工作的针对性和实效性。对研判的相关结果要及时公开，接受反馈意见和社会各方的监督。

(三) 治理战略：推进有西藏特色的文化、生态小镇建设

在中国快速的城市化建设治理的过程中，很多时候聚焦于城市的现代化、大城市病，如交通拥堵、垃圾收集、住房价格高昂等，而小城镇的发展与治理长期以来处于被忽视的地位。2015年年底以来，中央政府出台了一系列政策，国家各部委通过投融资、规划等，推进了当前中国的特色小镇与小城镇的全面建设。西藏的自然生态、历史、经济条件不适宜建设体量庞大的城市，所以西藏的新型城镇化在治理战略上要走在前列，即建设有西藏特色的文化、生态小镇，聚集周边农牧民，为某一区域的城镇居民、农牧民提供优质的公共服务，满足西藏人民生活、发展的各种需要。

地方城市的政府会在城市发展的不同阶段，根据内外环境的变化选择不同的治理策略。治理策略不同自然会导致治理思路不一样。依据地方政府对本地经济发展水平的关注和外部生态环境治理需求两个维度，我们把地方政府的治理策略划分为4种类型，即被动型战略、发展型战略、环保型战略和共生者战略。

目前，西藏新型城镇化过程中的城市治理，是地方政府基于区域内的特殊人文地理环境，采取生态保护优先的环保型战略，开展对森林、草地、湿地的保护和水资源、矿产资源开发的生态补偿。这是西藏地方城市治理，以及有西藏特色生态、文化小城镇的发展思路。

第一，科学规划乡镇建设。通过规划科学合理布局，做到人与自然的和谐，特别是要注意耕地、林地、水源、水面、湿地的保护，进一步改善集镇建设状况，改善居民居住环境，提高集镇居民生活质量。在规划建设中，应该以居民为本，在强调政府主导作用的同时，必须突出集镇居民在规划中的主体地位，始终坚持居民是使用者、受益者的观念，以居民利益为出发点，发挥居民积极性，增加居民对集镇建设规划的参与。

第二，规划集镇依据现有布局模式，科学合理利用空闲地，提高土地利用率，整改与新建相结合。集镇设置公共服务区，具体为行政管理区、商业区、文体活动区、教育区。整改保留现有居民住宅区，整合设置新建居民住宅区。住宅区内部要根据公共建筑与公共服务的需求，建设公共绿地和休闲小广场，形成集镇公共活动相对集中的场所。

第三，可持续发展。"十三五"期间，西藏自治区各乡镇要坚持调整优化经济、产业结构，坚持科学发展，以市场为导向，以科技为动力，着眼于经济效益的提高，积极推进以农、林、牧业等基础产业为主，旅游业为辅的发展战略，全面推进农、林、牧业产业化，以工业化的理念组织农业生产，扩大特色产品生产的规模化、产业化、标准化，发展优质、生态农牧业，充分利用区域资源和剩余劳动力，发展农牧区社会经济，促进农牧业发展和农牧民增收。提升改造基础设施建设，搞好集镇建设规划，注重集镇风貌景观的整治，改善集镇人居环境，加强生态环境保护。以城镇化要求衡量集镇发展，力争科技教育事业发展取得新突破，民风民俗倡导新风尚,培养造就新型城镇居民,加强精神文明建设,发展社会事业,集镇面貌呈现新变化,实现可持续发展。

(四)治理的政策工具选择

只有依据政策环境条件选择政策工具,实现各种政策工具之间的相互匹配、综合运用,才能兼顾工具的效率、公平和效益各种不同的价值,顺利实现西藏城市治理的政策目标。本课题研究具体建议选择以下 6 种工具。

1. 政府管制

西藏新型城镇化过程中,城市治理的"政府管制"主要分为社会性和经济性两种。

(1)社会性管制

社会性管制主要包括 4 个方面。①消费者保护。管制对象包括城镇消费者基本权利、广告、传销行为和房地产交易等。②生命安全保护。城镇政府管制药品、医疗、食品、化妆品、保健食品、消费品质量和职工安全与卫生等。在西藏的城镇,尤其要将维护祖国统一,加强民族团结,实现社会局势的持续稳定、长期稳定、全面稳定作为硬任务。各方面工作统筹谋划、综合发力,牢牢掌握反分裂斗争的主动权,保护人民群众的生命安全。③环境保护。西藏地区的外部环境生态环境治理需求较高,城镇政府除了依据管制法规《中华人民共和国环境保护法》等之外,还要根据当地情况,严格实施《西藏生态安全屏障保护与建设规划(2008—2030年)》,扩大森林、湖泊、湿地面积,提高沙区、草原植被覆盖率,有序实现休养生息。④教育保护。西藏地方城镇政府依据《中华人民共和国义务教育法》等相关教育法规,从基础教育、职业技术教育、普遍高等教育、成人教育、少数民族师范教育、特殊教育、思想品德教育、体育教育、卫生教育、军训和国防教育、幼儿教育、学校设置、招生考试、教学、学生、教育科研和管理体制等方面,设定标准、规则、权利、义务,以维护学校依法办学的权利,维护师生和人民群众自身受教育的权益。

(2)经济性管制

经济性管制主要包括对公用事业的管制,对邮电、广播事业的管制,对建筑业的管制,对价格的一般性管制。

2. 公共企业

公共企业是指不完全以营利为目的，还负有其他公共政策义务的国有企业。其特点是具有公共所有权，受到政府控制或直接管理，收入与成本之间必须保持某种平衡。公共企业可以弥补市场失灵，提供公共物品和服务，是一项有效率的经济政策工具；还可以简化行政管理，补充公共支出的不足。在西藏新型城镇化过程中，城市的公共财政收入主要来自国家的财政转移支付，城镇政府主导兴办公共企业，可以有效增加城镇的财政收入，更好地提供公共服务。西藏城镇的公共企业未来有很大的发展空间，是城市治理的重要政策工具。

3. 直接提供

直接提供是由政府机构及其雇员直接提供公共物品或服务，通常包括国防、外交、教育、社会保障等。西藏的城市治理包括：①医疗卫生服务与社会保障。在西藏新型城镇化过程中，不但要把城镇居民，还要把农牧业转移人口及其他常住人口纳入社区卫生和计划生育服务体系，提供基本的医疗卫生服务。把进城落户农牧民完全纳入城镇社会保障体系，在农村参加的养老保险和医疗保险规范接入城镇社会保障体系。②城镇基础设施。西藏地方城镇政府统筹市政公用设施建设，提升基础设施水平，扩大绿化面积和公共活动空间。③城市应急管理体系。西藏地方城镇政府应该加强防灾减灾能力建设，着眼于抵御冰雪、干旱、地震、山体滑坡等自然灾害，完善灾害监测和预警体系，加强城市消防、排水防涝、抗震等设施和救援救助能力建设，提高城市建筑灾害设防标准，合理规划布局和建设应急避难场所，强化公共建筑物和设施应急避难功能。完善突发性公共事件应急预案和应急保障体系。加强灾害分析和信息公开，开展城镇居民风险防范和自救互救教育，建立巨灾保险制度，发挥社会力量在应急管理中的作用。

4. 社区治理

新型城镇化过程中的西藏城市治理，要健全社区党组织领导的基层群众自治制度，推进社区居民依法民主管理社区公共事务和公益事业，加快公共服务供给向社区供给。

5. 自愿性组织

自愿性组织是非政府、不以营利为目的的组织，可以提供成本低而质量较高的公共服务，减轻政府的负担。调研中，拉萨的俄杰塘社区有老年志愿者、党员志愿者、青年志愿者、红十字博爱家园、"阿佳之家"等自愿性组织成为社区管理重要补充力量。自愿性组织是一种有效城市治理的政策工具，但是往往具有国际背景，因此，在西藏地区要对其进行备案和加强管理。

6. 政府补贴

由政府或由政府指定的机构赋予个人、企业及其他社会团体一定数量的财政转移，目标是让得到补贴者采取政府所希望发生的行为，形式包括财政补贴、税收减免和担保等。在西藏新型城镇化过程中，政府可以通过财政补贴和税收减免政策，调整产业类型和结构，按照绿色发展、循环发展、低碳发展的要求，大力发展高原特色生态农牧业，加快无公害产品、绿色食品和有机食品生产基地的建设；大力发展太阳能、风能等清洁可再生能源；在生产、流通、消费等环节发展循环经济。积极探索碳汇经济，推进碳交易。把生态文明理念融入旅游开发的全过程，大力发展生态旅游。

（五）提高城市的公共服务供给能力

前文我们分析了西藏新型城镇化过程中的城市治理现状，从对城市居民的公众满意度测量的数据分析整理，可以看出城镇居民对城镇公共服务需求在增加，但西藏城镇化治理中公共服务供给不足。因此，我们的城市治理一大路径就是提高城镇自身的公共服务供给能力，从而实现城市社会利益最大化。

加强市政公用设施和公共服务设施建设，增加基本公共服务供给，增强对人口集聚和服务的支撑能力，关键是积极与上级政府沟通，增加各级政府城镇对公共服务设施的支持和投入。

1. 强化交通综合管理，优先发展城市公共交通

将公共交通放在城市交通发展的首要位置，加快构建以公共交通为主体的城市机动化出行系统，推动各种交通方式、城市道路交通管理系统的信息共享和资源整合。

2. 建设高效便利的生活服务，加强市政公用设施建设

建设安全高效便利的生活服务和市政公用设施网络体系。优化社区生活设施布局，健全社区养老服务体系，完善便民利民服务网络，打造包括物流配送、便民超市、平价菜店、家庭服务中心等在内的便捷生活服务圈。

3. 综合统筹空间布局，完善基本公共服务体系

根据城镇常住人口增长趋势和空间分布，统筹布局建设学校、医疗卫生机构、文化设施、体育场所等公共服务设施。

4. 加强城市公共安全的保障措施，建立突发事件应急管理体系

要完善西藏应急管理工作有关的组织体系。这不但有利于保证突发公共事件能够得到及时、妥善的处理，还有利于通过该体系的完善来实现对突发公共事件的预防，从而减少由于突发事件所造成损失，保障城市的公共安全。

5. 强化信息基础设施建设，推进智慧城市的建设

强化信息网络、数据中心等信息基础设施建设。促进跨部门、跨行业、跨乡镇的政务信息共享和业务协同，强化信息资源社会化开发利用，推广智慧化信息应用和新型信息服务。

（六）重视与完善城镇社会工作体系

社会工作是一项科学的助人事业，集社会保障、社会福利、社会救助等于一体，旨在向社会大众提供符合个体、家庭和社区所需的社会服务。发展社会工作是建设社会主义和谐社会的重要组成部分，是建设小康社会必不可少的重要环节。在2016年政府工作报告中，李克强总理进一步指出，加强和创新社会制度，推进城乡社区建设，促进基层民主建设，支持专业社会工作、志愿服务和慈善事业发展。以社会工作推进社会建设，以社会工作推动社会治理，是党和国家寄予社会工作的厚望。西藏社会工作起步晚，但使命重，借由社会工作改善人与人的关系，尤其是建立不同族群良好互动关系，都是社会工作发挥功能、体现价值之处。

西藏的城市社区建设是维护城市社会秩序，促进西藏社会长治久安的关键。在西藏新型城镇化进程中，要对城市基层的城市社区干部、民政局社区管理人员、社区工作人员（包括市/地区、县、城镇街道办事处和社区干部）加强培训，使其跟得上西藏城镇现代化的进程，从而推动西藏城市社区服务体系的优化发展，达到社会有序和睦的目标。此外，还要借力各种资源，加强政府、高校、科研机构合作，助力西藏社会工作。

（七）加强对城镇新居民的管理

对西藏新居民社会融入工作，不仅要完善法律法规和制度规范，加强宏观的管理调控，更要加快以"改善民生"为重点的社会建设项目，扩大公共服务涵盖的范围领域，坚持"合理规划、做好服务、健全管理、公平对待"，推动新居民社会融入工作健康协调发展。

1. 转变观念，由控制型管理向服务型管理转变

大量的新居民将长期存在，并逐步融入当地社会。必须从"更新观念"出发，转变传统的"控制型"管理理念，以服务为目的和原则，奠定新居民社会融入工作的思想和观念基础。要树立"公平对待、以人为本"的理念，对新老居民一视同仁，用公平化、人性化的理念善待新居民，从维护社会和谐稳定、促进经济可持续发展的大局出发，协调处理好相关利益群体与新居民的相互关系。要树立"服务至上"的理念思维，政府不仅服务常住人口，同样也服务广大新居民，履行政府职责，为新居民提供与常住人口一样的公共政策和服务保障。

2. 创新完善新居民服务管理措施的工作思路

要坚持"谁主管谁负责"的原则，涉及新居民服务管理的相关部门均需切实发挥各自的职能作用，将综合治理的各项举措真正落实。要坚持"谁用工谁负责"的原则，充分发挥用工单位组织化程度相对较高、便于管理的特性，建立"谁用工谁负责"的责任制，落实其在加强新居民服务和管理中的作用。要落实城市社区组织的相应职责，结合新居民的生活风俗特性、文化层次程度、精神心理需求和消费能力水平等，采取多样式的有效积极措施，鼓励他们广泛参与城市当地的经济社会生活、文化体育娱乐、社区事务管理、城市精神文明创建等活动，切实强化新居民的认同感。

3. 充分运用信息化手段加强新居民服务管理

人口信息的实时精确度和动态变化情况的及时掌握是新居民服务管理工作的重中之重。要拓展人口信息录入的采集路径渠道，推动新居民信息采集、录入工作的社会化。要加快建设新居民综合管理信息系统，建立健全新居民数据库、出租房屋数据库、用工单位数据库，把人口管理延伸到社区、用工单位、场所、业主、房主等。应进一步整合新居民信息资源网络库，将新居民信息系统建设成为"数据各方汇总集成、信息资源部门共享"的综合型服务管理平台,增强新居民日常服务管理工作的信息化、动态化能力。

4. 深化户籍制度改革,推进人口流动常态化

随着人口流动更加开放化、自由化,要分阶段、有步骤地改革当前的"二元"城乡户籍制度,缩小城乡多方面、深层次的差别。一是逐步放开户籍落户限制,降低落户准入条件门槛,调整户口迁移政策规定,针对工作、收入、住所等相对稳定的新居民,允许符合条件的自愿将户口迁入城镇,逐渐强化"居住""市民"概念,慢慢弱化"暂住""户籍"概念。近年来,国家相继发布了《关于进一步推进户籍制度改革的意见》(2014年7月)和《推动1亿非户籍人口在城市落户方案》(2016年9月)等文件,改进现行落户政策,实施"积分落户"制度,引导就业、生活、工作的人口落户预期,有序推进新居民落户工作。二是逐步实行居住证制度,在子女接受教育等方面给予新居民同样的条件待遇。据初步统计,在《国家新型城镇化规划(2014—2020年)》(2014年3月)和《国务院关于深入推进新型城镇化建设的若干意见》(2016年4月)等文件出台之后,各地提出以"居住证"为主要的载体,健全以居住年限时长等为参照条件的基本公共服务供给体系,大力推动户籍制度改革,全国已有30个省市自治区公布户籍制度改革方案,且普遍提出逐渐消除"农业户口"与"非农户口"性质区分,给予所有人口平等的待遇、同等的身份,减少社会歧视性政策的出现。推进居住证制度覆盖全部未落户城镇常住人口,切实保障居住证持有人享有国家规定的各项基本公共服务和办事便利。

总之,我们从治理理念——党领导下的协同治理,治理机制——加强激励考核与定期研判机制,治理战略——推进有西藏特色的文化、生态小镇建设,治理政策工具的选择,提高城市的公共服务供给能力,重视与完善城镇社会工作体系,加强以上对城镇新居民的管理所提出的西藏新型城镇化过程中的7个方面城市治理对策。我们相信,在党的领导下,在政府主导和支持下,西藏的城市治理水平将会随着新型城镇化的进程得到极大的提高。

西藏居民健康促进路径与医疗保障策略研究[①]

王建伟　翟绍果[②]

一、研究背景

西藏自治区位于青藏高原西南部，全区面积120多万平方千米，平均海拔在4000米以上。截至2016年年底，全区常住人口总数为330.54万人，平均人口密度每平方千米2.75人，是全国各省、市、自治区中人口数量最少、人口密度最低的地区。同时，受海拔等自然环境影响，西藏自治区人口分布极不均匀，人口主要集中在海拔高度4000米以下的东部和南部地区。人口密度最大的拉萨地区，其人口密度为5.96人/平方千米；而人口密度最小的阿里地区，平均每平方千米的人口密度仅为0.16人。[③]高原、高寒、地广人稀且人口分布不均等特点致使西藏自治区医疗卫生事业的发展面临巨大挑战，医疗服务提供和疾病防控应对较国内其他省区更为复杂和困难。在党中央的亲切关怀和全国人民的大力支援下，在自治区党委、政府的坚强领导下，60多年来，西藏自治区的卫生事业取得了举世瞩目的成就。

（一）医疗卫生服务方面

西藏已经建成了中医、西医、藏医结合，以拉萨为中心、遍布城乡的

---

① 本研究报告是翟绍果副教授和王建伟老师承担的西藏文化传承发展协同创新中心（西藏民族大学）2016年招标课题"基于均等受益的西藏健康促进策略与医疗保障路径研究"（项目号：XT-ZB201607）的结项研究成果。

② 作者简介：王建伟，男，西藏民族大学管理学院讲师，主要研究方向为人力资源管理和社会保障；翟绍果，男，西北大学副教授，主要研究方向为公共管理。

③ 《西藏自治区"十三五"时期国民经济和社会发展规划纲要》，见中国西藏新闻网（http://www.chinatibetnews.com/zw/qwfb/201604/t20160423_1194980.html#_Toc441106687），具体数字经计算得出。

医疗卫生网，建成了覆盖县、乡、村三级的医疗卫生服务网络，基本医疗卫生服务体系基本建立。数据显示，截至 2016 年年末，全区共有卫生机构 1476 个，其中，医院 144 所、卫生院 680 个，疾病预防控制中心（卫生防治机构）82 个，妇幼保健院、所、站 55 个。实有病床床位 14882 张，卫生技术人员 15259 人。每千人病床数和卫生技术人员数分别达到了 4.5 张和 4.62 人。① 2017 年 4 月发布的《西藏自治区基层藏医药服务能力提升工程"十三五"行动计划实施方案》指出，到 2020 年，力争全区每县都将有达标藏医院，80% 以上的乡镇卫生院和所有的社区卫生服务中心都建有藏医馆等藏医综合服务区。提高藏医特色诊疗和综合服务能力，推广多种藏医药方法和手段综合使用的基层藏医药综合服务模式，发挥藏医药在常见病、多发病和慢性病防治，以及疾病康复中的作用。

（二）医疗保障制度建设方面

西藏自治区目前已经初步构建起覆盖区内所有居民的医疗保障体系。自 2003 年以来，西藏地区实行以政府为主导的农牧民免费医疗制度，截至 2016 年年底，已基本实现全覆盖，参保率为 97% 以上；全区 74 个县级医院基本实现农牧民群众住院的即时结报，今后将进一步推开市级医疗机构先诊疗后付费工作；率先在全国实现了医疗救助城乡一体化和社会全覆盖。2016 年，自治区政府印发了《西藏自治区开展城乡居民大病保险工作实施方案》，农牧民住院医疗费用和门诊特殊病种医疗费用最高可报销 6 万元，大部分农牧民自付医疗费用实际报销比例为 95% 及以上。

（三）居民健康促进方面

西藏对城乡居民实施免费健康检查，疾病预防控制体系在逐步完善，妇女儿童卫生保健水平得到提高，城乡居民健康档案建档率达 99%，人均寿命增加到 68.2 岁，全区实现了基本消除碘缺乏病的目标。西藏"十三五"规划指出，在未来 5 年实施"健康西藏"工程，将以广大民众的健康需求为导向、以农牧区为重点，优化医疗卫生资源配置；进一步加强

---

① 《西藏自治区"十三五"时期国民经济和社会发展规划纲要》，见中国西藏新闻网（http://www.chinatibetnews.com/zw/qwfb/201604/t20160423_1194980.html#_Toc441106687），具体数字经计算得出。

公共卫生服务体系建设,深入实施"农牧民健康促进行动",积极预防各类疾病,完善城乡居民免费健康体检,建立健康档案等基本公共卫生服务项目;将进一步健全医疗服务体系,加大医疗人才组团式援藏力度,加强自治区、地(市)两级医院建设,加快重点县医院和基层医疗卫生机构标准化、规范化建设;将大力发展藏医药事业,完善藏医医疗服务资源配置,实现所有县(区)、乡镇、村藏医药服务全覆盖;将进一步深化医疗卫生体制改革,推进公立医院改革,深入实施国家基本药物制度,构建分级诊疗服务模式,支持社会办医。①

随着西藏医疗卫生事业的不断发展,西藏自治区居民健康需求也将逐步提高。然而,西藏地域广袤,不同地区发展水平具有差异,地理环境制约下的不同区域民众对医疗资源的可获得性具有差距,呈现出健康资源配置失衡的特点。因此,在"十三五"期间西藏经济社会与文化传承发展战略目标下,基于均等受益视角,立足健康促进,系统研究西藏现行公共卫生制度、医疗卫生服务体系、医疗保障制度,探求西藏健康促进策略与医疗保障路径,推动"健康西藏"建设,提高西藏民众的健康水平和生活质量,具有深远的意义。

二、研究内容与方法

(一) 文献综述

医疗卫生的改善与发展是一项关系国民健康素质与国家持续发展的事业,新医改明确提出"建立覆盖城乡居民的基本医疗卫生制度"的目标。西藏作为典型少数民族地区,受特殊自然、经济、社会、文化环境的影响,是我国医疗卫生事业发展的薄弱地区。健康促进与医疗保障是医疗卫生发展的重要领域,梳理已有研究,尤其是民族地区基本医疗卫生的研究,对西藏健康促进与医疗保障具有借鉴意义。

目前,国内对健康促进和医疗保障制度的研究主要集中或偏重于某单一方面。在健康促进方面,不少学者的探究集中在健康促进与疾病预防和

---

① 参见《西藏自治区"十三五"时期国民经济和社会发展规划纲要》(http://www.chinatibetnews.com/zw/qwfb/201604/t20160423_1194980.html#_Toc441106687)。

控制①、卫生医疗机构工作②等联系上，缺乏与医疗保障的衔接问题；在医疗保障方面，学者集中在我国医疗保障制度转型、城乡统筹医疗保障制度理论、农村医疗保障制度等单一内容研究中③，缺乏整体框架研究，对于构建多层次、综合性的医疗保障体系认识相对不足。而健康促进和医疗保障制度在本质上有一定的联系，但当前文献将两者有机结合起来关注的较少。同时，医疗卫生体系的构建受到地区经济文化水平的影响，提高民众对一个地区的医疗卫生体系的受益度和获得感，提高医疗卫生服务的实效性必须因地制宜。

1. 民族地区医疗卫生资源配置与公共卫生服务发展现状

首先，民族地区医疗卫生资源配置与公共卫生服务难以满足需要且卫生资源配置缺乏公平性。民族地区医疗卫生资源受市场规律、政府支出偏好、自然环境和人口分布等因素影响，存在医疗经费短缺、医疗机构和医疗设备不足且落后、医疗人才缺乏且不配套等问题，使医疗卫生服务功能萎缩，制约了医疗卫生事业发展进步。④对发展民族地区基本公共卫生服务的重要性认识不足、居民的基本公共卫生服务需求增加与基本公共卫生服务提供能力不足的矛盾突出、基本公共卫生服务可及性较差、政府公共卫生财政投入不足等问题，加剧了民族地区基本公共

---

① 参见马彩云、杨莹《健康促进策略在预防与控制慢性非传染性疾病中的作用》，载《世界最新医学信息文摘》2015年第13期，第157～158页。

② 参见方敏、李晓雯《以健康促进为先导的疾病预防控制机构工作新模式探讨》，载《公共卫生与预防医学》2016年第1期，第120～122页。

③ 参见李俭峰、徐立军《医疗保障体系存在的问题、改革难点与对策探讨》，载《江西社会科学》2012年第11期，第227～230页；余洋《城乡医疗保障制度统筹发展研究综述》，载《学理论》2013年第20期，第52～53页；宋占军《城乡居民大病保险运行评析》，载《保险研究》2014年第10期，第98～107页；杨卓瓴《统筹城乡医疗保障制度研究——从文献综述的视角》，载《生产力研究》2014年第11期，第95～97页；戴旭《城镇职工医疗保险改革面临的问题与措施》，载《财经界》2014年第1期，第35～39页。

④ 参见石新荣、覃敏笑《少数民族地区呼唤"卫生扶贫"——贵州民族地区医疗卫生发展滞后调查与思考》，载《贵州民族研究》1996年第2期，第165～169页；李杰《对少数民族地区医疗状况的分析——以甘南州为例》，载《甘肃农业》2007年第8期，第72～74页。

卫生服务的不均等。① 目前，对卫生资源配置公平性的分析大多运用洛伦兹曲线、基尼系数及泰尔指数等方法对民族地区的人口与地理分布的公平性进行分析，结果显示，少数民族地区卫生资源增长较慢，人口公平性优于地理公平性，卫生资源配置整体缺乏合理性。② 通过战略性干预医疗卫生服务体系，可以降低因国家、语言和文化资源不合理分配导致的疾病高发病率。③ 因而，解决医疗卫生资源配置不足，需要增加对少数民族地区医疗卫生的经费投入，实施政策优惠，完善融资渠道④，加快建立村级卫生室，建立农村三级医疗卫生服务网络等。⑤

其次，民族地区医疗保障体系亟待完善。城乡居民基本医疗保险受益程度是衡量新医改成效的重要方面，我国民族地区基本医疗保险覆盖面扩大，但保障能力和筹资能力较差，新型农村合作医疗制度缺乏法律保障，许多少数民族民众并没有真正享受到保障。虽然目前西藏自治区的医疗保障水平得到了多数农牧民的认可，但由于西藏属于高寒区域，地方病较多，一些顽疾需要长时间的治疗，合作医疗经费很难满足长期的医治需求，而且西藏农牧民对于合作医疗的筹资、核销和报销的程序和比例都了解不多。⑥ 因此，应完善筹资渠道和补偿机制，规范医疗保障系统运行的

---

① 参见李培广、胡曼云、李建国《民族地区公共卫生服务：困境与超越——基于广西壮族自治区东兴市的调查分析》，载《理论探索》2009 年第 5 期，第 115～118 页；秦小妹《推进基本公共卫生服务均等化问题及对策研究——以四川民族地区为例》，西南政法大学 2014 年硕士学位论文；贺知菲《四川少数民族公共卫生政策研究——以基本公共卫生服务为视角》，西南政法大学 2014 年硕士学位论文。

② 陈楠、谢芳等《四川省少数民族地区卫生资源配置变化趋势及公平性研究》，载《四川大学学报（医学版）》2016 年第 2 期，第 238～243 页；来有文《西藏卫生资源配置与利用分析及评价研究》，山东大学 2014 年博士学位论文；张子武等《四川省卫生资源公平性研究》，载《中国社会医学杂志》2014 年第 5 期，第 357～359 页。

③ Gregory A. Bechtel, Mary Anne Shepherd, Phyllis W. Rogers. Family, Culture, and Health Practices Among Migrant Farmworkers. *Journal of Community Health Nursing*, 1995, 12 (1).

④ 参见石新荣、覃敏笑《少数民族地区呼唤"卫生扶贫"——贵州民族地区医疗卫生发展滞后调查与思考》，载《贵州民族研究》1996 年第 2 期，第 165～169 页。

⑤ 参见李杰《对少数民族地区医疗状况的分析——以甘南州为例》，载《甘肃农业》2007 年第 8 期，第 72～74 页。

⑥ 参见陈默《西藏农区基本医疗保障与医疗服务水平现状研究——以日喀则地区南木林县艾玛乡为例》，载《中国藏学》2014 年第 4 期，第 100～107 页。

法律制度，保障基本医疗保险让少数民族群众均等受益①；建立医疗救助制度，推行新型合作医疗制度②；根据不同民族地区经济发展状况建立包括医疗救助、新型农村合作医疗、商业医疗保险在内的多元化、多层次的医疗保障体系③。

2. 民族地区医疗卫生事业与地区文化融合发展状况研究

医疗卫生事业受到民族地区特殊的民俗文化、民间医学技术的影响。拥有各自历史和原则的世界八大治疗传统形成了同各自传统信仰及实践相关的治疗模式。④ 针对中国侗族、壮族、萨满教、贵州的少数民族，以及印度、马拉维等地区的研究共同证明了民族药物、宗教文化、民族习俗对医疗模式和医疗文化具有重要作用，力图挖掘、保护和利用民间医疗模式、医药、技术等，将其与现代医学结合，共同促进民族地区医疗卫生事业发展。⑤ 特殊的民俗及其宗教文化对民族地区的医疗卫生事业影响比较大。苏发祥、王玥玮、周良熙认为目前西藏乡村社会有3个层次的医疗知识体系，即以西医和中医为主的现代医疗体系、佛教文化基础上形成的藏医医疗体系和民间信仰层面上的医疗体系，而且，指导村民们认识疾病和就医的宗教信仰似乎一直非常稳定。⑥ 可见特殊的民俗及其宗教文化信仰对民族地区居民认识疾病及就医观念的影响之大。刘洪、唐曦等认为制约甘孜县卫生事业发展的因素与其城乡居民的生活观念和健康观念密切相关，少数民族的生活习惯和健康意识又受宗教文化的影响比较大，而大多

---

① 参见刘扬《少数民族地区医疗保障制度问题研究及完善建议》，载《青海民族研究》2013年第4期，第83～85页。

② 参见李杰《对少数民族地区医疗状况的分析——以甘南州为例》，载《甘肃农业》2007年第8期，第72～74页。

③ 参见谢红莉《城市化进程中的中国民族医疗保障》，人民出版社2010年版。

④ Jeff Levin. Esoteric Healing Traditions: a Conceptual Overview. *Explore: The Journal of Science and Healing*, 2008, 4 (2): 101–112.

⑤ 参见史经霞《近代贵州少数民族地区宗教与医疗文化研究》，载《宗教学研究》2013年第3期，第194～199页；李世武《萨满教医疗文化与现代医学的比较研究》，载《广西民族大学学报（哲学社会科学版）》2014年第6期，第37～40页；赵巧艳《侗族灵魂信仰与收惊疗法：一项关于B村的医学人类学考察》，载《思想战线》2014年第4期，第69～75页；Judith Farquhar, Lili Lai. Information and Its Practical Other: Crafting Zhuang Nationality Medicine. *East Asian Science, Technology and Society*, 2014, 8 (4): 417–437.

⑥ 参见苏发祥、王玥玮、周良熙《论当代西藏乡村社会的医疗体系及其特点——以堆龙德庆县那嘎村为个案》，载《中国藏学》2013年第4期，第50～57页。

数宗教伦理与医疗卫生事业"救死扶伤"的人道主义思想是相契合的，所以要改变民族地区居民生活观念和健康观念，需借助其民族文化的力量。①

学者针对西藏艾玛地区的实证调研得出，现代医疗卫生体系与传统疾病及就医观念并非水火不容，而是并行不悖，但传统民族医学在当代医学技术发展中受到挑战，如何在改善民族地区居民健康水平的同时使民族医学的地方性知识得到保护并弘扬发展，则是一个值得探讨的话题。② 值得欣慰的是，民族地区已经意识到传统民族医学的重要性。吴小红发现，最近几年少数民族地区各级党组织、政府增强了管控民族医药工作的力度。据统计，包括藏族、蒙古族、苗族、回族、壮族等在内的25个少数民族纷纷设立了本民族医院，数量接近300所，共设立17856个床位，在少数民族聚集的地区，绝大部分的医院都设有专门的民族科室，而且这些地区的村卫生室及社区服务站也有能力为当地少数民族群众提供民族医药服务。③

综合以上梳理可发现，现有研究在民族地区医疗卫生事业综合发展的现状总结、困境分析和政策建议等方面已有初步完善的体系，但缺乏以健康促进为目的的各类医疗卫生资源、医疗保障与医疗服务的系统性整合。基于此，本研究基于均等受益视角，在"健康中国"战略实施背景和西藏经济社会与文化传承发展战略目标下，围绕西藏健康促进和医疗保障改革问题开展系统、深入的研究，从学理上探究民族地区健康促进与医疗保障发展的一般规律，从实践上寻求西藏地区的健康促进策略与医疗保障路径，为加快改善西藏地区医疗卫生事业提供对策和建议。

（二）理论基础：健康公平与健康管理

健康是一种资本，对于健康的支出是一种资本性投资。基于健康资本的属性，其追求的是健康公平。个人健康水平取决于遗传、环境、生活方

---

① 参见刘洪、唐曦等《医疗卫生精准扶贫高海拔藏区贫困县的思考与建议》，载《中国农村卫生事业管理》2016年第6期，第684~689页。

② 参见苏发祥、安晶晶《论西藏乡村社会的疾病观及村民的求医行为——以西藏南木林县艾玛乡牛村为例》，载《西北民族研究》2014年第4期，第49~59页。

③ 参见吴小红《民族地区医疗卫生事业发展困境与突破》，载《贵州民族研究》2015年第2期，第46~49页。

式、医疗保健等多种因素，因此健康是可以管理的。

1. 健康资本与健康公平理论

健康是个人生存与发展的基础，是构成人类社会进步和经济发展的第一要素，"不仅是疾病与体虚的匿迹，而是身心健康社会幸福的总体状态，是基本人权，达到尽可能高的健康水平是世界范围的一项最重要的社会性目标"①。"在自然法学派的眼里，健康权是先验的，人的健康被认为是与生俱来的权利"②，因此，现代社会里健康普遍被视为公民的一项基本权利。健康是一种有严格寿命限定的能提供服务的特殊商品或资本形式，其提供的服务可以在人的一生中持续不断地被消费。③ 医疗保健既是医疗服务业的产出又是健康的投入，人们对医疗服务的需求来源于维持健康水平和改善人力资本的偏好。

健康资本是人的体能、精力、健康状况与寿命长短，是人力资本的重要组成部分，是劳动生产力的基础；并且在人的生命进程中，随着时间的推移和年龄的增长，健康存量不断地自然衰减和贬值。④（如图1所示）健康存量则决定着个人能够花费在所有市场活动和非市场活动上的全部时间。例如，罹患疾病等会使患病当事人的健康存量减少，而医疗保健会维持甚至增加健康存量。"健康不仅是产品，而且是消费品"⑤，必然面临"资产折旧"问题，所以无论国家还是国民个人都需要对健康资本进行投资，即"健康投资"，以促进健康资本的保值增值。健康经济学家的研究结论认为，健康投资影响人的预期寿命、体力和耐力、精力和活力的全部开支，对健康的支出是一种资本性投资，不仅能改善劳动力的健康素质，提高劳动生产率，还能增加工作人口量，对人们收入能力和经济增长的影响是长期的。可见，良好的健康资本是对整个社会扶贫、经济增长和长远经济发展的关键投入。相反，健康贫困是一种参与健康保障、获得基本医

---

① 世界卫生组织：《阿拉木图宣言》（http：//www.who.int/topics/primary_health_care/alma_ata_declaration/zh/）。

② ［澳］罗斯·霍恩著，姜学清译：《现代医疗批判——21世纪的健康与生存》，上海三联书店2005年版。

③ Rexford E. Santerre, Stephen P. Neun. *Health Economics: Theories, Insights, and Industry Studies.* Thomson-Southwestern Publishing Company, 2000: 59.

④ 参见樊明《健康经济学——健康对劳动市场表现的影响》，社会科学文献出版社2002年版，第17～19页。

⑤ ［美］威廉·科克汉姆著，杨辉等译：《医学社会学》，华夏出版社2000年版，第86页。

疗预防保健服务的机会丧失和能力剥夺而导致的健康水平低下，会带来收入减少和贫困发生或加剧等问题，进而使国民健康问题和健康消耗逐渐成为社会经济发展的沉重负担。因此，消除健康贫困，增加健康资本，需要增强医疗卫生服务的可及性，完善健康保障机制，提高医疗救助制度和医疗保险机制的收入效应。

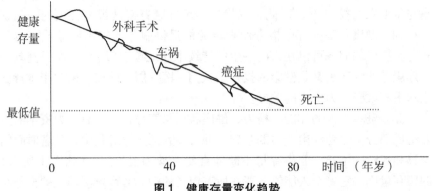

图 1　健康存量变化趋势

健康资本理论最为典型的理论模型是 1972 年 Grossman 提出的健康需求的人力资本模型，健康首次被视为不同于其他人力资本的"健康资本"。该模型认为，人们对于"良好健康"的需求可以用供给和需求曲线来解释，并且对于健康需求的最优决策受到生命周期中财富和生存时间的约束。① 该模型中假设健康资本的折旧率是外生的，随着年龄的增长而增大，人们可以理性地预期自己的生存年限。当健康资本存量低于某一临界值时，人们将停止一切市场和非市场活动，生命即将终止。人类行为在某种意义上都是一种慢性自杀，都是在牺牲自己的身体健康来换取其他方面的收益。所以，为了弥补健康折旧，人们会进行健康投资，然而消费者可以通过医疗保健服务等要素来生产健康进而补充健康资本的消耗。此外，根据个人、社会、文化和政策等方面对健康所产生的影响，以及个人对健康追求所产生的医疗服务需求来构建家庭健康生产函数，其特点表现为：健康价值的排序或健康与其他物品不同组合的效用；把医疗服务需求转变

---

① J. R. Behrman. *Health and Economic Growth: Theory, Evidence and Policy*. World Health Organization, 1993.

为健康的生产函数；决定医疗服务需求的社会经济因素包括收入、货币成本、时间成本和获取信息的成本；人们的选择行为是为了得到最高价值的效用，而最大效用是在预算线、可利用的时间、收入和价格等条件限制下实现的。① 可见，健康资本存在于个人本身，与其他物质资本一样，都能够起到生产性的作用。通过减少或牺牲现期消费以换取未来收入，可以对现实及未来收入给予保障而获得持久和更大收益。对于健康的投资活动，也就是卫生保健投资决定着其他投资形式的投资效益。因此，关注整个国民的健康状况及投资收益是完全必要的。其中，健康保障均等化就是为了促进国民在对健康投资的过程中享有同等的资源和同等的收益，进而能够最大化地实现全体国民对健康投资的收益与价值，使每个个体都能够均等分享社会人力资本投资收益的总和，最终实现个体与社会的共同进步。

在当前医疗卫生服务已市场化的环境下，个人及其家庭收入和财产水平直接决定了其能否享有高质量的医疗卫生服务。然而，当收入财产的脆弱性难以满足正常的医疗卫生服务需要时，将会导致一部分社会成员"因病致贫"，对经济社会可持续发展带来负面影响，甚至衍生出公共风险和潜在的社会危机。面对这样的公共风险和潜在危机，需要政府提供与公共健康消费直接相联系的均等化的公共卫生和基本医疗服务，来干预和缓和疾病风险的破坏力，帮助患者群体恢复劳动能力，最大化地消除疾病风险的负面影响。因此，传统的公共卫生模式需要向大众健康模式转变，② 应将健康促进的重点放在群体健康因素的改善上，需要树立以健康公平为核心的公共健康理念，使所有社会成员均有机会获得尽可能高的健康水平，尽可能避免有人在健康方面受到不利的影响。基于健康作为一种资本的特殊属性，对健康的投资追求的是健康公平，而健康公平实质上是以机会公正和差别原则作为指导，对公共健康资源的合理配置。对医疗保险的偿付项目进行优化组合，发挥基本健康服务包的健康保障作用，来预防、保护及提高人们的健康水平，减少由于患病所造成的福利的损失，提高社会资源的利用率，改善社会总资源的配置。总

---

① Bos E, Hon V, Maeda A. *Health, Nutrition and Population Indicators: A Statistical Handbook.* Washington, DC: World Bank, 1999.

② 参见刘继同、郭岩《从公共卫生到大众健康：中国公共卫生政策的范式转变与政策挑战》，载《湖南社会科学》2007年第2期，第36～42页。

之，健康公平理论为国民健康保障均等受益的实现提供了理念和目标。可通过基本医疗保险范围的延伸和公共卫生服务项目的扩展，合理设计国民基本健康服务包，发挥公共健康的社会外部效应，促使医疗保险向均等化的健康保障转变。

2. 健康管理理论

从健康的供给与需求角度来讲，个体对健康的需求会派生出其对医疗卫生服务的需求，而这种供给必须依赖于整个医疗卫生服务的机构和个人，理想状况就是要达到供需的平衡状态，也就是资源都得到充分利用的状态。联系到健康保障受益的公平性问题，实际上就是国家通过相关的手段，对影响健康的要素进行干预，如增加医疗卫生投入，进而使整个国民的健康状况达到最优。也就是说，受益的均等化是国家调控整个国民健康状况的一种理想的状态，可取得最大化的收益。

从宏观层面来看，一个国家或社会的人力资本存量是其可以利用的劳动资源，而直接决定劳动者可以用于劳动的时间（即健康时间）的便是健康存量，也即健康资本。故宏观层面上的健康投资是提升一个国家劳动力资源数量和质量的必要手段，能促进社会生产率的提高，是综合国力的表征，更是实现国民幸福这一终极目标之所在。因此，政府须从整个社会这一宏观发展的高度来对待国民健康投资，保障整个社会人群的健康服务需求。一方面，须保证健康资本投入要素的量，即随经济社会的发展和国民健康需求的增长，逐年提高对健康服务事业的投入，保证健康投资占财政支出的动态增长，满足国民健康服务事业的发展需要。另一方面，注重健康资本投入要素的质量，即注重国民健康投资的结构，考虑地区之间、城乡之间、人群之间的差距及不同的健康服务需求，科学调整健康投资结构，更加注重对基层的健康投资。相对于后期的治疗护理，更应注重对健康的"上游投资"[①]（预防保健、健康保护与健康促进）。从历史发展的视角来看，宏观层面（健康）人力资本发生过几次明显的变动。（如图2所示）

---

① 参见梁君林《人口健康：理念和方法》，载《中国卫生事业管理》2008年第6期，第416~418页。

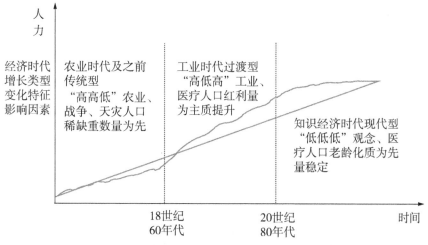

图2 宏观层面（健康）人力资本变动模型剖析

从微观层面来看，个人从出生的时候通过遗传获得了最原始的健康存量，从那之后，便需要对自己的健康进行投资，否则健康资本将随着年龄的增长而折旧。[①] 因此，个体需要对自己的健康进行投资，以维持自己的健康资本，然后才能满足自己其他的生活需求，实现自己的人生价值或目标。假定一个人的成年（18岁）和退休（约65岁）这两个时间是个体进入和退出劳动力市场的年龄分界线，那么，一个人在进入劳动力市场之前，健康投资处于"家庭健康生产"阶段，目的主要在于培育健康资本，责任主体是家庭、政府和社会，投资内容主要是营养、保健和健康教育；进入劳动力市场后，个人的健康投资处于"社会健康投资"阶段，目的在于促进健康资本增值，责任主体在于市场、家庭和政府，投资内容为保健、预防和护理；退出劳动力市场后，开始退休生活，处于"医护健康恢复"阶段，目的在于尽力维持健康资本和延长可享受的生命长度，责任主体在于政府、家庭和社会，投资内容主要在于治疗、护理和康复[②]。

---

① Michael Grossman. On the Concept of Health Capital and the Demand for Health. *Journal of Political Economy*, 1972, 80（2）：223 - 255.

② "因为对于老年人来说，生活质量的唯一关键问题是健康（Cockerham, 1997），所以，为老年人提供充足的保健服务便是公共政策的一个特别重要的目标。"引自［美］威廉·科克汉姆著，杨辉等译《医学社会学》，华夏出版社2000年版，第34页。

总之，个体的健康资本在一生中经历着遗传获得、家庭培育、社会投资、医护维持这样一个过程。其中涉及多方责任主体，但在不同阶段责任主体有所区别，且不同阶段投资内容也是不一样的，个体需要据此对自己的健康资本进行投资，以求健康资本的保值增值，实现人生价值。有关于个人健康投资的具体模型，详见图3所示。

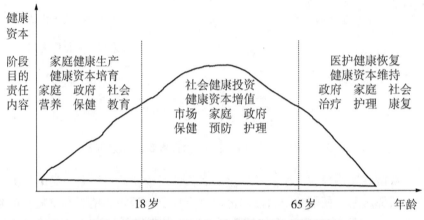

图3 微观层面（个人）健康资本投入模型剖析

健康取决于遗传、环境、生活方式、医疗保健等多种因素，因此，健康是可以进行管理的。而健康管理作为对健康资本的一种重要投资方式，以最经济、最有效的方式使用有限的卫生资源，可大大降低患病率并减少医疗支出，降低国民医疗负担，因而成为当今各国重点关注领域与优先发展方向。健康管理（health management）是一种主动、有效地把握和维护健康的方法，结合了预防医学和临床医学，对个体或群体的健康危险因素进行全面的监测、分析、评估、预测，并通过提供咨询和指导对疾病进行预防和维护的全过程。它包括致力于改善健康的服务组织政策开发及实施的相关系列活动，焦点是研究和改善与人群健康相关的组织中的服务传递和健康变化。[①] 系统的健康管理有利于促进人体健康，减少疾病的发生，提高生活质量，同时减少医疗费用支出，促进社会发展。健康之所以是一种资本，是因为其以健康的生产力为社会发展做出的贡献。强调健康及其

---

① Hunter D J, Brown J. A Review of Health Management Research. *The European Journal of Public Health*, 2007, 17 (1): 33 – 37.

管理是一个社会发展的先决条件。而在一个人口超过 13 亿的国家，拥有丰富的人口存量，如果人口健康状况不好，便是沉重的人口负担，如果健康状况良好，则是丰富的人力资源。① 因此，为了实现我国国民健康，国家和个体都必须做出努力，加大健康投入，科学健康投资，通过全社会的共同努力，建立并不断发展完善以全体国民为服务对象的健康管理体系，实现"高素质的健康人"目标，促进国民健康保障均等化。

（三）研究内容

基于"健康中国"和"健康西藏"的战略实施背景以及西藏地区社会经济与文化传承发展现状，研判民族地区医疗卫生改革的发展趋势，分析全西藏域内医疗卫生资源、医疗服务体系、医疗保障体系现状，提出西藏健康促进策略与医疗保障发展路径，包括以下基本内容。

1. 西藏居民健康行为、就医选择、健康状况及其影响因素

人们对于健康的需求满足是对个体健康资本的投资过程，这种投资与需求的满足可以实现人力资本的提升。目前，在西藏乡村社会有西医和中医为主的现代医疗体系以及藏医医疗体系和民间信仰层面上的医疗体系，特殊的民俗文化对民族地区的医疗卫生事业影响比较大。通过调查西藏居民健康状况及其影响因素，改善民族地区居民健康水平的同时使民族医学的地方性知识得到保护并弘扬发展。

2. 西藏公共卫生服务存在问题与提升建议

"十三五"期间，面对经济新常态的挑战和诸多机遇，"健康中国"成为新时期的战略目标，在国家政策支持和国民健康需求的驱使下，健康水平的提升具有巨大的空间。公共卫生对于健康的提升具有重要的抓手作用，通过分析西藏城乡公共卫生服务整体现状，形成对西藏公共卫生服务能力的整体认知，探讨如何推进西藏自治区基层公共卫生服务能力提升，提出适应新时期西藏公共卫生工作新要求的对策建议。

3. 西藏基本医疗保险发展现状、主要困难与政策建议

通过研读现有资料、进行深度访谈、举办座谈会等方式，明确当前西藏基本医疗保险的发展过程中的优势、劣势、机遇，探讨如何进行多元协

---

① Selma J. Mushkin. Health as an Investment. *Journal of Political Economy*, 1962, 70 (5): 129 – 157.

同建立起以西藏受援方为中心，中央政府、内地支援方、第三方高校联动协同援藏，最终建立医保专项援藏长效机制。

4. 西藏居民基本医疗保险满意度、影响因素与政策建议

城乡居民基本医疗保险受益程度和城乡居民对基本医疗保险的满意程度是衡量新医改成效的重要方面。通过调查居民对现行农牧区医疗制度、城镇居民和城镇职工医疗保险的满意度及影响因素，探究托底医疗保障即救助制度、基本医疗保险、补充医疗保障的衔接问题，分析目前西藏构建多层次医疗保障体系的优势、劣势、机遇和挑战，探讨构建多层次医疗保障实现路径。

5. 西藏居民基层医疗卫生服务满意度、影响因素与政策建议

基层医疗卫生机构是推进城乡公共服务均等化，提升国民健康水平的重要抓手。居民对于医疗卫生服务的满意度评价在一定程度上可以反映该地区的整体卫生事业发展状况。通过调查西藏居民对医疗卫生服务的满意度及其影响因素，探究西藏地区基层卫生事业进一步发展的实施路径。

（四）研究方法

本研究主要采取问卷调查和非结构化访谈的方式。调查对象主要为西藏自治区内样本地区居民、医院以及其他医疗保障相关单位（人社厅、财政厅、疾控中心等）。本研究先通过非结构化访谈来把握西藏医疗保障和健康促进的发展现状及存在问题；再通过问卷调查收集资料，采用统计软件 SPSS 对收集的数据进行处理，通过回归分析来进一步确定居民健康状况、基层医疗卫生服务满意度及基本医疗保险满意度的影响因素；最后通过专家咨询掌握了解健康促进与医疗保障理论发展前沿问题，为调研报告中每部分政策建议的可行性奠定理论基础。

三、西藏居民健康促进与医疗保障作用机制：民族文化、就医行为与健康保障

健康保障作为一种规避健康风险、提升健康资本的制度，与进行健康投资的就医行为、根植内心的民族文化之间存在着多元复杂的互动关系，合理有效、可及性程度高、均等受益的健康保障制度需要建立在对民众的

文化和就医行为进行客观分析和把握的基础上。互为内驱与外显的民族文化与就医行为共生互融，就医行为与健康保障间通过彼此的制约与引导进行调节反馈，现代健康保障与传统民族文化在冲击与重构中演绎着耦合发展的趋势。

(一) 内驱与外显：民族文化与就医行为的共生互融

民族文化是个体的各类行为的内在驱动力，民众就医行为作为众多外显性行为的一种，蕴含着人们的健康知识、对疾病和健康的信念、对医疗服务的态度等文化内核。民族文化与就医行为的互动表现在文化对健康治疗的影响及各类传统的民族宗教治疗方法等方面。

首先，就医行为受到民族文化的内在影响。人们对健康的需求满足是对个体健康资本的投资过程。这种投资与需求的满足往往不能直接获得，医疗服务这一媒介则成为一种重要的方式，而就医行为是获取医疗服务的一种方式，因此成为一种满足健康需求及个体进行健康生产的过程。根据 Grossman 的健康需求函数，影响健康需求的因素包括医疗服务、生活方式、教育环境、社会经济等。其中，生活方式、教育环境共同来自特定区域及由此产生的思想文化，进而影响到健康需求，导致健康需求满足方式即就医行为的不同。"不同文化对健康和疾病的定义有所不同，存在这样一种情况，即在某个群体中，人们可能不把地方病当成是一种疾病，而认为是一种正常现象。"[1] 这种疾病的认知直接影响了是否选择就医。此外，"大健康"理念包含了身体健康与心理健康的多重概念。研究表明，传统民族疗法在精神慰藉等方面发挥着重要作用[2]，较高水平的宗教参与有助于形成积极的心理健康状态，减少抑郁、自杀等想法和行为[3]。

其次，不同文化背景下，民族地区现有的各种对疾病的民族宗教疗法

---

[1] ［美］默森、［美］布莱克、［美］米尔主编，郭新彪主译：《国际公共卫生：疾病，计划，系统与政策》，化学工业出版社 2009 年版。

[2] 参见徐君、李沛容《医学人类学视野下的民族地区医疗体系——四川省凉山州木里藏族自治县的案例》，载《西南民族大学学报（人文社科版）》2008 年第 4 期，第 51～55 页；张实《医学人类学理论与实践》，知识产权出版社 2013 年版。

[3] Moreira-Almeida Alexander, Lotufo Neto Francisco, Koenig Harold G. Religiousness and Mental Health: a Review. *Revista Brasileira de Psiquiatria*, 2006, 28 (3): 242.

是民族文化与就医行为共生互融的另一表现形式。"不同国家、地区和民族有着不同的健康信念和行为体系,作为一种文化的局内人,对疾病有着各异的解释,由此形成不同文化体系下诊断、治疗和解释疾病的不同方法。"① 而这种诊断、治疗和解释疾病的不同方法在历史的演变中形成了互相独立又相对稳定的具有民俗文化与宗教特色的治疗模式,现有研究对此也予以关注。例如,列文(Jeff Levin)总结了拥有各自历史和原则的世界八大治疗传统,这些治疗传统形成了同各自传统信仰及实践相关的治疗模式。② 学者们针对中国侗族、壮族、萨满教、贵州的少数民族,以及印度、马拉维等地区的研究,都证明了民族药物、宗教文化、民族习俗对医疗模式和医疗文化具有重要作用。③

(二)制约与引导:就医行为与健康保障的调节反馈

就医行为是作为消费者的患者购买医疗服务的需求行为,而健康保障则是患者与医疗服务供给方之间的调节桥梁。健康保障制度通过卫生服务者的费用补偿和控制,介入改变卫生服务需求者对价格的敏感度来影响需方行为,同时也影响供方行为。健康保障制度是就医行为的基础性调节杠杆和持续性反馈链;就医行为则是健康保障制度充分发挥效应的必不可少的实现方式。

健康保障是医院收入和患者支付医药费用的重要来源,对医疗服务供

---

① [美]默森、[美]布莱克、[美]米尔主编,郭新彪主译:《国际公共卫生:疾病、计划、系统与政策》,化学工业出版社 2009 年版。

② Jeff Levin. Esoteric Healing Traditions: a Conceptual Overview. *Explore: The Journal of Science and Healing*, 2008, 4 (2): 101-112.

③ 参见史经霞《近代贵州少数民族地区宗教与医疗文化研究》,载《宗教学研究》2013 年第 3 期,第 194~199 页;李世武《萨满教医疗文化与现代医学的比较研究》,载《广西民族大学学报(哲学社会科学版)》2014 年第 6 期,第 37~40 页;赵巧艳《侗族灵魂信仰与收惊疗法:一项关于 B 村的医学人类学考察》,载《思想战线》2014 年第 4 期,第 69~75 页;Judith Farquhar, Lili Lai. Information and Its Practical Other: Crafting Zhuang Nationality Medicine. *East Asian Science, Technology and Society*, 2014, 8 (4): 417-437; Judy F. Pugh. The Semantics of Pain in Indian Culture and Medicine. *Culture, Medicine and Psychiatry*, 1991, 15 (1): 19-43; Chattopadhyay S. Religion, spirituality, Health and Medicine: Why Should Indian Physicians Care?. *Journal of Postgraduate Medicine*, 2007, 53 (4): 262; Jodie B. Fonseca. Politics, Culture and Medicine in Malawi: Historical Continuities and Ruptures with Special Reference to HIV/AIDS (review). *Africa Today*, 2007, 54 (1): 122-123.

需双方具有引导性的信号作用，是就医行为的基础性调节杆。价格作为消费者消费选择的重要信号，能够直接引导和调节患者做出医疗服务购买的选择，形成外显性的就医行为。健康保障制度通过制定不同医疗服务内容（门诊、住院等）的合理的报销比例、设置不同级别医疗机构（社区医疗服务中心与二级、三级医院）之间的报销差距，在对医疗费用进行补偿的同时也发挥对医疗服务机构的资源配置作用，通过价格信号的传递引导就医行为选择的有序转移，促使患者理性选择服务项目，从而提高参保人的保障功能。同时，健康保障的筹资、支付是民众就医行为的信息反馈。通过健康保障制度的参保率、筹资费用、主要支出方向等指标，能够监测医疗服务机构的质量和数量，评价患者对医疗卫生服务的使用率，评价患者对医疗卫生资源的信任感、使用习惯与成效，进而对患者就医行为的合理性和有效性做出客观评价和针对性引导。

另外，健康保障的功能发挥最终需要通过就医行为实现，就医行为在某种程度上促进或制约了健康保障的制度功能。虽然健康保障存在引致需求的作用，甚至在某些支付方式下对医疗服务的需求方存在供方诱导需求的功能，但是，如果患者对健康保障制度所支付保障的服务项目没有健康风险规避或健康资本投资的需要，或者即使有相关需要但不进行就医的选择，即医疗行为不发生，那么，对医疗服务费用进行补偿的健康保障制度则缺乏发挥作用的媒介条件，健康保障的功能也会因此受到弱化。因此，人们对就医行为的偏好制约或促进了健康保障功能的发挥，建立在医疗服务行为费用补偿基础上的健康保障也需要根据不同区域、民族和文化背景下的就医偏好进行适应性调整。

（三）冲击与重构：健康保障与民族文化的耦合发展

健康保障制度发展于近现代福利制度，民族文化根源于历史的传统，两者在冲击与共识中耦合发展，共同致力于人类健康风险的消除与健康资本的提升。由于健康保障制度是近现代福利制度发展的产物，目前其对医疗服务的费用支付方式多是以西方的当代医疗服务为主，传统的民族宗教治疗方式无论其科学与否，作为一种医疗亚文化的存在并未纳入健康保障体系中，因此，健康保障对就医行为的引导作用在某种程度上构成了对传统民族文化下医疗观念与方式的冲击。反之，民族文化作为一种根植于民众内心的思想观念，具有影响的稳定性，由此形成的对传统疗法的就医偏好会降低健康保障的功能。但由于两者在健康风险消除与健康资本提升这一根本目的的认知共识，其冲突点仅在于工具和方法的不同，不存在目标的相悖。因此，两者在实践中虽然相互制约，但更多的是互为彼此、耦合发展。

针对民族地区或宗教背景下医疗文化与体系的相关实地研究证明了医疗文化冲突与共融并存的特征。例如，西方基督宗教与贵州本土传统宗教分别属于两种不同的文化体系，在此基础上形成的对疾病的认识和疾病的治疗方式等方面的差别甚大。西医在疾病预防和公共卫生方面的明显优势，在一定程度上影响了贵州民族地区的医疗方式。但由于贵州民族地区传统宗教文化深深融入民众的日常生活中，因此，西医也未能从根本上改变贵州的本土医疗文化。[①] 学者对于四川省凉山州木里藏族自治县的研究表明存在3种医疗观念及三元医疗体系并存的现象，即西方医疗体系、传统医疗体系和民俗医疗体系。3种医疗体系在木里不是简单地并存，也不是简单地替代，而是复杂地交织在一起。[②] 由于在现代化过程中，行为层面的变化要先于精神层面、思想观念的变化。西藏当地村民的头脑中并未形成现代医学的治病理念，但生病后先到医院治病，看西医、拿药等行为习惯已逐渐形成。随着现代医学影响的不断扩大，传统的民族医学受到全面挑战。同时，不仅是藏族，苗族、彝族、蒙古族等民族也存在着民族医学与西医孰优孰劣或孰先孰后的争论。相对于西医的普及，民族医学发展步伐的确有些迟缓。[③]

虽然存在着现代医疗体系与传统医疗观念之间的冲击与融合，但两者的博弈不仅仅是经济问题，实质上更是一个文化建设和文化适应问题。看

---

① 参见史经霞《近代贵州少数民族地区宗教与医疗文化研究》，载《宗教学研究》2013年第3期，第194～199页。
② 参见徐君、李沛容《医学人类学视野下的民族地区医疗体系——四川省凉山州木里藏族自治县的案例》，载《西南民族大学学报（人文社科版）》2008年第4期，第51～55页。
③ 参见苏发祥、安晶晶《论西藏乡村社会的疾病观及村民的求医行为——以西藏南木林县艾玛乡牛村为例》，载《西北民族研究》2014年第4期，第49～59页。

似简单的对疾病原因的解释和不同的就医行为,其背后是一整套的地方性知识和传统观念。① 在全球化的语境下,需要思考各种亚文化医疗体系今后的发展方向,同时也需要思考如何去粗取精,将其有利的部分纳入现代医疗体系中,切实为今天倡导推行的新型农村合作医疗体制服务。②

总之,民族文化尤其是医疗文化是解释不同就医差异的一个关键变量,也是影响和"塑造"健康保障制度的一个重要参数。文化乃制度之母,不同的就医行为的诞生离不开地域民俗文化的影响,而健康保障制度的设计必然要立足于实际的文化模式,方能显示出制度的适应性与实效性。也只有适应本民族文化的健康制度才能被接受,才能持久,从而真正发挥其保障功能。

由于民族地区群众文化传统与其就医行为和健康保障制度之间存在着互动机制,因此,对于西藏这一历史悠久的典型的民族地区,如何借助传统民族与宗教文化的内驱性影响,从根本上提高西藏地区的医疗卫生服务水平,从而提高西藏民众的健康水平,改善西藏民众的生活质量,同时,使民族的传统的医学知识得到有效的保护和弘扬发展,使现代医疗卫生体系与根深蒂固的传统疾病观和就医观相结合,真正改善民众的健康状况,是一个需要也值得深入探讨的话题。

四、西藏居民健康促进现状、问题与路径

(一)西藏居民健康行为及就医选择

1. 数据来源及样本基本信息

本报告中所采用的数据来源于2016年8—9月在西藏拉萨、日喀则、阿里等6个地区的随机抽样问卷调查。本次调研一共发放问卷320份,回收320份,其中有效问卷307份,问卷有效率95.9%。调查样本的具体情况见表1、图4~图7。

---

① 参见苏发祥、安晶晶《论西藏乡村社会的疾病观及村民的求医行为——以西藏南木林县艾玛乡牛村为例》,载《西北民族研究》2014年第4期,第49~59页。

② 参见徐君、李沛容《医学人类学视野下的民族地区医疗体系——四川省凉山州木里藏族自治县的案例》,载《西南民族大学学报(人文社科版)》2008年第4期,第51~55页。

表1 调查样本的基本信息

性别	比例	户口	比例	经常居住地	比例	婚姻状况	比例
男	(148) 48.2%	城镇	(66) 21.5%	农牧区	(198) 64.5%	未婚	(126) 41.0%
						已婚	(173) 56.4%
女	(148) 51.8%	农村	(241) 78.5%	非农牧区	(109) 35.5%	离异	(3) 1.0%
						丧偶	(5) 1.6%
年龄	比例	家庭规模	比例	教育程度	比例	职业	比例
<20岁	(38) 12.4%	≤2人	(11) 3.6%	文盲	(66) 21.5%	农牧劳动	(131) 42.7%
20~30岁	(105) 34.2%	3~4人	(141) 45.9%	小学	(66) 21.5%	机关事业	(20) 6.5%
30~40岁	(54) 17.6%	5~6人	(110) 35.8%	初中	(47) 15.3%	企业职工	(21) 6.8%
40~50岁	(79) 25.7%	6~8人	(31) 10.1%	高中	(31) 10.1%	僧尼	(3) 1.0%
≥50岁	(31) 10.1%	>8人	(14) 4.6%	大学专科	(25) 8.1%	个体工商	(13) 4.2%
—	—	—	—	本科以上	(72) 23.5%	在校学生	(88) 28.7%
—	—	—	—	—	—	无业、失业	(16) 5.2%
—	—	—	—	—	—	其他	(15) 4.9%

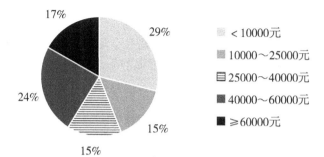

图 4 受访对象总收入分布情况

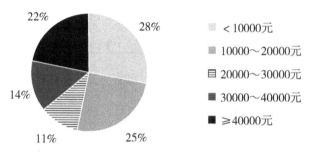

图 5 受访对象年总支出分布情况

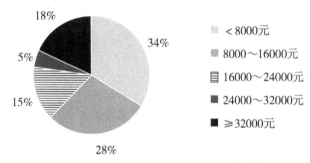

图 6 受访对象年总生活支出分布情况

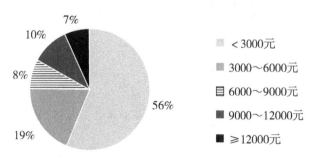

图 7 受访对象年总医疗支出分布情况

2. 西藏居民健康行为

民族地区在特殊的自然、历史和经济社会环境下，形成了独特的文化传统，受到传统民俗文化和传统生活习惯的影响，健康行为自有其特点。具体情况见表2。

表2 西藏居民健康行为

饮酒	比例(%)	吸烟	比例(%)	吃生食	比例(%)	体育锻炼	比例(%)	主动体检	比例(%)	保健知识获取	比例(%)
不喝	39.7	不吸	68.0	不吃	21.8	不锻炼	28.0	是	28.3	是	57.3
偶尔喝	36.5	偶尔吸	13.4	偶尔吃	60.3	偶尔锻炼	53.1	否	71.7	否	42.7
经常喝	23.8	每天吸	18.6	经常吃	17.9	经常锻炼	18.9	—	—	—	—

通过图8、图9、图10、图11可以更直观地展示西藏居民关于饮酒、吸烟、吃生食等的具体情况。

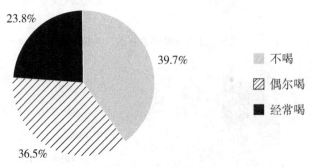

图8 受访对象饮酒习惯

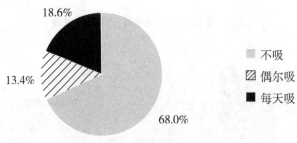

图9 受访对象吸烟习惯

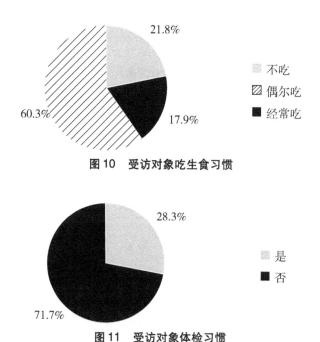

图 10　受访对象吃生食习惯

图 11　受访对象体检习惯

民俗文化是个体的各类行为的内在驱动力。藏族节日较多，在节日里，群众大都喜欢饮酒助兴。在调研过程中发现，受传统文化影响，大家并不认为饮酒是一种不健康的行为。饮酒几乎是所有藏族人的习惯，不管大人还是小孩都愿意并可以饮酒。与此同时，由于西藏居民较为普遍地认为生肉等生食的营养价值较高，所以目前大多数居民还保留着吃生食的习惯。

3. 西藏地区居民患病情况及关键病种

民族地区医疗卫生资源受市场规律、政府支出偏好、自然环境和人口分布等因素影响，存在医疗经费短缺、医疗机构和医疗设备不足且落后、医疗人才缺乏且不配套等问题。因此，面对有限的医疗卫生资源，必须进行医疗卫生体系的战略干预，通过瞄准区域的主要健康问题，进行精准干预，从而实现医疗资源的最好配置。

西藏自治区地方病种类主要有大骨节病、碘缺乏病和饮茶型地方性氟中毒。由于病区分布范围广、病情严重，导致病区人口素质普遍低下，极大地影响了民族素质的提高，给病区人民精神和心理健康造成严重影响，这是西藏面临的一个严重的公共卫生问题。目前，西藏仍是我国大骨节病、饮茶型地方性氟中毒流行最严重的地区。地区疾病发病情况及关键病种见表3。

表3 地区疾病发病情况及关键病种

项目	比例	病种1	比例	病种2	比例	病种3	比例
地方病患病	（24例）7.8%	白内障	（6例）25.0%	大骨节	（3例）12.5%	碘缺乏、布鲁氏杆菌、地方性氟中毒	（2例）8.3%
高原病患病	（42例）13.7%	高原心脏病	（21例）50.0%	高原血压异常	（13例）31.0%	高原肺水肿	（7例）16.7%
慢性病患病	（63例）20.5%	高血压、风湿(类风湿)、关节炎	（16例）25.4%	乙肝	（14例）22.2%	脑血管后遗症	（8例）12.7%

4. 西藏居民就医行为及就医偏好

就医行为是患者作为消费者在医疗卫生服务市场上购买医疗服务的行为。不同的个体受不同地区文化的影响会产生不同的消费观念，因此即使对待同一疾病所采取的措施也不尽相同。例如，在农村地区，人们可能不把日常的"头疼脑热"当作疾病，即只要身体状况不影响日常生活，都谈不上出现疾病，更不会出现就医行为。然而，忽视预防、出现疾病不及时诊治，往往导致"小病拖大病""大病拖死人"，最终陷入因病致贫的恶性循环。样本地区统计数据结果显示，当居民出现身体不适时，只有45%的居民会立即就医，而剩下55%的居民都不会立即就医。在未就医的居民中，有59.2%的人是自觉病情，30.8%的人是受经济制约，29.6%的人是受时间制约。

在就医过程中，不同的居民对医疗机构与医疗方式还有不同的偏好。统计数据结果显示，居民在就医过程中，26.4%的居民会选择卫生服务站（村卫生室）/个体诊所，14.7%会选择社区卫生服务中心/卫生院，32.6%选择县级医疗机构，13.4%选择市级医疗机构，6.8%选择自治区（省级）及以上医疗机构。对于就医方式的偏好，20.8%的居民偏好中医为主，30.9%的居民偏好西医为主，19.5%的居民偏好藏医为主，26.1%的居民无特殊偏好。居民就医机构偏好如图12所示。

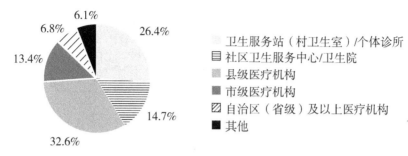

图12 受访对象就医的医疗机构偏好

受访居民的就医方式偏好选择如图13所示。

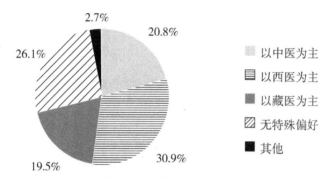

图13 受访对象就医的方式偏好

影响居民医疗机构偏好的因素有很多,对居民医疗机构偏好选择与影响因素进行交叉分析,具体情况如表4。

表4 居民医疗机构偏好与影响因素交叉分析

单位:人

项目	离家近	价格合理	医疗技术好	治疗方式符合自己习惯	机构设备条件好	有信赖的医生	机构服务态度好	报销比例高
卫生服务站(村卫生室)/个体诊所	55	47	47	11	10	11	5	1
社区卫生服务中心/卫生院	22	28	28	9	5	12	5	0
县级医疗机构	58	48	48	30	18	17	12	5

续表4

项目	离家近	价格合理	医疗技术好	治疗方式符合自己习惯	机构设备条件好	有信赖的医生	机构服务态度好	报销比例高
市级医疗机构	9	12	12	4	19	10	5	2
自治区（省级）及以上医疗机构	4	8	8	3	6	4	5	2
其他	5	3	3	3	1	3	2	2
合计	153	146	146	60	59	57	34	12

由表4可知，影响居民选择医疗机构的主要因素包括医疗机构的可及性程度（医疗机构距离）、医疗服务价格水平及医疗机构服务能力。同样将居民医疗方式偏好选择与影响因素进行交叉分析（具体情况见表5）可知，影响居民就医方式偏好的主要包括医疗整体效果、使用方便程度、医疗价格。

表5 居民就医行为偏好与影响因素交叉分析

单位：人

医疗方式偏好	使用方便	见效快	价格合理	符合自己习惯	处理某些地方病作用独特	副作用小
以中医为主	22	40	34	10	36	8
以西医为主	41	39	19	40	8	10
以藏医为主	19	11	16	19	14	18
无特殊偏好	21	23	21	9	6	13
其他	0	0	0	0	4	1
合计	103	113	90	78	68	50

上述统计分析结果与访谈结果相一致，即居民偏好何种就医方式主要受医疗方式的效果和便捷程度影响。在访谈中我们发现，目前居民就医主要还是偏向西医，因为西医见效快且使用方便。另外，很多行政村都没有专业的中医和专业的藏医。此外，当前还存在部分老年人，当出现疾病的时候，不去就医而通过宗教治疗来缓解病痛。与此同时，这也分两种情况：第一种是老年人通过宗教看签来决定是否需要去医疗机构就医；第二种是老年人直接不去就医，而是通过祈祷的方式来缓解疾病。大部分年轻人出现疾病都会主动就医，因为不主动就医而延误疾病会影响自身的赚钱能力。

（二）西藏居民健康状况及影响因素

人们对于健康的需求满足是对个体健康资本的投资过程，这种投资与需求的满足可以实现人力资本的提升。此外，明确居民健康状况及其影响因素有助于提高健康促进战略与医疗保障制度优化的精准性。下面通过回归分析，对居民健康状况及其影响因素进行分析。

1. 变量设定

（1）因变量

本研究中定义因变量"居民健康自评状况"。本研究通过问卷中居民健康自评分数来测量居民健康状况。居民健康自评分数为0～10分。本研究根据问卷中自评分数将居民健康状况进行等级划分。将0～2分定义为健康状况"非常差"，将3～4分定义为健康状况"差"，将5～6分定义为健康状况"一般"，将7～8分定义为健康状况"好"，将9～10分定义为健康状况"非常好"，分别赋值为1～5分。统计结果显示，2%的居民认为自己健康状况非常差，16.9%的居民认为自己健康状况差，46.6%的居民认为自己健康状况一般，29%的居民认为自己健康状况好，5.5%的居民认为自己健康状况非常好。

（2）自变量

根据已有研究，本部分先选取居民的基本信息作为分析的客观变量，包括性别、年龄、户口、经常居住地、家庭规模、文化程度、职业、婚姻状况、家庭收入、家庭支出、家庭生活支出、家庭医疗保健支出。选择健康行为（吸烟、饮酒、吃生食、参加体育锻炼、主动获取保健知识、主动体检）及两周患病情况作为主观层面自变量。基本变量赋值见表6，所有变量统计结果见表6、表7。

表6　基本变量赋值

变量名称	变量赋值
性别	1＝男；2＝女
年龄	1＝＜20；2＝20～30；3＝30～40；4＝40～50；5＝＞50
户口	1＝城镇；2＝农村
经常居住地	1＝农牧区；2＝非农牧区
家庭规模	1＝＜3；2＝3～4；3＝5～6；4＝6～8；5＝＞8
文化程度	1＝文盲；2＝小学；3＝初中；4＝高中；5＝大学专科；6＝本科及以上

续表6

变量名称	变量赋值
职业	1=农牧劳动；2=机关事业；3=企业职工；4=僧尼；5=个体工商；6=在校学生；7=无业、失业；8=其他
婚姻状况	1=未婚；2=已婚；3=离异；4=丧偶
家庭收入（元）	1=<10000；2=10000~25000；3=25000~40000；4=40000~60000；5=≥60000
家庭支出（元）	1=<10000；2=10000~20000；3=20000~30000；4=30000~40000；5=≥40000
家庭生活支出（元）	1=<8000；2=8000~16000；3=16000~24000；4=24000~32000；5=≥32000
家庭医疗保健支出（元）	1=<3000；2=3000~6000；3=6000~9000；4=9000~12000；5=≥12000

表7 变量的基本统计结果

变量性质		变量名称	样本数	最大值	最小值	均值	标准差
因变量		健康自评状况	307	1	5	3.1922	0.85111
自变量	客观层面	性别	307	1	2	1.52	0.5
		年龄	307	1	5	2.87	1.219
		户口	307	1	2	1.79	0.411
		经常居住地	307	1	2	1.36	0.479
		家庭规模	307	1	5	2.66	0.88
		文化程度	307	1	6	3.32	1.876
		职业	307	1	8	3.49	2.524
		婚姻状况	307	1	4	1.63	0.592
		家庭收入	307	1	5	2.74	1.41
		家庭支出	307	1	5	2.75	1.529
		家庭生活支出	307	1	5	2.44	1.45
		家庭医疗保健支出	307	1	5	1.93	1.29
	主观层面	吸烟	307	1	3	2.5	0.79
		饮酒	307	1	4	2.86	1.131
		吃生食频率	307	1	3	2.03	0.631
		参加体育锻炼	307	0	1	0.72	0.45
		是否主动获取保健知识	307	0	1	0.57	0.495
		是否进行体检	307	0	1	0.28	0.451
		两周患病情况	307	1	4	1.87	0.871

2. 实证分析

我们从主客观层面构造变量来研究居民健康状况的影响因素。客观层面包括居民的基本信息,主观层面包括居民的健康素养和健康行为。表 8 构造了 3 个模型。模型 1 反映了客观因素对居民健康状况的影响,模型 2 反映了主观因素的影响,模型 3 是完全模型。具体分析结果见表 8。

表 8 居民健康状况线性回归方程(分析结果)

项目		模型 1 B	模型 1 SE	模型 2 B	模型 2 SE	模型 3 B	模型 3 SE
自变量	客观层面 性别	-0.212**	0.092			-0.168	0.095**
	年龄	-0.199***	0.052			-0.156	0.053***
	户口	-0.033	0.162			-0.029	0.160
	经常居住地	-0.226*	0.134			-0.188	0.132
	家庭规模	-0.062	0.054			-0.067	0.053
	文化程度	0.089**	0.035			0.080	0.036**
	职业	0.004	0.022			0.011	0.022
	婚姻状况	0.025	0.111			0.003	0.109
	家庭收入	0.108	0.075			0.097	0.074
	家庭支出	0.015	0.087			0.041	0.086
	家庭生活支出	0.015	0.064			-0.001	0.063
	家庭医疗保健支出	-0.109**	0.045			-0.112	0.045***
	主观层面 吸烟			-0.009	0.062	-0.026	0.064
	饮酒			0.075*	0.040	0.057	0.039
	吃生食频率			-0.016	0.075	0.046	0.073
	参加体育锻炼			-0.006	0.070	-0.109	0.071
	是否主动获取保健知识			0.016	0.100	0.007	0.097
	是否进行体检			0.080	0.106	0.042	0.107
	两周患病情况			-0.324***	0.054	-0.248***	0.054
常量		4.102***	0.520	3.654***	0.245	4.391***	0.560
F 值		5.382		6.062		5.002	
R 方		0.180		0.124		0.249	
调整后的 R 方		0.147		0.104		0.199	

注:*** 代表 $p \leq 0.01$ 的显著性水平,** 代表 $p \leq 0.05$ 的显著性水平,* 代表 $p \leq 0.1$ 的显著性水平。

首先，关注客观因素对居民健康状况的影响。模型 1 显示，居民的性别、年龄、文化程度、医疗保健支出对居民健康状况有显著影响，都通过了 0.05 水平的显著性检验。文化程度对于居民健康状况具有正效应。居民文化程度越高，其健康自评状况越好。相反，年龄和医疗保健支出对居民健康状况具有负效应。居民的年龄越大，身体状况越差。这在一定程度上符合个体生长的自然逻辑。医疗保健支出较高的人反而健康状况较差，这一方面是因为问卷设计存在一定的局限，医疗保健支出中包括医疗支出和保健支出。医疗支出较多的人自然健康状况差。另一方面，日常预防保健支出更高的人一般经济能力和健康教育水平也相对更高，对于健康状态的评价会更严格，因此造成高医疗保健支出的人健康状况反而更差。此外，在统计过程中发现，男性的健康状况要比女性较差。这可能因为男性较女性来说，需要承担更多的劳动。居民的户口、经常居住地、职业等都对居民健康状况没有显著影响。

其次，关注主观因素对居民健康状况的影响。模型 2 显示，居民的两周患病情况对居民健康状况有显著影响并且呈负相关。调查两周患病率属于居民自报疾病率，健康教育水平高的居民往往自报疾病率较高。因此，两周患病情况对于居民健康状况具有负效应。值得注意的是，居民的健康行为（吸烟、饮酒、吃生食、参加体育锻炼、主动获取保健知识、主动体检）对居民健康状况没有显著影响。这一方面可能源于样本数据的局限性，另一方面可能源于传统文化的影响。大多数人认为吸烟、饮酒等行为都属于正常生活习惯，因此在健康自评状况中差异不大。

最后，相比较主观因素而言，居民客观因素对居民健康的影响效应更大。从模型 3 调整后的 R 方来看，农民的主客观因素一共解释因变量 19.9% 的方差。综合 3 个模型来看，主客观因素的影响效应有所差异，客观影响因素对居民健康影响更为重要。反映客观因素影响力的模型 1 解释了因变量 14.7% 的方差，而反映主观因素影响力的模型 2 解释了因变量 10.4% 的方差。

（三）西藏居民公共卫生服务存在的问题

党的十八大以来，以习近平同志为核心的党中央以国家长远发展为基点，以民族伟大复兴为目标，吹响了建设"健康中国"的时代号角。《"健康中国 2030"规划纲要》明确了推进健康中国建设的行动纲领。在此契机下，西藏健康促进与医疗保障课题组在对西藏拉萨、林芝、山南等地区开展调查研究的基础上，指出其人才培养、服务能力管理体制等方面存在一定的困难和问题。

1. 公共卫生服务人才激励培养机制亟待建立

①公共卫生服务体系内激励机制不健全。在各级疾控中心系统，对自己本单位员工没有完善的激励制度设计或者制度设计可操作性不强，导致职工缺乏激励，工作积极性不高。②自治区公共卫生体系与医疗人才"组团式"援藏制度衔接不完善，缺少人才培养机制，不能充分调动内地援藏资源因地制宜培养出一批适合自治区发展并可以留下来的公共卫生服务专业队伍。

2. 公共卫生服务供给能力不足

①公共卫生服务可及性差。西藏地区的自然地理环境及人口分布特点导致服务半径大，严重制约了整体特别是农牧区公共卫生服务的提供和居民可获得性。②公共卫生服务能力低下。人才问题是目前制约西藏公共卫生事业发展的最重要因素，人员数量、结构和稳定性等导致公共卫生服务能力偏低。首先，人员数量不足。目前，自治区疾控中心省级编制共有245个，空编60个。县级疾控中心平均工作人员为5.5人，部分县只有1名工作人员。自治区疾病预防控制中心下属的慢性病防治所、健康教育所只有6～7名工作人员（包括业务人员和后勤人员）。其次，人员结构不合理。目前，公共卫生服务队伍学历层次偏低，公共卫生专业人员少，且老龄化现象严重。最后，工作人员的稳定性较差。相比其他医疗机构，公共卫生机构普遍存在工作累、待遇低等情况，导致公共卫生机构原有基层业务人员流失，高素质人才难以引进。公共卫生队伍的数量不足、业务素质不高，在工作人员流失的同时不能得到补充，长此以往，会影响公共卫生机构的服务能力，导致公共卫生服务能力低下。

3. 公共卫生服务经费结构性问题凸显

按现有工作人员及服务供给标准，疾病预防控制中心的卫生经费数量基本充足，甚至有时还存在大量资金无法支配的情况。疾控中心经费为专项资金，其在使用过程中存在经费分配缺乏科学测算、政府采购烦琐、报销程序烦琐复杂、专项支出困难等诸多问题，甚至出现自治区疾控中心将资金下拨给县级疾控中心，县级疾控中心拒绝资金下拨的情况。

4. 公共卫生管理体制方式滞后于公共卫生发展需要

①部分公共卫生机构的管理体制存在职能定位不清、隶属关系不顺等问题。县疾控中心职能定位不明确（除林芝外），自治区其他县级疾控中心不是独立的机构且没有行政级别，其人员和编制在县卫生服务中心或县卫生局统一管理。专业机构监督制约关系不够，导致县级疾控中心很难指导检查副科级的社区卫生服务中心和卫生院等基层医疗单位，严重影响了工作人员的积极性。"预防为主"的工作方针只是停留在口号阶段，无法落实。②现代信息化管理程度低。公共卫生信息化建设滞后，不能通过互联网为基础业务工作提供技术支撑。疾控中心的慢病、传染病、地方病管理系统不能够有效地与医院对接，不能为医院的实际业务工作提供有效的数据支撑。此外，公共卫生监测工作未得到足够重视，多数疾病控制工作仍停留在项目层面，未有效转变为公共卫生体系的常规工作任务。

（四）西藏居民健康促进路径建议

1. 完善老龄人群健康政策，提高区域整体健康水平

居民年龄对居民健康状况具有负效应。居民的年龄越大，身体状况越差，医疗保健支出越多。为应对人口老龄化程度加深，特别是高龄老人群体规模上升带来的健康水平的挑战，本报告建议自治区政府应加快老年护理保障制度的试点和推广，提高老年人群的健康水平，从而推动区域整体健康水平的提高。对于区域的"高龄老人""失子老人"等特殊老龄群体，自治区还应给予特别关注，给予"专项资金"补助。在制定老龄政策的过程中，个体应因地制宜。对区域内经济发展水平较低的地区予以老龄政策倾斜，吸引民间资金投入。

2. 普及"大健康"理念，提高居民健康意识

文化程度对于居民健康状况具有正效应，居民文化程度越高，其健康自评状况越好。因此，应继续加强健康宣传教育，普及"大健康"理念，提升西藏居民的健康意识。在调研过程中，我们了解到部分西藏群众，尤其是农牧区群众仍然保留了许多传统的吃生食等不利于身体健康的生活习惯。因而应通过多种渠道进行健康知识的普及和教育，提升西藏居民的健康意识，降低患病风险。同时，应从西藏地域民族文化特殊性角度出发，在健康宣传中融入中、西、藏医融合发展的理念，实现西藏医疗理念从"有病治病"的治疗理念到"无病防病、无疾而终"的健康理念的转变，

最终提高居民的健康意识。

3. 优化医疗资源配置，实现"健康西藏"建设

医疗保健支出较高的人反而健康状况较差，或因为卫生领域资源配置不合理，长期以来重医疗、轻预防。这不仅导致居民大病重病频繁、整体健康水平下降，而且造成居民医疗保健支出的费用持续增加。因此，减少居民医疗保健支出，提高居民健康水平首先需要整合西藏现有医疗资源，并明确各医疗机构功能定位，实现中、西、藏医的融合发展。其次，在此基础上建立起预防、治疗、康复三位一体的覆盖全生命周期的公共卫生服务体系，通过科学地加大预防力度，降低居民大病重病患病率，进一步提高整体健康水平。此外，完善的公共卫生服务体系还可以提高居民对医疗卫生服务的可获得感，最终实现"健康西藏"建设。

4. 在制度上细化完善公共卫生服务激励机制与人才培养机制

①多角度细化公共卫生服务体系激励机制。在工资收入方面，提高公共卫生服务人员的待遇，具体实施各级疾控中心按照工作量分配绩效工资（如将加班出差补助细化，明确列出下乡、下地区等具体补助）；从职业成长方面，在上级考评中将基层工作作为评优、评先进的标准。②多主体完善人才培养机制。制度设计中适当采取强制措施，将"人才培养"成效作为援藏干部的业绩考评之一；业绩考评中政府与高校合作，将高校作为第三方评估者，从而充分利用自治区医疗人才"组团式"援藏资源，推动援藏向纵深发展，"引""育"结合助力公共卫生服务能力提升。

5. 在服务上扩展公共卫生服务可及性，提高公共卫生服务能力

①以精准的实施政策扩展服务可及性，满足民众公共卫生服务需求。充分利用现代信息技术——互联网医疗及可穿戴医疗技术缩小服务半径。设立卫生服务热线电话，为居民提供健康政策解读、疫苗预防、传染病防治、地方病防治、高原病防治等公共卫生服务项目咨询。②多角度、多途径、全方位培养公共卫生专业人才。一方面，充分发挥高校资源，依托高校实行人才配给。如安排西藏大学、西藏民族大学等高校医学专业的学生到基层医疗机构实习，充分保障人才数量和质量供给。另一方面，对现有人力资源进行整合与优化配置。具体包括基层医务工作者实行轮岗制度，卫生行政部门作为管理者评估基层卫生工作人员开展基本公共卫生服务能力，合理轮岗，将基层医疗机构的工作者合理分配到基层公共卫生服务机构开展相应的公共卫生服务。

6. 在资金上科学测定公共卫生经费，优化资金使用效率

按照辖区服务人口（常住人口、流动人口）、服务范围和服务可及性来科学测算设定、落实公共卫生相关经费。自治区疾控中心在设定一定条件的情况下，给予基层疾病预防控制专项经费的自由调控权力，发挥基层的主观能动性，从而提高资金的使用效率，实现公共卫生经费的收益最大化。

7. 在管理上完善体制设计，强化信息化管理

①完善体制设计，明确职能定位。明确疾控中心的职能定位，明确未来村医务室在公共卫生服务中的功能定位。自治区可出台一些支持性文件，规定公共卫生机构级别待遇、公共卫生机构与村医务室的合作关系等。在职能定位明确的基础上，将村医务室作为平台载体，进一步完善基层公共卫生服务网络体系。县级以上公共卫生服务机构在行动上要更加主动，积极认真地履行职责，指导村医务室技术工作，通过与村医务室通力协作、密切配合，按照"合理、可实现、可持续"的原则，做好基层公共卫生服务工作。②强化信息技术管理。西藏卫生管理机构应与援藏办公室联合成立"公共卫生服务信息管理援藏"专门机构，建立医疗援藏"公共卫生服务信息管理"专项计划，专业管理专项资金、专项人员，通过提升信息化管理来提升基层公共卫生服务能力。

总之，推进西藏基层公共卫生服务可持续发展是落实"健康西藏"战略的重要举措。建设健康西藏，应以提升公共卫生服务能力为重要抓手，在推动基层公共卫生能力提升的过程中要坚持"看齐意识"，将问题导向和目标导向相结合，从而提升基层公共卫生可持续发展能力。

五、西藏居民医疗保障现状、问题与策略

（一）西藏医保制度发展现状与主要困难

目前，西藏自治区已经初步构建起覆盖区内所有居民的医疗保障体系，覆盖面和保障水平较之前都有了大幅度提升。在制度设计上，目前西藏形成了城镇职工、城镇居民、农牧区医保等医疗保障制度；在覆盖面上，城镇职工、城镇居民的参保率均在95%以上，农牧区医保制度实现了全覆盖；在医保管理上，目前正在大力推行支付方式改革，已试点按床日付费；在保障水平上，报销起付线降低，报销比例升高，门诊

特种病增加。城镇职工住院起付标准由乡镇卫生院300元、一级医院600元、二级医院800元、三级医院1000元分别降为100元、200元、300元、400元，一级医院的报销比例从之前的90%提高到目前的93%；城镇居民住院起付标准由一级医院300元、二级医院500元、三级医院800元分别调整为目前的100元、200元、400元，住院报销比例从之前的65%、70%、75%、80%、85%（5个报销比例段）调整为目前的80%、85%、90%（3个报销比例段）；农牧民在区内就医不设起付线，在乡（镇）定点医疗机构就医所发生的住院费用报销90%，在县级医院报销85%，在地市级医院报销50%。另外，门诊特殊病由之前的15种增加到20种，报销比例由75%提高到80%。总之，西藏医保体系的完善发展对促进全区经济社会发展，保障西藏居民的医疗健康发挥着关键的作用。

虽然西藏全区医疗保障网已经基本建立，但在发展过程中还面临制度、基金、管理等方面的困难，具体表现在3个方面。

1. 医保制度整合困难

2016年1月国务院《关于整合城乡居民基本医疗保险制度的意见》提出，要求整合城乡医保制度。但是，由于缺少人力、物力、技术等资源，目前西藏医保面临制度整合困难。首先，西藏缺乏中央政策明确指导，其管理体制难以理顺。三大基本医疗保险制度经办管理长期分割，不仅导致重复参保、投入、建设，还会影响区内外人力资源流动，不利于医保的可持续发展。其次，三大制度整合后必然会导致取消现有的农牧区免费医疗制度，取而代之的是缴费制度。三大制度整合既是权利的整合，也是义务的整合，因此，因整合制度政策与西藏一直倡行的政策矛盾，面临一定的改革压力。可见，西藏自治区在医保制度整合方面面临政策难题。

2. 医保基金收支困难

首先，缴费基数小，医保基金有限。西藏受自然地理环境影响，地广人稀，全区面积120多万平方千米，总人口仅有324万人，其中农牧人口为236万，占总人口的72.83%。人口基数小，且以农牧民为主，有限的基金积累很难通过大数法则来分散风险，医保基金收支难以平衡。其次，医疗费用高，医保基金支出大。西藏地区医疗资源匮乏，导致西藏基层医疗水平低下，全区居民区外就诊比例进一步提高，医疗费用增长速度进一步加快，导致医保资金缺口进一步加大。最后，人力、技术有限，医保控费能力差。受人力、技术影响，医保支付方式改革进程缓慢，收效甚微，医保不能很好地发挥杠杆作用进行控费，进一步加大了西藏医保基金的管理压力。

3. 医保管理提升困难

西藏医保信息系统建设滞后，人力资源缺乏。目前，区内仍没有标准化的药品招标采购平台，西藏居民社保卡仍未发放，现有基本医疗保险信息服务系统功能单一滞后，与经办服务管理的需求存在一定的差距，很难为广大参保人员提供方便快捷的服务。

（二）西藏居民基本医疗保险满意度及影响因素

城乡居民对基本医疗保险的满意程度是衡量新医改成效的重要方面。本部分研究通过询问"你对该医疗保障制度的总体评价"来测量居民对基本医疗保险制度的满意度。问题的答案分别为"非常不满意""不满意""一般""满意""非常满意"，分别赋值1～5分。统计分析结果显示，对农牧区免费医疗保障制度，6.3%的农牧民表示非常满意，28.1%的农牧民表示满意，50%的农牧民表示一般，10.2%的农牧民表示不满意，5.5%的农牧民表示非常不满意。城镇职工医疗保障，2.3%的职工表示非常满意，27.3%的职工表示满意，47.7%的职工表示一般，15.9%的职工表示不满意，6.8%的职工表示非常满意。对城镇居民医疗保险制度的评价，12.5%的居民表示非常满意，20.8%的居民表示满意，45.8%的居民表示一般，16.7%的居民表示不满意，4.2%的居民表示非常不满意。与此同时，城镇职工医疗保险满意度对比城镇居民医疗保险与农牧区医疗保险满意度较低，具体分析见表9。

表9 三大医疗保险制度满意度对比

项目满意度	样本数	最大值	最小值	均值	标准差
农牧区医疗保障	128	1	5	3.20	0.905
城镇职工医疗保险	44	1	5	3.02	0.902
城镇居民医疗保险	24	1	5	3.21	1.021

在访谈中，我们进一步了解到农牧区医疗保障的实施情况。农牧区医

疗保障制度与内地新型农村合作医疗相比，农牧区医保报销比例更高，普通门诊及住院基本报销比例基本可以达到100%。对大病而言，医疗保障制度可以为居民报销医疗总费用的70%，剩下的30%医疗费用则由居民去当地县民政局报销。报销程序方面，若在县级以下医院看病，居民则可以进行即时结算。但是如果在市里就医，居民需要先行垫付资金，然后拿着医院的发票再回到县里报销。因信息系统不健全，居民报销需要逐级开证明。一般先到村里找村主任开证明，然后到乡里找民政助理员开证明，证明居民身份。总体来说，大病报销程序较为复杂，报销周期也较长。一个县大病救助只有500万元。若本年度年底有居民遭遇大病而本县的大病资金已经用完，这时则需要居民等到来年再到民政部门报销。此外，很多基本医疗保险定点医疗机构的乡卫生院基础硬件设施基本符合国家要求，但软件配置不足，人才缺乏。调查样本地区山南市B乡卫生院现有编制10人，空编5人。医生与服务人数比约为1∶400。同时，乡卫生院医生临床经验不足，服务能力低下。农牧区医疗保障制度不完善使居民对农牧区医疗保障制度的满意度受到很大影响。为进一步探究基本医疗保险满意度的影响因素，下面通过线性回归对农牧区医疗保障的满意度影响因素进行进一步的分析。

1. 变量设定

本部分将"居民对制度的总体评价"定义为因变量。将基本信息性别、年龄、受教育程度、年总收入、年总支出、生活支出、医疗保健支出、近一年住院情况、近两周患病情况、健康自评状况作为客观自变量，将是否了解医疗保障制度、医保费用评价、是否知晓医保基金管理单位、医保报销手续评价、医保报销比例评价、医保定点医疗机构设置评价、定点医疗机构整体评价作为主观自变量。主观自变量分别通过询问居民"你了解该医疗保障制度吗？""你如何评价该医疗保障制度的缴纳费用？""你知道医保基金是哪个单位管理吗？""你对医保报销费用评价如何？""你对医疗保障报销比例评价如何？""你认为当前医保定点医疗机构的设置能够满足你需求吗？""你对定点医疗机构的整体评价如何？"每个变量分别给予赋值。基本变量统计结果见表10。

表 10 变量统计结果

变量性质		变量名称	样本数	最大值	最小值	均值	标准差
因变量		制度总体评价	128	1	5	3.200	0.905
自变量	客观层面	性别	128	1	2	1.520	0.502
		年龄	128	1	5	3.020	1.184
		受教育程度	128	1	6	2.850	1.840
		年总收入	128	1	5	2.300	1.193
		年总支出	128	1	5	2.370	1.357
		生活支出	128	1	5	2.080	1.271
		医疗保健支出	128	1	5	1.660	1.124
		近一年住院情况	128	0	1	0.210	0.410
		近两周患病情况	128	1	4	1.930	0.871
		健康自评状况	128	1	5	3.195	0.764
	主观层面	是否了解医疗保障制度	128	1	3	1.650	0.555
		医保费用评价	128	1	5	2.620	0.775
		是否知晓医保基金管理单位	128	1	2	1.280	0.451
		医保报销手续评价	128	1	5	3.150	0.852
		医保报销比例评价	128	1	5	3.100	0.868
		医保定点医疗机构设置评价	128	1	3	2.200	0.619
		定点医疗机构整体评价	128	1	5	3.020	0.905

2. 实证分析

我们从主客观层面构造自变量来研究居民健康状况的影响因素。表 11 同样构造了 3 个模型，模型 1 反映了客观因素对基本医疗保险制度满意度的影响，模型 2 反映了主观因素对基本医疗保险制度满意度的影响，模型 3 反映了主客观因素综合作用对基本医疗保险制度满意度的影响。具体分析结果见表 11。

表 11 基本医疗保险满意度线性回归方程

变量性质	变量名称	模型 1 B	模型 1 SE	模型 2 B	模型 2 SE	模型 3 B	模型 3 SE
自变量 / 客观层面	性别	0.108	0.163			0.106	0.141
	年龄	-0.202**	0.088			-0.102	0.075
	受教育程度	-0.061	0.055			-0.044	0.046
	年总收入	0.081	0.12			0.065	0.101
	总支出	-0.255*	0.147			-0.184	0.124
	生活支出	0.246**	0.108			0.220**	0.094
	医疗保健支出	0.125	0.088			0.029	0.076
	近一年住院情况	-0.257	0.234			-0.216	0.202
	近两周患病情况	0.022	0.097			-0.032	0.082
	健康自评	-0.225*	0.123			-0.136	0.107
自变量 / 主观层面	是否了解医保制度			0.130	0.130	0.167	0.137
	医保费用评价			0.004	0.087	0.025	0.094
	知晓医保基金管理单位			0.223	0.161	0.231	0.171
	医保报销手续评价			-0.051	0.081	-0.081	0.084
	医保报销比例评价			0.298	0.083	0.243***	0.090
	医保定点医疗机构设置			0.207	0.114	0.271**	0.123
	定点医疗机构整体评价			0.413	0.075	0.390***	0.079
	常量	4.248	0.689	0.222	0.514	0.884***	0.858
	F 值	1.370		10.510		4.895	
	R 方	0.105		0.382		0.431	
	调整后的 R 方	0.028		0.346		0.343	

注：*** 代表 $p \leqslant 0.01$ 的显著性水平，** 代表 $p \leqslant 0.05$ 的显著性水平，* 代表 $p \leqslant 0.1$ 的显著性水平。

根据上述线性回归方程的系数表，模型1回归结果显示，年龄和生活支出的影响通过显著性检验，生活支出对于医疗保险的满意度具有显著的正向影响。年龄对医疗保险满意度具有显著性的负向影响。具体而言，生活支出越大的人对医疗保险的满意度越高；相反，年龄越大的居民对基本医疗保险的满意度越低。模型2的回归结果显示医疗保障报销比例评价、医保定点医疗机构的设置、定点医疗机构的整体评价通过了显著性检验，各个变量均是正向影响，即居民对医疗保障报销比例评价越高，医保定点医疗机构的设置能够满足居民需求的程度越大，则居民对定点医疗机构的整体评价越高，居民对基本医疗保险的满意度越高。模型3的回归结果显示之前的客观变量生活支出，主观变量医疗保障报销比例评价、医保定点医疗机构的设置满足需求程度评价、定点医疗机构的整体评价仍然通过了显著性检验。从3个模型对比来看，居民的主观因素对基本医疗保险满意度的影响效应更大。

（三）西藏居民基层医疗卫生服务满意度及影响因素

人们对健康的需求满足是对个体健康资本的投资过程。这种投资与需求的满足往往不能直接获得，医疗服务这一媒介则成为一种重要的方式。基层医疗卫生机构是推进城乡公共服务均等化，提升国民健康水平的重要抓手。居民对医疗卫生服务的满意度评价在一定程度上可以反映该地区的整体卫生事业发展状况。因此，研究居民对医疗卫生服务满意度及其影响因素对医疗卫生事业发展具有重要影响。本部分通过线性回归来探究基层医疗卫生服务满意度及其影响因素。

1. 变量设定

（1）因变量

本研究将居民对于医疗卫生服务的总体评价作为因变量。具体通过询问"你对该医疗卫生服务的总体评价"来对基层医疗卫生服务的满意度进行测量。问题的答案分别为"非常不满意""不满意""一般""满意""非常满意"，分别赋值为1~5分。对基层医疗卫生服务的满意度统计分析结果显示，6.3%的居民表示非常满意，28.1%的居民表示满意，50%的居民表示一般，10.2%的农牧民表示不满意，5.5%的农牧民表示非常不满意。

(2) 自变量

本部分将"居民对基层医疗机构的各个医疗服务项目评价"作为自变量。具体通过询问"你对基层医疗机构医疗咨询服务的总体评价""你对基层医疗机构看病服务的总体评价""你对基层医疗机构买药服务的总体评价""你对基层医疗机构康复治疗服务的总体评价"进行测量。问题的答案分别为"非常不满意""不满意""一般""满意""非常满意",分别赋值为1~5分。变量统计结果见表12。

表12 变量统计结果

变量性质	变量名称	样本数	最大值	最小值	均值	标准差
因变量	医疗卫生服务的总体评价	307	1	5	3.16	0.727
自变量	咨询满意度	307	1	5	3.04	0.821
	看病满意度	307	1	5	3.28	0.759
	买药满意度	307	1	5	3.41	0.776
	康复治疗满意度	307	1	5	3.32	0.833

2. 实证分析

基层医疗机构提供的医疗服务主要包括咨询、看病、买药、康复治疗,因此,在居民对基层医疗卫生机构满意度影响因素的研究过程中,我们主要从主观层面来进行。模型显示,"咨询满意度评价""看病满意度评价"对基层医疗卫生服务整体评价有显著影响,其通过了0.01水平的显著性检验。"咨询满意度评价""看病满意度评价"对基层医疗卫生服务整体评价具有正效应。居民对基层医疗服务"咨询满意度评价""看病满意度评价"越高,则对基层医疗服务整体评价越高。此外,"康复治疗满意度"对基层医疗服务整体评价也有显著影响,其通过了0.05水平的显著性检验。居民对"买药满意度评价"与居民对于基层医疗服务的整体评价没有显著影响。具体情况见表13。

表 13　基层医疗服务满意度线性回归方程

自变量	B	SE	P
常数	1.277	0.190	0.000
咨询满意度	0.251	0.053	0.000
看病满意度	0.237	0.062	0.000
买药满意度	-0.001	0.057	0.984
康复治疗满意度	0.105	0.053	0.048
F	30.791	R方：0.29	调整后的R方：0.28

（四）西藏居民医疗保障策略建议

1. 发挥自治区医保的特色和亮点，提升医保满意度

自治区职工工资水平较高且有财政保障，因而自治区职工医保在资金的筹集上相对于内地其他地方具有自己的优势。因此，要充分利用这一点，在资金有结余的情况下，加大对农牧区医疗保障制度的支持，从而可以提高居民的大病报销比例。此外，下一步可以重点关注新的医疗需求，进行地方病、高原病的疾病经济负担精算，建立特殊病种的专项补助，缓解居民看大病的后顾之忧，从而提升基本医疗保险制度的满意度。

2. 依托金融机构，完善医保信息系统

即时报销、异地结算、全民参保登记及定点医疗机构的监督管理都需要完备的信息系统支持。居民对定点医疗机构的整体评价对基本医疗保障制度的满意度具有显著性影响。在访谈过程中我们发现，在医院治疗疾病后医保能否及时进行医疗费用结算是影响居民对医疗机构评价的重要因素。因此，完善医保信息系统可以在一定程度上提高居民对医疗机构的整体评价。完善医保信息系统建议自治区与各大银行（农行、邮政等）建立联系，自上而下倒逼金融机构，从而可以直接利用金融机构的现有网络，加快完善医保信息系统的速度。

3. 建立医保援藏机制，多渠道引进医保专业人才

随着西部大开发和援藏工程的齐头并进，西藏地区吸引了很多专家人才进藏。但是在访谈过程中，我们发现，当前西藏自治区医保领域专业人才严重不足，这导致很多医保工作不能及时有效进行。与此同时，部分医疗机构的设置缺乏科学性。因此多渠道引进医保专业人才不仅可以推动医保工作的高效运行进程，而且可以提高医保工作过程中的科学性。例如，可以更科学地设置定点医疗机构，从而最大化地满足居民医疗需求，最终提升居民对医保制度的满意度。我们建议可以建立起以西藏受援方为中心，中央政府、内地支援方、第三方高校联动援藏的工作机制，形成援藏协同效应。此外，自治区政府应大力支持自治区人社厅、卫生局等单位举办相关研究会议，通过会议渠道吸引各地专家学者进藏，有助于学者对自治区实际情况的了解。这不仅可以使专家学者因地制宜地为西藏提出好的政策建议，而且可以为西藏自治区引进医保人才。

4. 优化基层医疗机构的服务体系

伴随着新常态的到来，居民潜在的医疗服务需求急剧增加。因此，基层医疗机构必须进行内外结构调整来适应新常态。当前，居民健康素养逐渐提升，对医疗保健知识的需求不断增长，基层医疗机构成为居民获取医疗保健知识的重要渠道。因此，基层医疗机构首先要优化自身服务体系，注重居民的健康咨询需求，建立起健康管理、基本医疗、长期护理等医疗服务的动态平衡。基层医疗机构应充分发挥自身比较优势，为居民提供健康管理、老年护理、康复护理等多样、多层的医疗服务。通过优化服务供给体系，提升居民对医疗机构服务项目的满意度，最终实现基层医疗卫生服务满意度的整体提升。此外，基层医疗机构要强化技术支撑，通过"互联网＋医疗"发展智能医疗，搭建健康医疗服务多方交流平台，从而打破医疗的时间和空间限制。这有助于优质医疗资源下沉，提升基层医疗机构的"看病"能力，进一步满足居民日益增长的医疗服务需求。

5. 发挥传统藏医优势，提升基层医疗服务满意度

藏医是西藏地区在长期发展过程中所形成的瑰宝，在西藏地区人民的日常生活中起着重要的作用。在调查过程中我们发现，许多当地群众仍然选择藏医药作为日常医疗保健中的重要方式。因此，利用好西藏地区传统的藏医资源，加快推动藏医的传承与发展，也是西藏地区人民健康保障中的重要内容。基层医疗机构的重大职能之一就是做好预防保健，进行康复治疗。与此同时，在上面的回归分析中，居民对基层医疗机构的康复服务满意度评价对于基层医疗机构服务满意度具有重要硬性指标，因此发挥传统藏医优势，不仅可以增强基层医疗服务的多样化、提升基层医疗服务满意度，而且可以加快推动藏医的传承与发展。推动藏医药的传承与发展一

方面需要推动藏医药的正规教育和科学研究，通过对藏医药的研究和人才培养，为藏医药的发展提供进步的源泉。另一方面需要推动藏医与中医、西医的融合发展，通过与西医、中医的融合提升藏医的科学性和有效性。同时，要在实践过程中促进藏医药的发展，通过建立藏医院提高藏医药的服务水平和服务广度，提升藏医的影响力。社会也应正确认识藏医药的作用，统筹资源推动藏医药的发展。

六、结束语

本报告从西藏独特的自然、历史和经济社会环境出发，基于均等受益视角，立足健康促进，深入地了解了西藏居民的健康状况和日常的就医行为及影响因素，系统地研究了现行公共卫生制度、医疗卫生服务体系、医疗保障制度，借助地域民族文化的内驱性影响，探求了西藏健康促进策略与医疗保障路径，力求从根本上提升西藏的医疗卫生服务水平，提高民众的健康水平，真正改善民众的健康状况和生活质量，推动"健康中国"和"健康西藏"战略目标的顺利实现。

高校参与精准扶贫模式创新研究①
——以西藏民族大学为例

杨西平　涂学敏　李继刚　张志恒②

一、概述

西藏民族大学位于陕西咸阳渭水之滨，行政上隶属于西藏自治区（以下简称"西藏"），属地方民族高等院校。其地理位置和行政隶属关系的不一致性决定了西藏民族大学在响应国家号召和开展扶贫攻坚工作时必然具有其特殊性。"十三五"是全面建成小康社会的决胜阶段，我国"十三五"规划纲要中指出，"我国现行标准下农村贫困人口实现脱贫，贫困县全部摘帽，解决区域性整体贫困"；西藏"十三五"规划中指出，全力实施脱贫攻坚工程中要"落实精准扶贫、精准脱贫，积极探索多样化扶贫开发模式，着力解决好'扶持谁''谁来扶''怎么扶'问题，增强贫困人口自我发展和可持续发展能力，确保在国家现行标准下农牧区贫困人口实现全面脱贫"；陕西省"十三五"规划中强调坚决打赢脱贫攻坚战，"按照'五个一批''六个精准'的总体要求，以建档立卡贫困人口为主体，以集中连片特困地区为重点，坚决打赢脱贫攻坚战，到2020年实现331万农村贫困人口脱贫，贫困县全部摘帽"。对此，我们立足于西藏民族大学特殊的办学性质，以及"十三五"规划对西藏和陕西省提出精准

---

① 本研究报告是杨西平教授承担的西藏文化传承发展协同创新中心（西藏民族大学）2016年自设委托课题"高校参与精准扶贫模式创新研究——以西藏民族大学为例"（项目号：XT201608）的结项研究成果。

② 作者简介：杨西平，男，西藏民族大学财经学院教授，主要研究方向为西藏社会主义市场经济与财务管理研究；涂学敏，男，西藏民族大学2014级研究生；李继刚，男，西藏民族大学财经学院副教授，主要研究方向为西藏农业与农村经济发展研究；张志恒，男，西藏民族大学财经学院教授，主要研究方向为西藏金融经济。

扶贫的相关任务要求，充分利用高等院校的人才优势和专业优势，发挥高校在精准扶贫工作中的智库作用，力争使我校强基惠民的西藏阿里五村和陕西张咀村的全体帮扶对象到2020年年末全面实现精准脱贫、致富奔小康的战略目标。

（一）研究背景及意义

1. 研究背景

（1）实践背景

自改革开放以来，我国不断推进扶贫开发工作的进程，伴随着"八七"扶贫攻坚计划、农村扶贫开发纲要的顺利实施，中国数亿贫困地区的人们甩掉贫困帽子，踏上了奔小康的道路。我国扶贫开发工作取得了举世瞩目的成就，截止到2016年，我国贫困人口减少了1391万人，相关资料显示，我国仍有4335万余贫困人口。贫困地区发展滞后，在全面建成小康社会的决胜时期，我国扶贫攻坚任务依然艰巨。各级各界在充分肯定党的十八大前的扶贫模式及取得成效的基础上提出，过去的扶贫模式已经不能适应新时代扶贫攻坚的要求，贫困地区的贫困问题已经不是简单地解决温饱。贫困人口的诉求日益多元化，需要更多地关注贫困人口真正的需求，并针对不同贫困需求给出不同的脱贫良方；另外，扶贫主体也应该多元化，扶贫不应仅是政府单方面的责任，社会各界都应为肩负起社会主义建设使命的扶贫攻坚任务贡献自己的一分力量。作为高等院校，同样要在扶贫攻坚任务中发挥重要的作用，做出应有的贡献。

与全国扶贫攻坚工作背景相类似，消除贫困、全面建成小康社会、实现共同富裕的目标既是西藏和陕西省人民的共同愿望，也是两省区各级各界人士应该高度关注和重视的问题。西藏独特的地理位置决定了西藏在国家发展战略中必须承担更大的责任，因此，必须在经济建设上取得与发展战略相匹配的体量。

目前，西藏是全国唯一一个省级连片特困地区，扶贫任务极为艰巨。近几年，随着扶贫项目的实施和扶贫资金的投入，农牧民的生产生活条件得到了极大的改善。2016年西藏农村居民可支配收入为9316元，同比增长13%，2016年较2015年59万贫困人口减少了14.7万人，贫困发生率下降到18.3%。整体来看，西藏的扶贫工作已经由提高收入转化为提升发展能力，由漫灌粗放式扶贫阶段转向滴灌精准式扶贫阶段。

西藏民族大学的另一精准扶贫对象张咀村，属陕西省礼泉县北部旱腰带区域，全村耕地均为旱地，坡地占耕地面积的80%以上，生产生活条件差，且部分地区居民三面环沟居住。自20世纪80年代开始，村民经济收入主要靠种植苹果，品种以秦冠为主，品质较差，售价低廉。总体来看，产业结构单一，经济效益不佳，2015年张咀村人均纯收入2200元，未达到陕西省最低标准。

（2）政策遵循

从国家层面的政策依据来看，2013年11月，习近平总书记在湖南湘西考察时首次提出了"精准扶贫"，旨在强调因地制宜和实事求是的扶贫方式。为贯彻落实习近平总书记的重要指示精神，中共中央办公厅于2013年12月印发《关于创新机制扎实推进农村扶贫开发工作的意见的通知》，作为深入贯彻扶贫开发工作的理论依据，切实增强全国扶贫开发工作的责任感和紧迫感，各省市地区均以此为导向，积极寻求本省市扶贫地区发展的瓶颈问题，从根源上消除贫困，增强贫困地区的内生动力，力争到2020年全面建成小康社会；国务院办公厅印发了《关于印发〈扶贫开发建档立卡工作方案〉的通知》《关于印发〈建立精准扶贫工作机制实施方案〉的通知》，要求各省市结合本地实际加强组织领导，强化统筹协调，确保按时、高质量完成建档立卡工作，强调通过实施精准扶贫，引导金融资源向贫困地区倾斜，实现扶贫到村到户，逐步构建精准扶贫工作长效机制；2015年11月又颁布了《中共中央 国务院关于打赢脱贫攻坚战的决定》，作为指导当前和今后一个时期脱贫攻坚的纲要性文件，该文件对打赢脱贫攻坚战提出了许多实举措、硬政策，成为各省市关于制订精准扶贫工作方案的重要政策指南。

从地方层面的政策依据来看，西藏党委政府印发了《全区深入开展创先争优强基层惠民生活动实施方案》，要求西藏各地市贯彻落实西藏党委政府的相关决定，根据实际情况，建立起一套合理的强基层惠民生政策体系；西藏党委政府和陕西省委政府为贯彻落实《中共中央 国务院〈关于创新机制扎实推进农村扶贫开发工作的意见〉的通知》《国务院关于印发〈扶贫开发建档立卡工作方案〉的通知》《〈中共中央 国务院关于打赢脱贫攻坚战的决定〉的意见》，建立了精准扶贫工作机制，传递出了扶贫开发方式创新转变的新思维、新思路，要求各地市严格按照文件要求统筹安排建档立卡工作。以上政府关于实施精准扶贫工作提出的相关决议、实施意见都为西藏民族大学加快推进张咀村和阿里五村的精准扶贫工作提供了有利的政策支持。

(3) 精准扶贫的内涵

2013年11月，习近平总书记在湖南湘西考察时提出"实事求是、因地制宜、分类指导、精准扶贫"的重要指示。习近平总书记2015年在贵州调研时，为推进扶贫开发工作，提出了"四个切实"的具体要求：切实落实领导责任、切实做到精准扶贫、切实强化社会合力、切实加强基层组织。精准扶贫是扶贫开发工作中必须坚持的工作重点，是全面建成小康社会、实现中华民族伟大复兴的中国梦的重要保障。

精准扶贫相对于传统的粗放式扶贫而言，是针对不同贫困区域环境、不同贫困对象，运用科学有效程序以及方法对不同贫困区域和贫困对象实施精确识别、精确帮扶、精确管理的一个扶贫模式。

精确识别是指通过合规、合理的程序，如申请评议、群众评议、入户调查、公示公告、抽样调查、信息录入等程序，将贫困户有效识别出来，并建立起贫困户的相关档案资料。精确识别是精准扶贫的第一步，这个阶段的主要目的是解决"谁贫困"的问题。要严格按照贫困对象识别标准和程序，深入细致地做好贫困对象的精准识别、复核认定和建档立卡工作，变"面上掌握"为"逐户摸准"，确保一村不漏、一户不落，同时也要避免富人戴帽、穷人落榜，以及人情往来情况。总的原则是"县为单位、规模控制、分级负责、精准识别、动态管理"。开展到村到户的贫困状况调查和建档立卡工作，包括群众评议、入户调查、公示公告、抽查检验、信息录入等内容。总之，不论采取何种方式识别，都要充分发扬基层民主，发动群众参与，透明程序，把识别权交给基层群众，让同村老百姓按他们自己的"标准"识别谁是穷人，以保证贫困户认定透明公开、相对公平。

精确帮扶就是以精准识别为基础，深入细致分析贫困村或贫困户的致贫原因，落实责任制，逐村逐户科学制定帮扶规划，让建档立卡工作与各项扶贫政策相衔接，扶贫措施与贫困现状相对应，实施一村一政、一户一策，整合资源，集中力量扶持贫困村和扶贫对象，确保帮扶到最需要帮扶的群众、帮扶到群众最需要扶持的地方。重点原则包括5个方面。一是坚持方针。要按照习近平总书记提出的"实事求是、因地制宜、分类指导、精准扶贫"的方针，重在"人"和"钱"的处理上，把人和物都用到点上、用对地方。二是到村到户。要把所有的政策落实到村到户，真正让扶贫资源得到合理配置，让扶贫资金用到刀刃上。三是因户施策。根据每户的不同情况，差异化、多样化施政。四是资金到户。对于贫困扶持资金的使用，建立专项资金账户，直接与贫困村或贫困户对接，直接向扶贫对象发放。五是干部帮扶。落实严格的责任制，做到不脱贫、不脱钩。

最后，精确管理是指对扶贫对象、扶贫政策措施、扶贫机制、扶贫项目等进行全方位、全过程的监测，精细化管理，确保各项机制和政策措施能够有效落实，扶贫工作取得重大成效。精准管理包括几个方面。首先是体制机制的管理。做到各部门各个办法能够有效地为扶贫工作服务，及时改进其中的不足，吸取经验教训。其次是干部责任感和奖惩机制。严格考核制度，把责任落实到单位和个人，有问题直接问责责任人，绝不和稀泥，有功必赏，有过必惩，规范化、标准化，严格按标准进行考核。最后是监督模式的管理。要做到多途径、多角度进行扶贫监督，鼓励群众和社会各界的参与，欢迎建言献策。

2. 研究意义

对于贫困地区而言，精准扶贫能够帮助贫困地区脱贫致富，帮助贫困群众走上小康之路，早日实现中华民族伟大复兴的中国梦。通过精准识别，具体了解贫困地区的贫困原因和贫困现状，汇总致贫因素，建立精准扶贫信息系统，动态地了解贫困地区的实际情况，促使精准识别和精准扶贫能够有效地衔接，使帮扶计划具体化、可视化，从而提高规划的可操作性和实效性。对于精准扶贫的精准管理，实施专项和责任制的动态管理，进行定期核查和更新，对于其中存在的问题和责任人进行及时的处理。贫困地区的精准扶贫不仅能够提高贫困地区的自身发展能力，促使其具备"造血"能力，还能改变贫困地区的思想面貌，创造有利价值。

对于高校而言，尤其是西藏民族大学这样全国唯一一所在异地办学的民族高校，有利于充分利用西藏、陕西两省区的扶贫政策，统筹校内外优势资源，激发广大师生参与精准扶贫的积极性、主动性和创造性，探索具有西藏、陕西两省区特色的创新型民族高等院校精准扶贫模式。高校在参与精准扶贫工作中，不仅能提升高校的专业水平和科研能力，还能提高学生的专业素质和解决实际问题的能力，为社会培育出更多综合能力较强的实用性人才。同时，能够使高校树立教育更接地气、解决实际困难的社会服务意识。因而，高校参与精准扶贫对贫困地区和对高校本身都具有重要的现实意义。

(二) 理论基础

1. 贫困恶性循环理论

贫困恶性循环理论是哥伦比亚大学经济学家纳克斯（Ragnar Nurkse）于1953年在其著作《不发达国家资本的形成》中提出的。该理论认为，发展中国家长期处于贫困之中，不是因为其资源不足，而是因其国家经济发展过程中存在若干相互关联、相互作用的"恶性循环系列"。

该理论从供给、需求两个方面展开论述。首先，从供给角度来看。纳克斯认为，发展中国家普遍存在经济不发达、人均收入水平较低的实际问题。从理论上考察，人均收入水平低意味着发展中国家人们把大部分支出都用于生活消费，用于储蓄的部分非常少，而发展中国家居民储蓄率不高是导致发展中国家资本形成不足的重要原因。发展中国家普遍存在的资本形成不足又会导致经济发展后劲不足的问题，从而限制了生产规模的扩大，导致生产设备更新困难，生产效率低下，制约了收入水平的提高，最终形成低收入—低储蓄—低资本形成—低生产率—低产出—低收入的贫困恶性循环。其次，从需求角度来看。纳克斯认为，发展中国家由于经济发展水平不高，人均收入水平低下，人民群众消费能力不足，使得市场容量减小，资本对投资需求减少，投资引诱不足，直接导致资本形成不足，同供给角度一样，生产规模和生产率都难以提高，形成上文论及的恶性循环。（如图1所示）

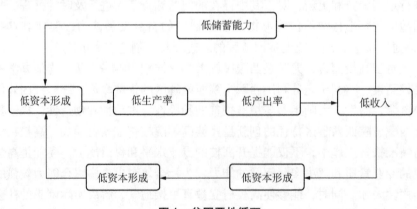

图1　贫困恶性循环

2. 循环累计因果理论

循环累计因果理论是由著名经济学家缪尔达尔（Karl Gunnar Myralal）率先于1957年提出，并由卡尔多、迪克逊、瑟尔维尔等人进行改进，完善成为比较完整的理论体系。卡尔多等人认为，在一个动态流动的社会中，社会经济各要素之间存在着循环累计的因果关系。其中一个要素变化，会导致另一社会因素相应发生变化，而这种要素变化又使得前面要素变化增强，导致这种变化趋势沿着最初的变化方向加强发展，从而形成这种累计循环的发展趋势。

循环累计因果理论强调，市场经济是一个资源优化配置的经济模式，因此，市场作用一般趋向于强化区域之间的经济差别而不是弱化这种经济关系。这意味着，某地区由于在发展初期因为初始优势而比其他区域发展较快，那么它凭借着这种优势，会甩开其他区域，发展得越来越好。经济循环累积过程有两种相反的效应，即回流效应和扩散效应。回流效应是指在经济发展较快的地区，由于其存在既定优势，使得人才、资源、资金大量集中，导致落后地区要素投入越发不足，发展更加滞后；扩散效应是指经济较发达地区资源由于饱和及扩张的需要，向周围或区位较好地区扩散，则会促进该区域经济发展。区域经济能否得到平衡协调发展取决于这两种效应在区域中处于什么地位。在区域经济发展初期，回流效应应该大于扩散效应，这是造成各区域之间经济发展难以平衡的重要原因。当然，在经济发展到一定阶段之后，也会出现规模不经济的状况，这就是规模报酬递减效应。因为经济发展程度较高，使得人力成本增加，一些落后的生产方式只能向要素成本更低的区域扩散，区域经济发展差距就会缩小。

二、西藏民族大学参与西藏阿里五村精准扶贫的调研分析

西藏阿里地区在扶贫攻坚的过程中，以实现贫困人口"三不愁""三有""三保障"为总体目标，制定了地区"十三五"期间脱贫攻坚9个专项规划、10个工作方案；按照"六个精准""五个一批""八个到位""五个结合"的工作要求，阿里地委、行署及地区各级各部门围绕"扶持谁"的问题，制定了以精准扶贫为抓手、社会保障为基础、产业发展为根本、社会救助为载体的脱贫攻坚工作思路，坚持重点突破，各项任务得

到了扎实推进，实现 1239 户 4304 人脱贫，脱贫攻坚工作取得了显著的成效。西藏民族大学作为全国唯一一所在异地办学的高等民族院校，理应在西藏扶贫攻坚的道路上贡献一分力，为实现西藏阿里地区 2020 年与全国人民一道全面建成小康社会的目标，充分发挥西藏民族大学驻村工作队的桥梁纽带作用，推进精准扶贫。

（一）扶贫历程

深入开展创先争优强基础惠民生活动，是西藏党委政府贯彻中央精神、立足西藏实际，着眼于推进新农村建设，加强城乡基层组织建设，维护社会稳定，推动经济发展，促进民族团结，保障改善民生做出的重大决策部署。此项活动，西藏共安排 5451 个工作队，西藏党政机关、事业单位选派 21000 余名干部驻村开展工作。西藏分配西藏民族大学驻点任务为 5 个村，分别是普兰县的霍尔乡贡珠村和改则县的察布乡麻木卓玛村、多玛村、玛日玛村、占查村。按照西藏的要求，每个驻村工作人员不少于 4 名。截至 2016 年年底，西藏民族大学已派出 5 批驻村工作队。（见表 1）

表 1　近年西藏民族大学选派的前 5 批驻村工作队进展情况

批次	进驻时间
第一批	2011 年 10 月底，第一批驻村工作队陆续抵达驻村点
第二批	2012 年 9 月，西藏民族大学第二批驻村工作队开始进入西藏阿里地区展开精准扶贫工作，并与第一批工作队实现轮换
第三批	2013 年 8 月，西藏民族大学第三批驻村工作队进入贫困地区展开精准扶贫工作，并与第二批工作队进行任务和相关工作交接
第四批	2014 年 8 月，西藏民族大学第四批驻村工作队进村
第五批	2015 年 7 月，第五批驻村工作队进村

2011 年 10 月，为积极响应西藏自治区《全区深入开展创先争优强基础惠民生活动实施方案》及西藏深入开展创先争优强基础惠民生活动动员大会精神，进一步强调在西藏开展强基础惠民生活动的重大意义，西藏民族大学成立创先争优强基础惠民生活动领导小组，确保创先争优强基础惠民生活动的有效开展。由学校领导亲自挂帅，学校各部门负责人为主要成员，开展学校驻村工作组织、协调、指导和监督检查工作，明确了驻村

队员选拔标准和原则、驻村前培训、驻村过程中的组织纪律和学校的政治保障等，为驻村工作的顺利开展打下基础。

自2011年10月驻村以来，西藏民族大学紧紧围绕西藏创先争优强基础惠民生活动5项任务（强基础、惠民生、保稳定、促发展、感党恩），牢固树立"一切为了群众，一切为了村组发展"的工作理念，在工作中紧密依靠阿里地委，改则、普兰县委、县政府，所派驻村"两委"等各级组织和当地广大干部群众，以牧民生产生活需求为导向，以发挥工作队与村"两委"班子的合力为中心，以维护全村和谐稳定、推动当地经济持续繁荣发展和广大牧民增收为着力点，时刻把广大牧民的安危放在心上，真诚倾听广大牧民心声，为阿里地区跨越式发展和长治久安，所派驻村的经济发展、社会稳定，牧民综合素质提升做出应有的贡献。

在这5年时间里，西藏民族大学在强基础惠民生5项任务中取得了突出的成绩。

1. **壮大基层组织**

在驻村过程中，驻村队员努力做好"合格五员"（调研员、宣传员、考察员、调解员和监督员），建立起有效基层组织。一是建立工作党支部，发挥党员先锋模范作用。以驻村队队长为支部书记的党组织，稳定秩序，合理安排工作，明确分工，责任到人，并总结每一阶段的工作内容，交流想法和体会。二是加强驻村"两委"班子建设和农牧民党员建设。在各村定期召开"两委"班子会议，组织学习相关精神，谈论村子建设和扶贫工作开展情况，并及时吸纳思想积极的年轻农牧民加入党组织。

2. **维护周边稳定**

由于西藏特殊区情和民族宗教因素影响，西藏维稳工作异常艰巨。尤其是阿里普兰县处于边境线上，毗邻尼泊尔，宗教氛围浓厚，民众跨国宗教交流活动多，维稳压力大。对于这种情况，工作队制定了多样化的措施，维护边境稳定及村庄内部团结。

3. **寻找致富道路**

首先是实现通水、通电、通信、通路的目标，完善基础设施建设。其次是通过教育培训，提升农牧民的就业技能，提升思想境界，提高农牧民转移就业致富的本领。最后是进行专项项目扶贫，主要围绕"短平快"项目展开。

4. 解决群众实事

在驻村过程中，驻村队员通过进村入户的方式，了解村子各户的实际情况，掌握各户真实困难情况，采取不同形式解决民生问题，如采取送医送药、慰问孤寡老人、赠送学习资料、赠送生活物品等措施，力所能及地为群众办实事解难事。

5. 进行感恩教育

通过开展多种形式的活动，宣讲党中央对西藏扶贫的政策及强基础惠民生的政策，表达国家对西藏农牧民的关心和问候。通过影视资料展映，让农牧民拿现在的生活与旧时期西藏农牧民生活进行对比，使他们心生珍惜当下幸福生活的情感，以此引导农牧民积极响应国家扶贫政策，为走上致富之路而奋斗。

（二）致贫原因

1. 扶贫困境

（1）农牧民语言受限、技能不足

图2是对西藏农牧民汉语掌握情况的一个简单调查，图中数据显示，藏族人民群众掌握汉语的情况不是很理想，有相当比例的藏族群众完全不会汉语。在被调查的64位藏族群众中，有19位藏族群众表示精通汉语，比例为总量的30%；32位藏族群众表示懂一些汉语，但只能够用于日常简单交流；还有13位藏族群众选择"完全不会"这个选项，占总比例的20%。通过数据分析，可以得出藏族群众对汉语掌握情况并不是很理想的结论，需要加强汉语学习、培训，从而提高藏族群众用汉语交流的水平。

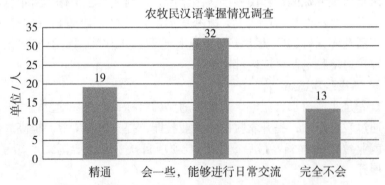

图2 西藏阿里地区藏族人民群众对汉语的掌握情况

导致西藏农牧民贫困的另一个原因就是技能不足——技能缺乏导致生存能力下降,最终造成贫困和返贫现象。在调研中共发放 75 份调查问卷,通过对回收的 64 份有效调查问卷分析发现,有 46 位农牧民没有一技之长,这个群体占被调查总人数的 72%;只有 28% 的农牧民拥有一技之长。(如图 3 所示)西藏农牧民技能缺乏,农村剩余劳动力无法转移,贫困群体的就业能力低下,最终造成了西藏农牧民的贫困现状和返贫问题。

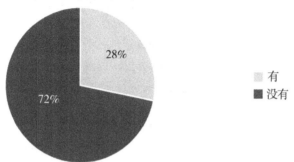

图3　藏族群众技能现状调查

(2) 农牧民等、靠、要思想严重

根据图 4,在被发放调查问卷的"2 县 5 村"中,贫困地区农牧民思想较落后,对脱贫致富没有积极主动性,一味地等、靠、要。在回答"你认为脱贫致富靠自己和靠政府哪一个更重要?"问题时,64 位农牧民

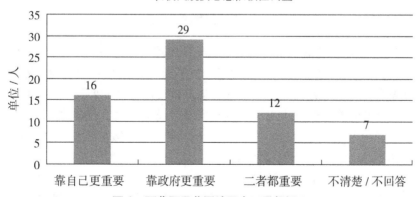

图4　西藏阿里贫困地区人口思想概况

中，只有16位农牧民认为"靠自己更重要",12位农牧民选择了"二者都很重要"这个选项,7位农牧民回答是"不清楚/不回答",而剩下的29位农牧民选择"靠政府更重要",这个比例占调查总比例的45%。由此可见,西藏阿里贫困地区农牧民脱贫的依赖思想很严重。贫困地区农牧民等、靠、要思想使得精准扶贫困难重重,改变贫困地区各项基础设施国家只需要投入更多资金,但是要想改变贫困地区农牧民思想观念却不是增加财政投入就可以解决问题的。

根据图5,回收的64份有效调查问卷中,只有33位农牧民有积极主动去脱贫致富的意愿,占51%;有12位被调查者选择了"不清楚/不回答"这个选项;剩下的19位农牧民则十分肯定地认为自己不会积极主动靠劳动脱贫致富,这个比例高达30%。可以看出,西藏贫困地区的贫困人口对脱贫致富缺乏积极主动性,这也是精准扶贫过程中的一个重要问题。

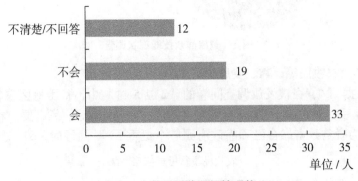

图5　农牧民脱贫积极性现状

（3）交通、通信、水利水电等基础设施薄弱

整理回收的64份有效调查问卷,发现近年来虽然我国政府不断加大对西藏贫困地区基础设施建设投入,但基础设施建设的效果依然不尽如人意,仍然存在很多地区尤其是贫困地区基础设施配置不齐全的问题。关于交通、通信及水利电力方不方便这3个问题,虽然数据和比例各不相同,但都体现了"基础设施很薄弱很缺乏"这一现实。（如图6所示）

对交通便利问题的调研结论是:有45人认为自己所在村庄交通"十分不方便",13人选择了"不太方便"这个选项,只有6位被调查者认为

自己所在村庄交通"很方便";关于通信便利问题,22位农牧民选择"十分不方便",25位农牧民选择"不太方便",只有17人认为自己所在村庄通信"很方便";关于水电问题,选择"十分不方便"和"不太方便"人数分别是24人和29人,只有11人回答"很方便"。综上所述,"交通不便利""通信不便利""水电不便利"分别占总数的91%、73%、83%。据此分析,我们认为基础设施薄弱,尤其是交通、通信及水利电力不便利是造成西藏贫困的重要原因,也是精准扶贫任务实施的困境之一。

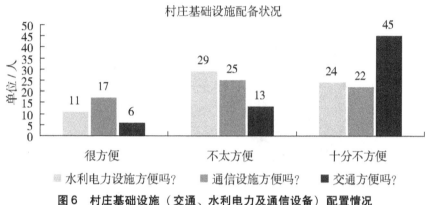

图6　村庄基础设施(交通、水利电力及通信设备)配置情况

(4)自然环境恶劣,扶贫难度大(建议加入高海拔和长冰期对人类活动的限制,因为恶劣是人所共知的)

通过调研和访谈"2县5村"64位农牧民,发现阿里地区贫困人口大多分布在4300～4800米之间,占到总人数的69%;只有11%的农牧民生活在海拔4300米以下,但是海拔最低也是3800米;甚至有近20%的农牧民生活在海拔4800米以上的地区,这类地区每年冰期很长。(如图7所示)

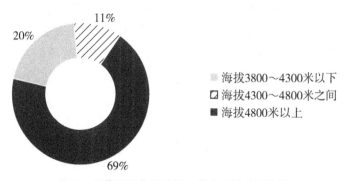

图7　西藏阿里贫困地区河流农牧民生活海拔

农牧民在回答"你所在村庄河流每年的结冰期大概多长时间?"问题时,没有人选择"4个月以下"这个选项,将近91%的农牧民所在村庄河流结冰期为"5~6个月",甚至还有9%的农牧民回答"我们这里河流每年的结冰期在6个月以上,最长的时候结冰期达到10个月左右"。(如图8所示)由此可见,阿里地区海拔整体高,自然环境恶劣,这为西藏扶贫带来了很大的困难,也使得精准扶贫实施在很多方面受到自然环境和自然因素制约。

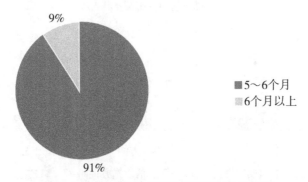

图8　西藏阿里贫困地区河流结冰期时间长短

(5) 返贫常态化

在回收的64份有效调查问卷当中,我们通过"你所在村庄的贫困人口脱离贫困后,有没有发生返贫现象?"这一问题,得出阿里地区返贫现象常态化这一结论。64位农牧民中有31位农牧民认为"有一些返贫现象",22位农牧民选择了"经常会出现返贫现象"这一答案,7人回答是"不清楚/不回答",只有剩下的4人坚持认为本村"没有返贫现象"。(如图9所示)综上所述,被调研的"2县5村"返贫现象高达83%。这充分说明在阿里地区返贫问题比较严重,是一种比较常见的现象。产生这种现象的原因各不相同,其中,重大疾病和自然灾害是重要原因。由此分析,这种"返贫"现象也将给阿里地区精准扶贫造成很大的消极影响。

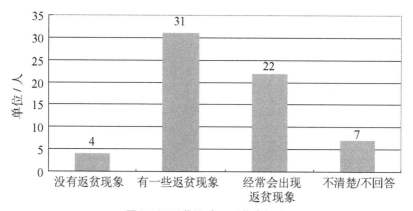

图9 阿里贫困地区返贫率调查

(6) 扶贫干部责任心不够

在被调研的西藏阿里地区,农牧民对扶贫干部责任心众说纷纭,不是全部肯定,也并非全部否定。这说明阿里地区部分扶贫干部和领导责任心欠缺,没有做到让人民群众满意。从收集到的数据来看,扶贫干部和领导责任心需要不断强化。在64位被调查农牧民中,只有17人认为扶贫干部和领导很有责任心,剩下的一部分人认为扶贫干部完全没有责任心或者对扶贫干部责任心存在不满。其中,36位农牧民对扶贫干部责任心表示出一些"不满意",但并不是完全否定,11位农牧民认为扶贫干部完全没有责任心,根本就是应付差事,只是为了完成上级交代的任务。总的来说,27%的农牧民认为扶贫干部很有责任心,工作尽心尽力,17%的农牧民完全否定了扶贫干部的责任心,表现出非常不满和抱怨,剩下56%的农牧民对扶贫干部责任心持着中立态度,既不完全否定,也不完全肯定,认为有好的一方面,也存在需要改进的地方。(如图10所示)

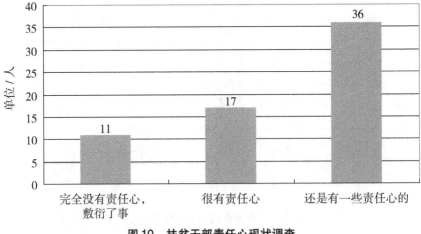

图 10 扶贫干部责任心现状调查

2. 困境成因

（1）因病致贫

通过对回收的问卷进行分析，可知为了看病而耗尽家财的大有人在。可见，疾病确实给西藏农牧民带来了巨大的经济负担，也是西藏农牧民长期处于贫困的重要原因。关于问卷第 26 题"据你所知，你身边有多少人是为了治病而花光积蓄的"，59%的人选择"有一些人"，35%的农牧民身边有很多人是因病致贫，只有 6%的人认为疾病不是致贫的根本原因。（如图 11 所示）综上所述，传染性疾病和重大疾病是阿里地区农牧民贫困的重要原因。因此，在今后扶贫过程中要着重解决西藏贫困地区农牧民"看病、治病"问题，提高农牧民的身体素质。

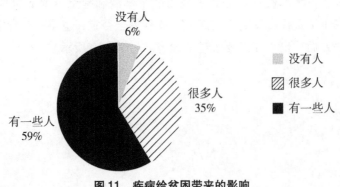

图 11 疾病给贫困带来的影响

（2）自然灾害致贫

在调研中发现，有49位农牧民认为自然灾害会加剧自己的贫困境况；有13位农牧民则表示自然灾害是造成贫困的原因之一，对自己的贫困情况有一些影响；只有2个人认为自然灾害对自己的贫困生活没有影响，这个比例不到1%。（如图12所示）综上所述，自然灾害对阿里地区农牧民的贫困有很大的影响。从某种程度来说，阿里地区很多农牧民会因为自然灾害而陷入贫困。因此，自然灾害是影响精准扶贫在西藏实施的一个重要因素，在精准扶贫过程中要解决好这一问题，这样才能够更好地推进精准扶贫，更好地发挥精准扶贫作用。

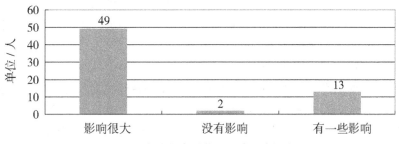

图12　自然灾害对贫困影响程度调查

（3）脱贫项目不足致贫

在调研和访谈中，我们了解到阿里地区还有很多村庄并没有接受很多扶贫项目，其中接受很多扶贫项目的占总体的34%，很少接受扶贫项目的占23%，接受过一些扶贫项目的占30%，还有13%的农牧民选择了"不清楚"选项。（如图13所示）由此可见，阿里地区接受的扶贫项目有限，这是西藏贫困一个外部原因。因此，在今后精准扶贫过程中，要加大对西藏扶贫项目支持，从而改变西藏农牧民生活贫困的现状。

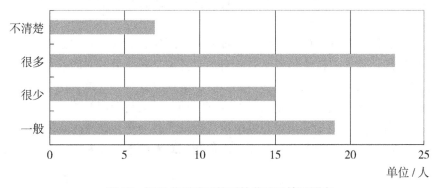

图13　阿里贫困地区接受扶贫项目情况调查

(4) 因"学"致贫

通过调研和访谈，我们发现在西藏阿里的2县5村中，由于教育资源缺乏、水平有限，农牧民文化素质比较低，表现在两个方面，即农牧民对汉语掌握程度很低及农牧民技能水平很低。因为地势复杂，上学成为一件很艰难的事情，所以阿里地区农村辍学率较高。加之当地人大多用藏语进行交流，从而使得农牧民学习汉语的机会少，对汉语掌握程度低，仅有少数藏族农牧民可用汉语进行简单的日常交流。另外，藏族农牧民技能水平低下也是造成贫困的重要原因。只有提高自己的技能水平，才能够增加就业机会和就业率，从而依靠自己的技能创造财富。因此，在精准扶贫实施过程中，要充分注意提升藏族农牧民文化素质和技能水平，提升人力资本质量，进而提高贫困人口自身脱贫致富能力，实现"培训一人、就业一个、脱贫一家"的精准扶贫目标。

(5) 精准扶贫工作机制不完善

在实践过程中，精准扶贫工作机制存在很多问题，主要表现为识别机制不健全、投入机制不健全、帮扶机制不健全、互动机制不健全及社会参与机制不健全。在贫困人口识别过程中，扶贫干部凭经验来识别贫困人口，会导致对贫困人口识别不到位、识别不精准及贫困人口退出机制不完善等；在扶贫资金投入过程中，扶贫资金怎么用、给谁用、用的效果等存在很多问题，导致扶贫资金投入多少并不是按照村庄贫困程度来决定，而是由领导主观决定，最终使得很多贫困群众并没有享受到扶贫资金的帮扶；在实际帮扶过程中，上级领导始终把"扶优扶贫"置于"扶贫帮困"之上，而且扶贫工作任务不明确，扶贫责任没有落实到人；在扶贫互动过程中，贫困人口缺乏积极主动性，一味地等待政府帮扶；在社会参与方面，扶贫参与社会组织有限，目前只是少数地方联合高校和一些企业共同扶贫，还有很多地方没有充分利用各种社会资源参与精准扶贫。

(6) 思想懒惰落后

通过调查问卷和访谈，我们发现西藏贫困地区人口对扶贫没有一个正确的思想认识，仅仅觉得扶贫是政府的责任和义务，因此对政府帮扶过于依赖，久而久之，便形成了等、靠、要的落后思想观念。这种思想观念严重限制了西藏贫困户积极主动脱贫致富行动，甚至将政府扶贫措施和政策视为理所当然。很多群众思想懒惰落后，缺乏自力更生的意志和决心，不敢干、不想干，甚至有些农民无节制地使用政府给予的扶贫资金，将大部分扶贫资金用于挥霍和享乐,因此,西藏贫困现状并没有得到很好的改善。在精准扶贫的过程中,思想扶贫是首要,扶贫先治懒,扶贫先扶志。因此,要改变农民一味等、靠、要的思想,提倡自力更生。同时,对那些因懒致贫和坐吃山空的群众进行教育,先从思想上帮助农民"脱贫",进而实现物质上的脱贫致富。

三、西藏民族大学参与张咀村精准扶贫调研分析

《2016年陕西省乡镇精准扶贫工作计划》《陕西省精准扶贫具体实施方案》中强调指出,要"加大对扶贫工作的支持力度,帮助贫困村以整村推进扶贫工作为契机,以项目建设为重点,巩固扶贫成果,带领村民脱贫致富"。因此,为全面建成小康社会的宏伟目标,异地办学的西藏民族大学紧随国家的脚步,与咸阳市政府开展精准扶贫合作项目,张咀村成为此次合作的一个平台,西藏民族大学利用自身的特色和优势,为张咀村的扶贫工作出谋划策。通过实地调研考查,结合张咀村的实际情况,与村民进行沟通和交流,全面摸清张咀村村民的详细情况,分析张咀村贫困村民根本的致贫原因,从而确定针对张咀村精准扶贫工作的总方针,让陕西省在全面建成小康社会的路上不掉队。

(一)扶贫历程

张咀村距礼泉县城15千米,距咸阳市35千米,为唐昭陵旅游区边沿地带。该村有4个自然村和4个村民小组,总面积16.7平方千米,海拔800~1188米。现有人口268户,总计968人,其中,党员19人,帮扶对象25户83人,总劳动力424人,常年在外务工183人。该村属礼泉县北部旱腰带,生产生活条件较差。调查表明,该村耕地均为旱地,坡地占耕地面积80%以上。目前,仍有部分居民三面环沟居住。村民经济以苹果栽植为主,产业结构较单一,由于该村村民栽植苹果以秦冠为主,且主要在20世纪80年代栽植,老化严重,品质较差,售价低廉,经济效益不显著。2015年度,该村年人均纯收入2200元,未能达到陕西省最低收入标准。目前,村委班子成员10人,书记一名,主任一名。

西藏民族大学于2014年6月派出第一批驻村工作队入驻崔家村(后并入张咀村)以来,驻村工作队始终坚持"五个基本工作、三项重点工

作"基本要求，凝心聚力开展扶贫攻坚，取得了显著成效。

(1) 摸底调研工作

在深入调研基础上撰写了《崔家村基本情况调研报告》《2014年崔家村苹果种植情况》调研报告，制订了《2014年西藏民族学院驻村工作队工作计划》和《西藏民族学院包扶崔家村三年工作计划》。

(2) 精准认定和建档立卡

2014年6—11月，根据该村村民耕地面积、家庭结构、住房情况、贷款情况、劳动力及疾病残疾情况等综合因素完成了崔家村帮扶对象的精准识别和建档立卡工作，共认定崔家村帮扶对象为47户，贫困人口173人。

(3) 联户结帮扶对子

学校有5名处级干部、42名科级干部与47个帮扶对象一对一结成帮扶对子，填写帮扶明白卡和包户手册，组织17名联户结对子干部和帮扶对象见面，为全村47个帮扶对象赠送了价值5000元的新年慰问品。

(4) 协调扶贫项目开发申报

先后协调移民搬迁工程项目、村内道路修建工程项目、村委会和党建活动室建设项目、村民活动广场建设项目、贫困大学生资助项目。学校投入24万元修路专项资金用于崔家村两组街道水泥道路硬化。

上述工作为张咀村精准扶贫工作开展打下了坚实的基础，总结了丰富的经验，为2015年6月开始的2015—2016年度驻村精准扶贫工作提供了宝贵的借鉴。2016年2月，为了贯彻落实好《中共中央、国务院关于打赢脱贫攻坚战的决定》精神，学校党委常委、副校长唐泽辉同志带领工作组对该村精准扶贫基础、群众致贫原因等进行了入户调研。调查结果显示，造成该村贫困面积大、精准扶贫压力大的主要原因是，公共基础设施条件存在短板，村集体经济发展不够，村级调整体制磨合尚未完成，苹果树品种陈旧、果树老化，群众缺技术、缺资金、缺观念、缺门路。而全村帮扶对象致贫主要原因包括因病致贫、因学致贫、因房致贫、老无所依、少无照顾、缺少技术、好吃懒做等。

(二) 致贫原因

1. 果树老化严重，产品结构单一，销路无保障

一直以来，张咀村因为地形和气候的原因盛产苹果，村庄经济以苹果栽植为主，产业结构比较单一。由于该村苹果品种以秦冠为主，且主要在20世纪80年代栽植，老化严重，品质较差，售价低廉，销路无保障，经济效益不显著。2015年度，该村年人均纯收入2200元，未能达到陕西省最低收入标准。具体来说，首先，张咀村的果树老化，苹果产量和质量都在下降，从而影响了苹果在市场上的售卖价格和所占市场份额；其次，张咀村农民文化水平较低，缺乏技术支持，无法利用科学技术脱贫致富；再次，张咀村农民与市场脱节，不能根据市场的需求进行生产和种植，且没有很好的销售渠道，无法保障农产品顺利销售。

在实地调研中发现，张咀村贫困与果树老化、农副产品结构单一、产品销路不好有很大关系。当地大部分农民种植的农作物都是苹果，很少种植土豆、葫芦、大葱等其他农作物。养殖业如养羊、养鸡等发展也不好，致使村庄农产品结构单一，丰收季节家家户户都是苹果。苹果大量销往市场，市场饱和，加之苹果质量不高、销路不畅，最终使得苹果的销量和售卖价格不理想，农民的收入也受到很大的影响。年复一年，农民备受贫困的折磨。因此，要对张咀村进行精准扶贫，需要丰富当地农副产品结构，投入技术和智力支持，提高产品质量，开拓产品销售市场，保障农民的收入。

2. 帮扶对象缺观念，缺技术，缺资金

思想是行动的先导，要想改变贫困的现状，先要改变思想。精准扶贫需要各级党委、政府及相关高校、企业、农民等全方位转变思想观念，尤其要帮助农民转变思想观念，积极参与脱贫队伍，立志脱离贫困。"授人以鱼，不如授人以渔"，不仅要转变农民的思想，还要为农民提供技术和智力支持，解决农民农副产品质量不好、产量不高的问题。还有很多村民限于资金和技术的原因，无法实现自己脱贫致富的梦想。他们有的想要学习和引进先进技术却无处可学，或者因为引进先进技术成本过高而放弃。甚至有一些村民接触到一些脱贫致富的项目，但是没有资金去参与项目，脱贫梦想破灭。在脱贫过程中，很多农民因为资金缺乏而被拒于脱贫致富的门外。因此，要为农民提供资金保障，合理科学地安排扶贫资金。总的来说，张咀村贫困村民思想观念落后，缺乏科学技术、人才和资金支持，种种原因使得村民生活在贫困之中。

3. 少无所养、壮无特长、老无所依，基本生活紧迫

为了解张咀村的具体情况，我们对25位村民进行了深入的访谈交流，并将访谈内容做成1份记载25个表格的文档。根据文档的内容，我们可

以知道张咀村的贫困人口大多有"少无所养、壮无特长、老无所依"的特点。也就是说，小孩子无人照看，无法读书学知识；青壮年要么游手好闲，好吃懒做，要么没有一技之长，无法维持一家老小的生活；老年人没人照顾，没有依靠，生活艰难困苦，甚至连温饱都成问题。这25位贫困人口当中，有智障、残疾人、侏儒、低保户、孤儿、孤寡老人，还有一些人患有重大疾病。这些贫困家庭劳动能力不足，有的甚至没有劳动能力，基本生活难以维持，迫切需要改善贫苦的生活现状。

4. 自然环境较差，基础设施存在短板

自然环境是人类赖以生存的基础，对社会经济发展及人们的社会生活有着重要的影响。一般来说，自然环境包括地理位置、地形、气候、土壤、水文等，基础设施是包括交通运输、信息、能源、水利等公共服务设施，地形、地质、气候等自然条件直接影响着基础设施的建设规模和空间分布。张咀村距礼泉县城15千米，距咸阳市35千米，属礼泉县北部旱腰带，地形多丘陵沟壑。该村海拔800～1188米，荒山、荒坡、荒沟面积大，山区土层深厚，耕地均为旱地，坡地占耕地面积80%以上。在自然环境的影响下，村庄基础设施建设不足，成为村民脱贫致富的一大阻碍。

四、经验借鉴——国内三大高校的启示

高校在扶贫过程中起着重要的作用。对高校而言，扶贫既是一份政治责任，也是一份社会责任。在我国，各大高校在党和国家的号召下，纷纷积极参与到扶贫工作和项目中。本部分主要借鉴国内三大高校参与扶贫工作的成功经验，分别是清华大学参与南涧彝族自治县扶贫、西南大学和中南民族大学对不同贫困地区进行对口帮扶。这些成功的案例都可以作为西藏民族大学参与阿里五村和张咀村精准扶贫工作的研究参考，从而帮助贫困地区快速脱贫，走上小康之路。

（一）清华大学参与南涧彝族自治县扶贫

1. 教育资源输出

2013年，清华大学积极学习我国政府实施的高校精准扶贫项目与政策，并付诸实践，主动参与南涧彝族自治县扶贫工作，多次派校领导开展实地调研，深入基层指导扶贫工作。近几年，清华大学先后邀请国内多所

高校著名专家和学者开展专题讲座,并定期和不定期对南涧县中小学教师进行面授培训和远程培训。在培训过程中,选拔优秀人员进入清华大学接受更加深入、专业的面授培训,最后通过这些被选拔的优秀人才回到家乡对其他人员开展二次培训。时至今日,清华大学组织过多次远程教育培训,培训主体主要涉及中小学,培训人数为1100余人。与此同时,清华大学主动邀请南涧县中小学教师到本校参加中小学校长、高中班主任和高中学科教师的面授培训,并选拔5名优秀骨干教师进入清华附小学习,驻校培训两个月。此外,2016年,清华大学将南涧单向远程教学站升级为双向交流教学站,远程交互功能不再是梦想,教学站的教学应用得到深入扩展。

2. 开展智力帮扶

扶贫先扶智、治贫先治愚,智力帮扶的主体不仅仅是贫困人口,还包括领导干部。领导干部的素质和工作能力对当地经济社会发展起着重要的作用,因此,清华大学在开展智力帮扶时,着重提升当地领导干部综合素质。"请进来""走出去"和"送上门"是清华大学在南涧县开展智力帮扶的重要方式,效果有目共睹。①"请进来"。组织专家赴南涧做专题讲座。采用"请进来"的形式开展培训,主要是邀请我国知名学者和教师开展专题讲座,效果较好的专题培训主要有6次。②"走出去"。邀请南涧领导干部来清华培训。自2013年后,清华大学前后组织了5期党政领导干部面授培训班,免费邀请157名南涧县领导干部赴清华大学参加培训和学习,培训内容涉及经济、文化、生态文明、新媒体等多方面,授课人员来自清华大学、农业部及国家行政学院等单位。③"送上门"。基于远程课程资源的当地培训。清华大学充分利用远程课程资源,针对南涧县领导干部的实际情况,组织和开展了多次培训活动,直接受益领导干部高达1500名,其中以"群众路线教育专题培训""贫困村互助资金操作管理培训班""依法行政"等效果最为明显,"环境保护与生态文明建设培训""金融扶贫""创新社会管理"等培训也得到一致好评。

3. 培养产业人才

(1)进行产业提升辅导

2014年1月,清华大学联合中国民族贸易促进会(以下简称"民促会")、中国国际技术智力合作公司培训中心、台湾地区中卫发展中心等机构团体,组织多名专家学者深入南涧县实地调研,且将重点放在了南涧县特色农业上。通过实地调研和与当地产业人才的交流，双方在南涧县特色农业产品的推销、推广方面达成了共识，彼此都期望进一步的合作。值得一提的是，台湾地区中卫发展中心对南涧县的特色农业提出了一些具体可行的改善建议。这些建议的提出得益于台湾地区中卫发展中心多年来的经验，尤其是在指导台湾地区乡镇中小企业发展特色经济方面积累的20余年丰富经验。台湾地区中卫发展中心建议当地政府打造特色标杆，提高产品附加值，践行OTOP（即"一乡一品"）产业发展模式，发展"六个一"产业，推动特色农业的健康、持续发展。

（2）搭建招商引资平台

为构建南涧县招商引资平台，2014年1月，清华大学扶贫项目研究人员再次组织实地调研活动。调研期间，中国民族贸易促进会常务副会长兼秘书长蓝军表示，民促会将以实际行动支持南涧农业产业的推广和宣传。具体来说，民促会在北京规划的少数民族地区特色产品展示中心，可以向南涧的公司免费开放，优先提供特色产品展示地。民促会还鼓励南涧特色产业"走出去"，并主动向国际推广南涧特色农业产业，从国内和国外两个市场推动南涧特色农业产业的发展。除此之外，清华大学充分利用校友资源，组织企业家赴南涧调研考察，鼓励和引导南涧招商引资平台的构建。一方面，加强和保持校友企业家和南涧企业家的交流、联系和学习；另一方面，通过亲自考察和调研，推动校友企业参与南涧相关产业的发展，甚至促进校友企业进入南涧发展，助力南涧特色产业"走出去"和"引进来"，推动当地经济社会的发展。

（二）西南大学参与扶贫经验

1. 社会责任担当

西南大学秉承"杏坛育人、劝课农桑、学行天下、服务民生"的优良传统，因此，为助力党和国家的扶贫工作，西南大学整合各方资源，发挥高质量的师资力量，科学规划，针对重庆石柱、忠县、巫山、丰都4个三峡库区贫困县的实际情况，因地制宜地提出帮扶对策，扶贫工作成绩斐然，得到各级领导的充分肯定。首先，西南大学坚持"专款专用"，专项经费专项管理，保障扶贫工作的资金需求和使用，从而推动扶贫工作的顺利开展和全面推进。其次，西南大学认真对待自身在扶贫工作中的责任感和使命感,探索校地合作新机制。西南大学在校党委的领导下,积极贯彻中央和地方关于扶贫工作的各项精神和决策,详细地规划扶贫工作的各个细节,探索校地扶贫、校企扶贫的新模式,结合自身教育资源优势,深入开展校地合作。再次,真抓实干,"输血"扶贫与"造血"扶贫相结合。在扶贫过程中,针对当地实际情况,西南大学坚持既重视科技支撑,又重视人才支持,既向当地输入资金,又向当地输入脱贫致富思路,从内外因共同努力,保障扶贫工作的针对性、精准性和实效性,从而改善当地贫困现状。

2. 扶贫有效对接

充分发挥自身优势,有效支持对口帮扶县农业产业升级是西南大学实施精准扶贫工作的重要方式。多年来,西南大学前后组织千名专家学者深入实地调研,展开对口扶贫工作,前后编制《石柱绿色生态经济重点产业发展规划》《忠县柑橘产业发展规划》等区域发展和产业发展规划咨询报告20多份,针对当地特殊的产业发展现状,开展300多项科技攻关和技术研发活动,转化推广"园艺作物标准化建园技术""大棚省力化养蚕技术"等先进农业实用技术30多项,突破了一系列技术瓶颈,使得当地产业发展水平大幅提升。2010年,西南大学引入300万元经费投入石柱,建立生产基地,在基地建设和发展的带动下,当地农业产业得到很大的发展和提升,农民实现增收。

此外,西南大学整合学校各项资源,尤其是人才资源,对对口帮扶地区实施智力帮扶。西南大学利用自身雄厚的师资力量,在本校建立石柱教育研究中心,加强对对口贫困地区的教育帮扶。学校选派专家编制当地教育发展规划,并选派本校优秀学生深入当地中小学顶岗实习和支教,加快地方基础教育发展;组织本校教授学者实地调研,研究当地民族文化、特色文化、地域文化等的发展路径,大力推进当地文化、旅游产业的发展。此外,深入实施人才工程,全力保障帮扶地区经济社会发展人才需求。西南大学凭借自身的师资力量和教育资源,前后选拔多名优秀教师和干部深入当地挂职,为当地经济社会发展提供人才和智力支持。为促进对口扶贫地区脱贫致富,西南大学依托学校教育培训基地,充分利用在职专家,对当地领导干部和工作人员开展学历教育、干部进修、专家讲座、科技下乡、顶岗支教支农等多种形式的培训,前后组织

300多次培训课程，直接受益者有1200余人，为当地脱贫致富提供了人才和智力支持。

3. 解决实际困难

1997年，西南大学整合高校资源和社会资源，通过多种途径，筹措经费500多万元，并将这些资金全部用于当地扶贫工作。西南大学从实际出发，致力于贫困地区实际困难的解决，如基础条件的改善、农业生产的发展以及农民增收致富等。为改善当地办学条件，让更多的适龄儿童上得起学，西南大学发动学校师生、员工捐款，相继对多所学校进行捐助，累计资金约100万元。学校还开展"1+1帮困助学"活动，经过各方的努力，西南大学前后共计帮扶近400名学生完成学业。此外，学校向贫困地区的中小学捐赠教辅图书、《新华字典》11000余册，捐赠学生铁床、课桌椅、多媒体讲台、书包、衣物、电脑、电视、音响等20000余件（套），为中小学订阅了《中国教育报》3000余份，帮助建立爱心书屋10个，从点点滴滴对贫困地区的学生进行帮扶。教育事业的发展在一定程度上提高了贫困地区的人口素质和生存能力，有利于增加贫困人口的收入，减少贫困人口，最终实现贫困地区的脱贫致富。

（三）中南民族大学参与扶贫经验

1. 深层参与地方经济建设

中南民族大学校领导亲自挂帅，深度布局校地合作，先后同恩施土家自治州、张家界、铜仁市、湘西土家自治州等地方签订合作框架，达成帮扶意向。利用高校的技术优势、智库优势、科研成果转化能力优势、人才优势等，加强与地方的沟通合作，利用地方的特色、资源、区位等先天优势，搭建起地方经济发展的桥梁。

积极探索武陵山片区经济发展新框架，搭建起武陵山经济发展的平台，同湖北省扶贫办、恩施州共同建设恩施发展研究院，同时，与其他高校合作，创建武陵山片区减贫与发展2011协同创新中心，建立武陵山各类研究院，以各种形式保护武陵山区原始风貌和发展武陵山片区经济，助力武陵山片区精准扶贫工作。

发挥好联络员作用，协调扶贫工作开展。中南民族大学按照国家民族事务委员会（以下简称"民委"）的安排，从2012年起共安排3批

38名优秀的学校教职工担任校地联络员，奔赴中南民族大学的扶贫帮扶点，与各地扶贫单位通力合作，协助开展扶贫、援助慰问等相关工作。在此过程中，中南民族大学的联络员始终牢记联络员的4个角色，在向民委和学校反馈地方经济和扶贫相关措施的同时，也积极地向地方扶贫单位传递各种扶贫政策和良好的扶贫模板，做好上传下达，积极为地方的扶贫献计献策，把握地方贫困的痛点，结合地方优势和劣势，利用学校和民委优势，有针对性地开展招商和扶贫开发工作。

2. 探索扶贫新模式

中南民族大学积极倡导"1221"扶贫工程（一位校领导牵头，同两个职能部门和两个学院，一名联络员帮扶一座村子），在最近的几年里，学校拨款220万元，共派出了11个工作组，深入贫困村开展长时间周密的调研工作，为改善贫困村的村容村貌、基础设施和农业规划做了大量工作。在贫困村基础设施建设上，中南民族大学先后投入700多万元，支持贫困地区的基础设施建设。为贫困村整治村容村貌，建设希望学校，购置教学设备，并为12所小学添加"希望厨房"。

在贫困地区的培训方面，中南民族大学先后组织各种类型的培训活动近40场，培训人数1500多人次。培训内容主要包括"三农"政策、农业种植、农业发展、农业科技、乡村旅游、农产品营销、电子商务等，主要是通过培训活动改变贫困地区人们的思想观念。这些培训也因为接地气而受到人们的普遍好评。

积极把握武陵山片区经济发展需求，通过技术优势服务武陵片区经济发展。中南民族大学的部分科研成果通过在武陵片区的应用，为武陵地区经济的发展提供了一条可行的路径。如刘学群教授团队所研制的新型水稻品种"骏优2号"能很好地适应武陵山区的气候条件，具有很高的实用价值，并在恩施和湘西得到了大力推广。中南民族大学与利川市政府共同成立中国莼菜研究所和中国莼菜研究基地，不断完善莼菜产品的产业链建设，在把莼菜从纯农产品转变为药用和美容产品的同时，对这一珍稀物种进行保护。

3. 实现校地双向服务

高校与地方的互动合作是一个双赢的机制。高校在服务地方、为地方发展建言献策的同时，地方也为高校提供了实践的场所和研究的样本。在中南民族大学帮扶地方的过程中，中南民族大学围绕着减贫和发展，完成了多项重大课题，不仅为武陵山片区的发展贡献了学校的力量，也使学校在与地方的互动中取得了重大的学术成绩。学校在各地区的调研报告先后获得了国家级和省部级奖项，也为学校争取到更多的科研课题项目。中南民族大学通过对武陵山片区的非物质文化遗产保护工作的研究，为"唐崖土司城"的恢复建设提供了技术支持，使得其成功申报世界文化遗产。同时，学校也积极利用自身的学术背景，保护武陵山区原始的生态环境，维护武陵山区的生态平衡与发展。

（四）西藏民族大学参与精准扶贫的经验借鉴

1. 合理布局

从以上三大高校对贫困地区的扶贫工作可以看出，高校参与精准扶贫要从可持续发展的角度出发，遵循资源整合、统筹规划、合理安排、精准脱贫等发展步骤。首先是要对高校和贫困地区有一个准确的评估定位，高校有哪些资源优势可以利用、怎么利用，贫困地区有哪些特色资源可以发展、如何发展等问题，都需要根据高校和贫困地区的发展历史结合实践经验进行归纳总结，从而对高校实施精准扶贫有一个全局的把握，制定贫困地区长远发展和近期发展的战略目标。其次是要根据长期发展目标分阶段分层次地进行实践调整，完善贫困建档立卡机制、精准识别贫困户，一对一地进行指导帮扶，进行精确帮扶和精准管理，从而实现精准脱贫。高校在参与精准扶贫的过程中还要深入基层，了解贫困地区贫困群众的真实想法。只有这样，精准扶贫才能真正做到"对症下药"，从而建立有效的脱贫致富发展模式。

2. 智力帮扶

高校参与精准扶贫就是要充分发挥高校的智库作用。清华大学、西南大学、中南民族大学在参与贫困地区精准扶贫的过程中，首先都对贫困地区实施了教育扶贫。扶智就是扶知识、扶技术、扶思路，帮助和指导贫困群众着力提升脱贫致富的综合素质。第一，高校参与精准扶贫就是要发挥高校的教育、人才、专业等优势，为贫困地区制订合理的教育发展计划，从高校领导到学生都要深入贫困基层进行实地调研，为贫困地区脱贫致富出谋划策。高校教授专家可以开展扶贫专题讲座，定期进行面授和远程培训课程，转变贫困群众的思想观念，帮助其树立"自力更生、勤劳致富"

的思想理念。另外，扶贫不只是扶贫困群众，还包括让贫困地区的孩子接受良好的教育。高校学生可以到贫困地区的学校教学支教，提升贫困地区的教育水平。第二，高校要利用专业优势，通过技能培训提升贫困群众的素质。技能培训是帮助贫困群众脱贫最有效的方法，但是培训不能大水漫灌，而要对症下药，围绕"需要什么，培训什么；缺什么，补什么"的原则，根据贫困群众的实际需要，发挥培训的最大功效。第三，进行扶贫试点试验，塑造宣传致富带头人和产业扶贫经典案例，引导基层扶贫干部学习标杆，营造良好的精准扶贫舆论氛围，调动贫困群众脱贫致富的积极性和主动性。

3. 扶贫开发新模式

以上三大高校精准扶贫的共同之处就在于，各高校依据自身优势和贫困地区的实际贫困情况，因地制宜地提出帮扶对策，从而使得扶贫工作取得显著的成效。西藏民族大学在探索贫困地区的扶贫模式中，也应借鉴并采纳因地制宜、因户施策的精准扶贫模式。首先，西藏民族大学作为地方高等院校，除了发挥其智库作用，还应利用自身的社会影响力，号召社会各界人士积极投身于扶贫开发建设中，为贫困地区招商引资，推行"政府＋企业＋高校＋贫困户"的扶贫模式。同时，对扶贫资金的使用要进行合理规划，坚持专款专用，提高扶贫资金的利用率。其次，要根据贫困地区的特色优势，实施特色产业扶贫，坚持"引进来"和"走出去"相结合的方式，大力发展与贫困地区贫困群众增收密切相关的产业，围绕种、养、加工及旅游业等培植扶贫支柱产业，从而完善产业扶贫机制，逐渐形成"一村一品""数村一业"的特色产业和特色产品格局，从而提升贫困地区的造血能力。最后，在产品的推广和宣传中，要坚持多样化的产品销路，以高校为桥梁，以互联网和电子商务为中间媒介，充分利用线下网点和线上平台相结合的销售模式，推动贫困地区特色产业健康、稳定地发展。

五、西藏民族大学参与精准扶贫的对策建议

本部分基于前文的理论基础、实地调研情况和借鉴三大高校的扶贫经

验,在此基础之上,结合西藏民族大学的优势资源,根据实际情况因地制宜地制定规划,从助学启智、构建互动性正反馈对口扶贫机制、构建系统性全局性对口扶贫机制以及厘清扶贫对象,开展产业扶贫工程、生活扶贫资助、建立扶贫落实机制等方面,为西藏民族大学参与西藏和陕西省的精准扶贫工作提出相应的对策建议。

(一) 参与西藏精准扶贫的对策建议

1. 助学启智

(1) 邀请干部群众参加技能培训课程

首先,各高校要发挥教育培训优势,为所在村及当地申请并组织实施培训项目,尤其是农牧民技能培训。由学校工作队实施"领头雁"工程,组织西藏民族大学相关领域的专家到改则举办培训班,同时也邀请当地有关专家和农牧专业人才为村民开展相关培训,有侧重、有计划地培养一批青年,使他们成为技术能人、经营能人,成为致富增收精英,示范带动其他群众增收致富。学校工作队可以独立或者联合其他部门开展和组织形式多样、内容丰富的培训活动和教育课程,如"农牧民技能培训""乡村干部培训""电工培训""教师培训""畜牧养殖培训""建筑工培训"以及"机动车驾驶员培训"等。这些培训活动和学习课程不仅开阔了当地干部和群众的视野,而且提高了他们的技能水平,增强了他们脱贫致富的能力。

(2) 发挥人力资源优势,组织专家教授和职工驻村工作

各高校应该选派教师、教授专家、职工和学生等高素质人才长期驻村,长期坚守贫困地区,做到"真驻真帮",从长期驻村坚守的工作中切实解决农民的贫困问题,为贫困地区的脱贫和发展提供长久的高素质人才支持。要做到长久地为贫困地区提供高素质人才扶助,需要对驻村工作人员进行规范管理,制定相应的规章制度,实现驻村工作的积极影响。首先,驻村队员要明白自己工作的意义与责任,不能敷衍了事;其次,驻村队员在调研和访谈中要深入了解村情民意;最后,利用专业优势和科研精神,通过长期的实地调研考察,为贫困地区的发展探索一条长久之计。

(3) 加强思想教育，突出脱贫信心和决心

群众自身的精气神才是脱贫致富的内生动力，因此，在精准扶贫过程中，要加强思想教育，增强群众脱贫致富的信心和决心。首先，扶贫工作者要深入基层，体察村情民意，了解和发现农民群众中影响扶贫效果的消极、落后思想，总结和寻找产生这些思想的原因。其次，要对群众的落后、消极的思想进行教育，通过组织思想教育活动，指出群众当中的落后、消极和不正确的思想，并进行批评教育；或者通过组织观看电影、舞台剧等娱乐活动的形式，间接地向群众宣传落后、消极思想的坏处，并帮助其改变消极的思想。再次，扶贫工作者要以身作则，充当好组织员、宣传员、监督员等角色，为贫困乡村思想道德建设树立榜样，发挥中流砥柱的作用，用自身行动推动和践行农村思想道德建设，从而改变农民消极、懒惰等落后的思想，为思想扶贫提供源头活水。

2. 构建互动性、正反馈对口扶贫工作体系

(1) 精心选择扶贫工作人员

首先，选择身体素质较好的、无高原反应或能够克服高原反应的工作者赴西藏开展扶贫工作。扶贫工作者如果身体素质不过关，到达扶贫地区后，高原反应不断，无精打采，不仅没有精神和能力去参与扶贫工作，反倒需要同行扶贫队员的理解和照顾，这样会给整个扶贫工作带来不必要的负担和压力。其次，尽量选择与西藏有某种渊源或者联系的高校作为"校地联盟"的对口高校。这种高校可以拥有研究或精通藏语的专业或者学院，也可以是与西藏有着某种地缘关系的高校。这样既可以增强扶贫者的责任心，还可以拉近与被扶贫者的距离，有利于扶贫过程中扶贫者与被扶贫者之间的互动，从而优化扶贫的效果。

(2) 实时联系群众，准确了解群众需求，赢取信任和支持

只有及时掌握群众的所思、所想、所盼，真正做到思想上尊重群众，感情上贴近群众，工作上依靠群众，对老百姓真心付出，才能得到全村干部群众的认可和满意，赢得他们的信任。实现这一目标需要从生活中的小事做起，比如主动帮助牧民转场、维修电器车辆、送患病牧民前往县城就诊、为牧民免费送生活用品、开展暖冬活动，通过"爱心捐物"活动，将党的温暖送到生活困难的家庭中。这些实事好事有利于增进扶贫者与群

众的深厚感情,帮助扶贫者赢得群众的信任和支持,进一步提高党和政府的形象,增强党的凝聚力和号召力。

(3) 找准发展路子,着重实现产业扶贫

精准扶贫重在"精"和"准",即根据贫困地区的实际情况,依托贫困地区的资源,宜农则农、宜牧则牧、宜林则林、宜商则商、宜游则游,扶持发展特色产业,引导和支持贫困农牧民走产业化脱贫路子。高校作为科学技术与科技人才的聚集地,必须充分利用科研技术,强化产业扶贫在精准扶贫工作中的重要地位。首先,建议各高校与贫困县签署助推脱贫战略合作协议,发挥高校科研、学科优势,充分发掘当地特色产业,加强特色产业扶贫,减少贫困人口并增加贫困户收入。其次,利用科学技术对地方传统特色产业进行改造和扶持。再次,加强产学研合作,在当地建立科研试验站或工作室,开展技术咨询服务,加快先进实用技术成果转化,根据地方经济发展需求和产业规划要求,建立长期的校地产业合作项目,促进当地产业转型升级。

3. 构建系统性、全局性对口扶贫机制

(1) 利用高校计算机专业优势实现建档立卡网络化

利用计算机专业优势,优化系统使信息系统更贴近驻村工作的需要,了解藏族群众的生产生活情况,及时更新信息。在参与精准扶贫过程中,高校的专业优势可以被充分地利用起来,精准扶贫工作的第一步需要对贫困户进行精准的调查建档立卡,方便后期人们对贫困户的分析研究提出对策建议。西藏民族大学可以利用信息管理专业的学科优势,对驻村地建档立卡档案进行优化,对贫困户状况进行实时动态的信息更新。通过系统分析采集来的贫困户的信息,给出相关性的实证分析,提出合理化的解决方案。同时,要厘清贫困的标准和识别标准,让广大村民能够了解判定贫困的标准,对号入座。

(2) 建立基层党组织

在驻村工作中,驻村工作队努力当好"合格五员"(调研员、宣传员、考察员、调解员和监督员),坚持做到不越位、不缺位,大力促进所在村基层组织建设。一是抓好村"两委"班子建设。定期组织"两委"班子开展政治理论学习、扶贫调研、致富研讨、制度建设、矛盾纠纷排查等工作,

提高"两委"班子的政治理论水平,开拓"两委"班子工作思路,提升"两委"班子凝聚力。进一步完善村"两委"后备干部队伍建设制度,加强对后备干部的培养。二是协助做好党员发展教育工作。工作队要加强基层党组织建设,指导各村党支部开展党员发展教育工作。各工作队还应建立健全致富能手和共青团员名册,为今后党员发展工作奠定基础。

(3) 维护全村和谐稳定

工作队认真践行习近平总书记"治国先治边,治边先稳藏"的重要论述,努力实现所驻村全面稳定、持续稳定、长期稳定。一是充分认识维稳工作的重要性。各工作队认真学习中央和区党委关于开展反分裂斗争、维护社会稳定的各项方针政策和决策部署,使全体驻村队员充分认识到反分裂斗争的长期性、复杂性和尖锐性,不断增强维护社会稳定的自觉性、敏感性。二是不断完善维稳工作制度建设并把制度落到实处。各工作队与村"两委"密切配合,不断完善维稳工作制度,制定维稳应急预案,建立护村巡逻值班制度,严格执行工作队与村"两委"委员定期碰面制度、外出及外来人员登记等规章制度,并将制度落到实处,建立重点人员排查、外来人员登记、矛盾隐患排查等工作台账。三是敏感节点全员在岗、全力以赴,为实现各村的安全稳定提供有力保障。四是及时排查安全隐患。工作队经常走访牧民,并充分发挥党员、双联户长等骨干分子的作用,及时排查不稳定因素和安全隐患,把隐患消灭在萌芽状态。

(4) 重视扶贫专项资金运用

政策和经费的保障是开展精准扶贫工作的基础。高校扶贫离不开政府部门的支持。只有加大政府投入,出台优惠政策,用合作共建的成果回报社会的同时反哺高校,才能促进校地合作的良性发展。建议政府设置高校项目扶贫专项资金,鼓励支持高校开展项目扶贫,对在促进当地产业发展中做出突出贡献的高校给予奖励,促使校地形成长效合作机制。如西藏自治区的"短平快"项目、基础设施项目等。政府也要建立严格的扶贫专项资金管理流程和核查制度,了解每笔资金的动向。高校在参与西藏精准扶贫过程中,结合驻村地的实际情况,深入调研,科学规划,找准发展路子,重点开展投资少、见效快、收益稳的项目,充分发挥项目作用,为尽快改善当地农牧民群众生产生活水平做出贡献。

(5) 借力四方，增加扶贫项目

利用学校的资源和平台，引进具有实效性的产业扶持项目，实现扶贫效力最大化。同时，利用高校平台呼吁捐赠。首先，西藏民族大学作为"西藏干部的摇篮"，有很好的政治基础，大批学子参与到西藏的经济发展建设中，组织有兴趣的校友考察投资环境，推动招商引资，最终参与驻村有关扶贫产业项目的开发，推动当地村庄经济发展，促进人民增收。其次，组织各地校友企业家赴当地开展移动课堂，与当地企业家同堂学习，加强企业家之间相互联系、交流，分享致富经验和致富知识，开阔当地的企业家的思维模式。

（二）参与陕西精准扶贫的对策建议

1. 摸清扶贫对象实情

学校各职能部门、学院要充分发挥好内地办学的历史优势、区位优势、政策优势，利用礼泉县叱干镇已建立的帮扶对象档案，通过学校驻村工作队实地走访，精准识别，摸清张咀村25户帮扶对象底数，分析致贫原因、掌握贫困程度、概括贫困特点，确保瞄准扶贫对象，防止目标偏移，建立台账。并通过精准动员、全员参与，加快实施生活资助工程、产业扶持工程、组织建设工程、文化提升工程四大工程，形成完整的精准扶贫政策体系，按照每户的致贫原因和脱贫条件，有针对性地扶持贫困群体，促进扶贫工作协同推进。学校各职能部门、学院要通过加强实时跟踪、及时调整扶贫进度、及时评估扶贫成效，确保张咀村25户帮扶对象在"十二五"末精准脱贫。

充分发挥驻村队员就近在村，熟悉村貌、掌握村情的优势，由驻村工作队员与村委会、帮扶对象民主协商、沟通协调，全面落实学校精准扶贫工作方案，并全面配合各职能部门、学院完成精准扶贫工作任务。学校各职能部门、学院要立足张咀村25户帮扶对象资源禀赋，深入实际、全面分析、科学论证、及时对接，与结对帮扶对象面对面、心交心地制定一对一精准扶贫细则。加快构建学校各职能部门、学院与结对帮扶对象逐户做调研、挨家抓落实的良性互动机制。

2. 开展产业扶贫工程

立足帮扶对象脱贫致富缺思想、栽培作物缺销路、发展养殖缺技术的问题，通过结对认亲开展精准扶贫，为宜种者提供树苗、为宜栽者提供销路、为宜养者提供仔苗、送宜学者上学，夯实精准扶贫基础，增强帮扶对象产业脱贫、致富奔小康后劲。学校各职能部门、学院要充分挖掘自身优势，通过智力扶贫、技术扶贫、人才扶贫、资金扶贫，积极引导帮扶对象更新观念，主动适应市场、主动参与市场，通过市场化运作，对帮扶对象农副产品采取保护价收购，专营店、橱窗式专柜经营，切实帮助帮扶对象拓宽销路、增加效益。

西藏民族大学各职能部门和各学院要坚持市场引领、分散经营、合作推进、民族大学保底的产业化经营原则，通过为帮扶对象更换树苗、栽培经济作物，并为缺少技术的帮扶对象提供技术培训，切实提高帮扶对象产业发展能力，夯实帮扶对象产业发展基础，提高帮扶对象精准扶贫的造血能力和脱贫巩固力。立足当地栽培历史悠久、栽培技术积累厚、果树树种陈旧、树苗老化严重的实际，鼓励有意愿栽培果树的帮扶对象以家庭为单位，在自家承包土地上分散栽培苹果树。学校驻村工作队同村委会统筹解决帮扶对象优质树苗购买和技术辅导，协助其开拓市场；帮扶对象自己出工、负责栽种并解决后续经营维护问题，开展生产自救、产业致富；学校后勤部门会同招工就业处，结合孵化基地建设，在校内开设张咀村农副产品专营店；团委、学工处、工会在校内发起以"购买爱心苹果、助力精准扶贫"为主题的"张咀村爱心接力"活动，帮助帮扶对象拓宽苹果销路。

3. 开展生活扶贫资助

各职能部门、学院要充分发挥党员在精准扶贫工作中的引领作用、模范作用，充分调动干部职工精准扶贫积极性、创造性，急群众之所急、想群众之所想，从大处定策、从小处帮扶，挖掘输血型扶贫优势，通过一对一结对、人盯人落实，分门别类、分期分批解决帮扶对象老无所养、病无所医、少无所学、壮无特长、缺医少药、房屋漏雨、门窗破损、家具短缺、用品破旧、鳏寡孤独无依靠等实际问题，满足帮扶对象生活需要，使帮扶对象生活条件和精神面貌在短期内发生变化，为产业扶贫、致富奔小康打下坚实的基础，营造良好的环境。

充分发挥驻村队员就近在村，熟悉村貌、掌握村情的优势，由驻村工作队员与村委会、帮扶对象民主协商、沟通协调，全面落实学校精准扶贫工作方案，并全面配合各职能部门、学院完成精准扶贫工作任务。首先，将25户帮扶对象合理分配到学校各职能部门、各学院，精准分解任务、精准划分责任、精准采取措施。其次，各职能部门、各学院要完成与帮扶对象的精准对接，为缺衣少食、家具陈旧、用品短缺的帮扶对象配齐基本生活用品，使帮扶对象生活有尊严、出入有体面。再次，各职能部门、各学院要定期或不定期开展慰问，使帮扶对象切实感到民族情、雪域暖；各职能部门、各学院要在旱涝灾害发生、帮扶对象子女开学期等特殊时段开展灾情救助和上学支持；与此同时，各职能部门、各学院还必须帮助帮扶对象子女学技术、为贫困老人送医药，医学部要配合其他职能部门、学院开展到村义诊、到村巡诊和到村体检。

4. 建立扶贫落实机制

为确保学校党委关于精准扶贫工作各项决策及时落地，学校党委建立了科学的精准扶贫落实机制。加强学校党委对张咀村精准扶贫工作的全面领导，强化精准扶贫工作的顶层设计，确保科学决策、精准推进，方向准、措施实、效果佳。明确领导小组组长为精准扶贫第一责任人，对全校精准扶贫工作负总责。学校各职能部门、学院党政负责人为本部门精准扶贫工作共同责任人，对本部门精准扶贫工作负总责；各部门要指定一名副处级领导同志具体负责本部门精准扶贫工作，落实学校党委分配给本部门的精准扶贫工作任务。建立起组织人事部门督办，各职能部门、学院落实，一级抓一级，层层抓落实，齐抓共管、协同推进学校精准扶贫工作落实机制，确保任务细分、责任下沉。

学校党委明确提出，学校各职能部门、学院要将当前的精准扶贫工作作为本部门一项重要工作，与本部门中心工作同部署、同推进、同检查、同考核，层层分解任务、层层落实责任、层层强化绩效。纪委监察室、审计室要采取定期检查与不定期抽查相结合的方法对全校精准扶贫工作开展全过程动态跟踪、督查、问效、问责。一是深入精准扶贫点实地督查，认真总结好做法，推广好经验。二是采取督查、抽查或明察暗访等形式检查精准扶贫工作方案落实效果。三是对精准扶贫工作不重视、开展不扎实、效果不明显的学校职能部门、学院限期整改，并复验整改落实情况，确保精准扶贫环环相扣、扎实推进，不搞形式、不走过场。对精准扶贫贡献突出的个人和集体要加大奖励力度，切实健全"干与不干不一样、干多干少不一样、干好干坏不一样"的精准扶贫激励机制。